Consumer Boycott

# 소비자 보이콧

서정희, 전향란 지음

BOYCOTT

Σ 시그마프레스

# 소비자보이콧

발행일 | 2016년 3월 25일 1쇄 발행

저자 | 서정희, 전향란
발행인 | 강학경
발행처 | (주)시그마프레스
디자인 | 강영주
편집 | 이호선

등록번호 | 제10-2642호
주소 | 서울특별시 영등포구 양평로 22길 21 선유도코오롱디지털타워 A401~403호
전자우편 | sigma@spress.co.kr
홈페이지 | http://www.sigmapress.co.kr
전화 | (02)323-4845, (02)2062-5184~8
팩스 | (02)323-4197

ISBN | 978-89-6866-672-8

이 도서의 국립중앙도서관 출판예정도서목록(CIP)은 서지정보유통지원시스템 홈페이지(http://seoji.nl.go.kr)와 국가자료공동목록시스템(http://www.nl.go.kr/kolisnet)에서 이용하실 수 있습니다.(CIP제어번호 : 2016007452)

다양한 사회문제가 기업의 비윤리적 경영활동과 밀접한 관련이 있다는 인식을 하는 소비자들이 많아지면서 소비자보이콧에 대한 소비자, 소비자단체 및 기업의 관심이 크게 증가하고 있다. 소비자보이콧은 세계무역기구 항의시위, 저임금 노동착취 반대 운동, 인종차별정책 철폐 운동 등과 같은 사회운동을 성공적으로 추진하기 위한 핵심이 되는 수단인 동시에 기업의 경영활동을 보다 친사회적으로 변화시키기 위한 거시적인 소비자의사결정으로서 다양한 형식으로 활발하게 전개되고 있다.

소비자보이콧은 성명서를 발표하거나 시위현장에 직접 참가하는 것과 같은 기존의 사회운동에 비하여 덜 과격하다는 점에서 많은 소비자들이 참여하고 있다. 보이콧의 대상이 되는 기업과 관련된 제품이나 서비스를 사지 않거나 다른 사람들이 보이콧 제품을 사지 않도록 정보를 제공하는 등, 생활 속에서 비교적 쉽게 실천할 수 있기 때문이다. 소셜 네트워크 서비스가 발달하고, 스마트폰을 사용하는 소비자가 증가하면서 소비자보이콧에 참가하는 데 필요한 시간과 공간의 제약을 크게 줄어들면서 참여하기가 더욱 수월해졌다. 특히 SNS를 통하여 다양한 관련 정보들을 끊임없이 실시간으로 업데이트할 수 있고 텍스트뿐 아니라 이미지와 동영상 등으로 다양하게 표현할 수 있으며, 다양한 언어로 번역됨에 따라 전 세계적인 보이콧운동도 가능해지고 있다.

제5차 세계가치조사 결과(World Values Survey Association, 2009)에 의하면 스웨덴은 27.9%, 캐나다는 21.6%, 미국은 21.2%, 이탈리아가 19.7%, 영국은 17.2%, 호주가 16.7%, 프랑스는 13.7% 등으로 전 세계적으로 소비자보이콧이 확산되고 있다. 우리나라에서도 섬유유연제 업체 사장의 임원 폭행 및 공금 횡령, 우유판매 실적을 올리기 위하여 대리점에 납품을 강매하는 강압적 횡포, 작업장의 불산 유출에 따른 노동자 피해 은폐, 대형마트의 고객정보 판매로 인한 부당이익 취득 행위, 대형 항공 임원의 부적절한 회항 사건, 대기업의 경영권을 둘러싼 형제들의 갈등과 같은 사적 분쟁싸움 등, 기업의 불공정하고 비윤리적인 경영활동에 대해 소비자보이콧이 활발하게 전개되고 있다.

소비자보이콧은 제품, 서비스의 가격 또는 안전 문제와 같이 개인의 경제적인 소비자 문제를 해결하기 위한 수단인 동시에 자본주의 시장경제체제에서 발생하는 다양한 유형의 비윤리적 기업 행태에 적극적으로 대처함으로써 소비자 시민으로서 사회적 책임을 다하려는 윤리적 행위이다. 과거 소비자보이콧이 주로 시민단체 운동가 또는 선구적인 소비자가 경제적으로 발생하는 소비자 문제와 피해를 알리고 해결하기 위한 소비자 운동이었다면, 현재 소비자보이콧은 기업의 비윤리적이고 비도덕적인 행위까지 보이콧 대상에 포함하는 매우 포괄적인 범주에서 이루어지는 개인적이고 자발적인 소비자운동이다. 소비자는 소비자 개인의 경제적 합리성을 추구하는 행위로서 소비자보이콧을 인식하기보다는 다양한 사회의 구조적 문제를 해결하고 기업의 비윤리적인 행위에 효율적으로 대처하기 위한 방편으로서 보다 넓은 의미로 보이콧을 인식하고 있다. 개인 소비자와 직접적으로 관련이 없는 사회구조적 문제와 거시적 문제까지도 보이콧의 대상이 된다는 점에서 과거에 미시적으로 이루어졌던 보이콧에 비하여 급진적이라고 볼 수 있고, 그 파급력도 점점 더 커지고 있다.

소비자보이콧은 남양유업의 사례와 같이 기업의 매출 하락에 직접적으로 영향을 미칠 뿐 아니라 '나쁜 기업'이라는 부정적인 각인으로 기업 평판에도 영향을 미치고 있다. 소비자보이콧에 대한 소비자들의 인식이 거시적으로 변화하고 있기 때문에 기업도 소비자보이콧을 단순히 고객의 불만족한 행동에 국한해서 보지 말고 기업의 사회적 책임에 대한 소비자의 요구로 인식해야 한다.

윤리적 소비자의 등장과 소비윤리에 대한 관심이 높아지면서 윤리적 소비를 실천하는 행동 중 하나가 소비자보이콧이라는 인식이 확대되고 있으며, 다양한 학문 분야에서 연구들이 이루어지고 있다. 소비자보이콧의 개념을 윤리적 소비에 초점을 두어 설명할 수 있는 이론적 준거를 찾고, 윤리적 소비로서 소비자보이콧을 설명할 수 있는 변수를 고찰하여 소비자의 인식과 참여 형태 등을 분석한다면 소비자보이콧 현상을 실증할 수 있을 것이다. 소비자보이콧을 윤리적 소비행위로서 설명할 수 있는 연구 결과를 통해 올바른 소비문화로 정착하기 위한 소비자보이콧의 방향과 시사점에 관한 논의도 활발하게 진행될 수 있을 것이다.

이 책에서 소비자보이콧은 기업과 사회의 긍정적인 변화를 이끌 수 있는 윤리적 소비행위이므로 우리가 지향해야 할 소비문화라는 시각에서 소비자의 인식과 행동을 조사하여 분석하였다.

이 책은 전향란의 박사학위논문을 토대로 하여 지도교수인 서정희가 새로운 장과 내용을 추가하여 새롭게 구성한 것이다. 구체적으로, 독자들의 이해를 돕기 위해 축약했던 선행연구 및 연구 결과를 보다 상세하게 해석하고 실제 사례를 들어 추가로 설명하였다. 또한 박사학위를 받은 후에 이루어진 연구성과를 포함시켰으며, 관련 자료도 업데이트했다.

박사학위논문의 내용은 1장 소비자보이콧의 개념, 2장 소비자보이콧의 분류, 5장 관련연구의 고찰, 9장 소비자보이콧의 인식 유형으로 재구성했다. 나머지 장은 새롭게 추가했는데, 보다 구체적으로 설명하면 다음과 같다. 3장에서는 박사학위 논문의 부록에 있는 내용을 보다 상세하게 설명을 추가하여 우리나라와 다른 나라에서 성공했던 소비자보이콧의 주요 사례를 제시하고 평가했다. 4장에서는 특히 소비자보이콧과 밀접한 관련이 있고, 최근에 윤리적 소비의 중요한 트렌드가 되고 있는 바이콧운동과 캐롯몹운동에 관한 내용을 보이콧과 관련하여 비교분석하였다. 바이콧운동과 캐롯몹운동은 불매운동과 밀접하게 관련이 되어 있고, 현실에서 불매운동의 효과를 배가시키기 위해서는 바이콧 또는 캐롯몹을 함께 하는 전략도 사용할 수 있기 때문이다. 6장에서는 대학생들을 대상으로 하여 운동화라는 일반 소비 품목에 대한 보이콧 인식을 조사한 자료를 분석하였다. 연구방법을 기술한 7장에서는 박사학위논문에 포함되지 않았던 변수들을 측정하고 신뢰도를 검증한 내용도 추가로 포함시켰다. 8장에서는 윤리적 소비자주의와 소비자보이콧의 다양한 행태를 분석하였다.

이 책은 대학과 대학원에서 소비자학을 공부하는 학생이나 연구하는 학자들에게 중요한 지침서가 될 수 있으며, 현장에서 소비자보이콧 운동을 전개하는 실천가들이 이론적 지침과 실천전략을 수립하는 데 도움을 줄 수 있다. 또한 소비자보이콧에 관한 정책을 수립하는 정부와 한국소비자원, 지방자치단체의 소비자정책 담당자에게 중요한 기초자료가 될 수 있다. 무엇보다도 기업을 대상으로 한 다양한 소비자보이콧이 이루어지고 있는 상황에서, 소비자보이콧을 예방하고 대처하려는 기업은 이 책을 전략 수립을 위한 참고자료로 활용할 수 있다.

마지막으로 이 책이 나오기까지 많은 도움을 준 시그마프레스의 강학경 사장님과 편집부에 감사드린다. 무엇보다도 이 책을 통해 윤리적 기업이 크게 증가해서 궁극적으로 소비자보이콧이 사라지는 날이 오기를 기대하며, 긍정적 구매행동인 바이콧과 캐롯몹이 소비자운동의 주류가 되어 소비자와 기업이 서로 상생할 수 있는 시장환경이 될 수 있기를 바란다.

2016년
서정희, 전향란

# 1부
# 소비자보이콧의 기초

# 2부
# 소비자보이콧의 실제

# 1

소비자보이콧의
기초

영국이 산업혁명 후 아일랜드를 지배했던 시기에 아일랜드는 대기근이 있었다. 북동부 아일랜드에 3차 대기근 이후 소작인들은 소작료를 내려줄 것을 요구했으나, 아일랜드 마요 지방의 지주인 얼 에른의 부재 중 재산관리인으로 부임했던 영국인 찰스 커닝햄 보이콧(Charles Cunningham Boycotts)은 주인의 뜻대로 원래 내던 수준으로 소작료를 걷었다. 1880년에 아일랜드의 권리 옹호에 힘썼고, 영국 하원의원과 아일랜드토지연맹(Irish Land League)의 초대회장을 지낸 아일랜드의 민족운동가인 찰스 스튜어트 파넬(Charles Stewart Parnell)의 지도로 아일랜드토지연맹은 지주의 착취로부터 토지 임차인을 보호하기 위한 캠페인의 일환으로 얼 에른의 토지에서 일하던 지역 노동자들을 철수시켰다. 보이콧이 캠페인을 무력화시키려고 노력했지만 도리어 연맹에 의해 지역 사회에서 고립되었다. 이웃들은 그에게 말조차 걸지 않았고 가게들은 그에게 물건을 팔지 않았다. 지역 노동자들은 그를 위해 일하기를 거부했다. 그러나 보이콧이 관리하는 토지의 경작물 수확을 돕기 위해 50명의 오렌지 당원이 카반과 모나한 지방에서 왔다. 1,000명의 경찰과 군인들이 마요 지방의 클래어모리스 마을에서부터 그들을 호위했으나, 보이콧은 지역사회로부터 추방됐다. 그러나 아일랜드토지연맹은 수확이 끝난 후에도 캠페인을 계속하였고, 1880년 12월 1일 보이콧은 가족과 함께 영국으로 돌아갔다.

이 사건을 계기로 보이콧(boycotts)이라는 용어가 사용되기 시작했다. 인도의 간디는 억압적인 권력에 대응하는 가장 생산적인 운동으로 보이콧운동을 실천하였다. 간디의 보이콧운동은 인도 민중의 자립적인 삶을 위하여 영국산 직물 수입을 반대한 운동으로 시작되었으나, 근원적으로는 식민주의와 산업주의 체제, 근대국가를 거부하는 것이라고 볼 수 있다(김종철, 2009).

이와 같이 소비자보이콧은 노동운동에서 유래가 되었지만, 물건을 팔지 않거나 일을 거부한다는 '저항'의 의미로 표현이 된다. 소비사회가 도래하면서 생산활동보다 소비활동이 큰 생활의 영역을 차지하게 되면서 소비자보이콧은 소비자운동의 일환으로 시장과 경제, 그리고 정치, 문화 등 다양한 영역에서 그 역할을 하게 되었다. 1955년의 몽고메리 버스 사건과 같이 흑인과 백인의 버스 좌석이 분리된 것에 대한 저항운동, 인도 독립을 위한 간디에 의해 촉발된 영국산 소금과 직물에 대한 불매운동, 아시아 노동자 착취에 대한 나이키 제품에 대한 저항운동 등, 소비자의 특정 제품과 회사에 대한 불매운동은 그 영향력을 행사하려는 목적이 다양하였다. 따라서 소비자보이콧은 단순히 개인이 기업에 대한 불만을 표현하기 위해 소비를 중지하거나 지연하는 것이 아니라, 다양한 이해관계를 가진 이해관계자들에 대한 비윤리적이거나 부당한 일을 변화시키고자 하는 활동으로 이해해야 할 것이다.

# 제 1 장

# 소비자보이콧의
# 개념

프 리드먼(M. Friedmann)은 소비자보이콧의 유형을 세 가지로 설명했다(Klein et al., 2004). 첫 번째는 매체지향적 보이콧으로 유명한 시민단체나 기관을 통하여 소비자보이콧에 관한 내용을 발표해서 언론에 알리는 전략을 사용하는 것이다. 저명한 시민단체가 수행하는 보이콧은 보이콧을 하겠다는 위협만으로도 최소한 일반 소비자들이 문제를 인식하게 하는 효과를 가져 올 수 있다. 나이키, 아디다스, 유니레버, 코카콜라, 맥도날드, 디즈니, 미츠비시, P&G, 지멘스 등과 같은 거대 다국적 기업들이 제3세계의 수많은 사람들이 하루 16시간이나 노동을 하고 있음에도 불구하고, 기본 생계비보다 적은 임금을 받고 있고, 어른보다 저임금을 주면서 아동의 노동을 착취하거나 전쟁 자금을 지원하는 것 등을 고발하면서 소비자들이 이들 거대 기업에서 생산한 상품을 사지 말 것을 촉구하고 있다(손주희 역, 2008).

2002년에 몬산토가 유전자 조작 밀을 상업화하겠다는 시도를 하자 미국과 캐나다에서는 농민, 소비자 및 환경단체들이 크게 저항했고 몬산토는 유전자 조작 밀의 상업화를 무기한 연기하였다. 2008년에는 우리나라 대표적인 시민단체인 서울환경연합, 소비자문제를 연구하는 시민의 모임, 한국YMCA 전국연합, 생협전국연합회, 사단법인 한살림, 천주교 서울대교구의 우리농촌살리기 운동본부, 수도권 생태유아공동체 생협 등이 함께 '유전자 조작 식품을 우려하는 시민의 모임'을 조직하여 식품회사들이 GMO 옥수수 5만톤의 수입을 철회하고, 식약청이 유전자 조작 식품 표시제를 강화할 것을 주장하면서 소비자보이콧을 촉구하였다(장윤선, 2008).

두 번째, 시장지향적 보이콧은 소비자들에게 보이콧을 하는 제품이나 기업을 쉽게 알리는 것을 목적으로 한다. 우리나라에서 가장 대표적인 예로는 미국산 소고기 불매운동과 조선일보, 중앙일보, 동아일보 보이콧을 들 수 있다. 언론 소비자주권 국민 캠페인은 광우병 소고기 수입반대 촛불집회로 조선일보, 중앙일보, 동아일보의 3개 신문사가 논조를 변경한 것을 항의하기 위하여 이들 언론사에 광고를 하는 기업에 대한 보이콧운동을 하기 위한 항의시위를 했다. 조선일보의 거대 광고주인 삼성 불매운동, 언론악법 관련 집회 등과 같이 온·오프라인에서 언론 소비자운동을 전개하였다. 조선TV에 참여한 한진그룹 계열인 대한항공과 저가항공인 진에어, 한진택배, 한진몰 등에 대한 보이콧과 동아제약에서 판매하고 있는 박카스, 써큐란, 암씨롱 등의 보이콧도 촉구하였다. 동아일보와 같은 계열사인 채널A에 대해서는 친일기업인 삼양사와 4대강과 관련된 형제기업이 참여했다고 보도하였고, 중앙일보 계열사인 JTBC에는 에이스침대와 한샘이 참여하고 있다고 보도하였다(오마이뉴스, 2011년 3월 2일).

마지막으로 대리인 보이콧은 정치적인 목적으로 이루어지고 있다. 이 보이콧의 목표는 문제가 되는 기업에 대한 보이콧에서 요구하는 사항을 정부가 수용하도록 하는 것이다. 대표적으로 이스라엘이 팔레스타인 공격을 금지하게 하기 위하여 스타벅스 등과 같이 유대인들이 운영하는 기업을 보이콧했던 사례가 있다. 이스라엘의 탄산음료회사 소다스트림은 팔레스타인에 있는 이스라엘 정착촌에 공장을 지었다가 이스라엘의 유대인 정착촌 확장 정책을 저지하기 위한 국제적 불매 운동의 표적이 되면서 공장을 이스라엘 땅으로 이전하였다. 할리우드 스타 스칼렛 요한슨은 이 음료회사의 광고 모델을 했다가 유대인 정착촌 건설을 반대하는 국제구호단체 옥스팜과 오랫동안 후원했던 관계를 청산하였다(경향신문, 2014년 10월 30일). 한편, 우리나라에서는 2012년 3월에 정부가 제주 해군기지 건설을 강행하기 위하여 구럼비 바위를 폭파하자 삼성카드가 발파작업을 맡은 삼성물산과 같은 계열사라는 이유로 트위터를 중심으로 삼성카드 보이콧이 확산되었다. 트위터에는 동참을 호소하는 글과 이를 퍼나르는 트윗이 계속 이어졌다. 정치, 환경과 관련된 이슈에 뜻하지 않게 말려든 삼성카드는 곤란해 하면서도 뚜렷한 해결책을 내놓지 못하고 보이콧의 진행 과정을 지켜봐야 했다(이봉원, 2012).

이 장에서는 다양한 형태로 진화하고 있는 소비자보이콧의 개념을 구성하기 위한 기준을 알아보고, 미시적 기준과 거시적 기준으로 구분하여 소비자보이콧의 개념을 정의하였다. 이 장은 전향란(2013)의 박사학위논문 중 이론적 배경의 일부분을 기초로 하여 새로운 사례와 설명을 추가하여 서술하였다.

 ## 1. 개념 구성의 기준

불매, 배척, 제재, 절교를 뜻하는 보이콧은 비폭력적이며 정당한 집단행동으로 표출된다. 소비자보이콧은 인도의 영국 식민지 시절 간디를 중심으로 한 영국산 소금과 직물 보이콧, 남아공의 인종차별정책과 이스라엘의 팔레스타인 침공을 규탄하기 위한 BDS(Boy-cott, Divestment, Sanction) 운동 등과 같이 노동문제, 인권문제 및 전쟁과 관련된 정치적 행위를 설명하기 위한 개념에서 살펴볼 수 있다. 이러한 정치적 행위로서 소비자보이콧 사례로는 2013년 12월 5,000명 이상의 지식인으로 이뤄진 미국학술협회(ASA)의 이스라엘 학계와의 교류 중단 선언을 들 수 있다. 또한 세계적으로 유명한 물리학자인 스티븐 호킹 박사가 BDS 운동에 동참하기 위하여 2013년 이스라엘에서 열린 학술대회에 참석하는 것을 거부한 사례도 있다(중앙일보, 2015년 5월 18일). 우리나라에서도 참여연대를 비롯한 40여 개의 시민단체가 팔레스타인 시민사회의 BDS 요청을 수락하면서 2014년 8월 8일에 한국과 이스라엘의 무기 거래와 군사원조를 반대하는 성명을 냈다. 이들 단체는 우리나라 정부에 무기 판매에 사용하는 자원을 팔레스타인의 평화를 구축하고 무고한 시민들을 구호하는 데 사용할 것을 촉수했다(경향신문, 2014년 8월 12일).

경남과 부산에서 서민들이 주로 소비하고 있는 부산생탁 막걸리에 대한 소비자보이콧도 펼쳐지고 있다. 막걸리를 만드는 비정규직 노동자들의 희생과 제조과정에서 각종 불법행위가 있었고, 부산지방고용노동청이 2014년 5월과 6월에 특별근로감독을 실시한 결과 산업안전보건법 등을 위반하여 2,000여만 원의 과태료를 부과했다는 사실도 폭로하였다. 또한 부산합동양조의 연산제조장은 실제로는 수돗물을 사용하면서 천연암반수를 사용한다고 소비자들에게 허위 · 과장 광고도 했다고 밝혔다. 식품의약품안전처의 점검 결과에서도 작업장 벽면의 찌든 때와 곰팡이를 방치하고 방충망 청소도 하지 않는 등, 비위생적인 제조환경이 드러났고, 제조일자도 사실과 다르게 표기됐다고 주장했다(경남신문, 2014년 9월 4일). 이 보이콧의 주도자들은 노동문제와 소비자문제를 연계함으로써 소비자들로 하여금 보다 적극적으로 보이콧에 참여할 것을 촉구하였다.

많은 연구들이 소비자보이콧에 대한 개념을 설명하기 위하여 프리드먼(1991)의 개념을 기초로 하고 있다. 프리드먼(1999)은 정보통신기술이 빠르게 발달하고 있고, 소비자 윤리의식이 성장하고 있으며, 소비자들이 기업의 사회적 책임에 대한 요구가 증가하면서 소비자보이콧의 대상과 목적이 확대되고 있다는 점에서 소비자보이콧의 개념도 단순히 불매운동이라는 좁은 의미에서 넓은 의미로 확장되어야 한다고 주장하였다.

소비자보이콧의 개념은 행위자, 운동의 목표에 따른 요소, 보이콧 대상에 대한 행위 요소(이득연, 1996; 주승희, 2009; Chen, 2010; Friedman, 1991; 1999) 등과 같이 세 가지 측면을 고려하여 구성해야 한다. 소비자보이콧이 사회적 정당성을 확보할 수 있는 개념을 정립하기 위해서는 이러한 세 가지 기준들이 소비자가 미시적 측면에서 자신의 경제적 합리성을 추구하는 동시에 거시적 측면에서 윤리적 이성도 동시에 추구하고 있다는 사실을 설명할 수 있어야 한다. 소비자 개인에게는 직접적으로 도움이 되지 않고 어떤 측면에서는 오히려 부담이 되는 면이 있음에도 불구하고 우리 사회가 나아가야 할 방향을 제시하고 사회적 약자를 배려한다는 윤리적 소비가 소비사회에서 중요한 의미를 띠고 있기 때문이다.

첫째, 소비자보이콧의 행위자를 누구로 볼 것이며, 보이콧을 주도는 행위자를 어떻게 정의해야 하는가를 함께 설명할 수 있는 행위자 요소에 대하여 개념적 정의가 필요하다. 행위자 요소에는 소비자권익을 대변하는 소비자단체와 개인소비자가 포함된다. 프리드먼(1999)은 기업이나 큰 기관에 비해 상대적으로 약자의 처지에 있는 소비자를 대신하여 많은 소비자운동 세력들이 소비자보이콧을 주도적으로 진행한다고 보았다. 최근에 인터넷과 모바일이 확산되면서 개인소비자도 단체 못지않게 효율적이고 성공적으로 소비자보이콧을 진행하는 사례를 많이 볼 수 있다(Koku, 2012). 소비자 개인은 아직 거대 기업이나 정부보다 상대적으로 정보에 접근하거나 활용하기 어렵다는 점에서 소비자를 대신하는 소비자단체와 시민단체를 소비자 개인과 같은 행위자로 개념화하는 것이 현재로는 더 타당하다고 볼 수 있다.

이와는 달리 소비자와 이해관계가 얽힌 사업자나 거래 과정의 가장 마지막에 있지 않은 개인은 제외해야 할 것이다. 최근에 성범죄로 벌금형 이상을 선고받은 의료인의 면허를 박탈하도록 한 의료법 개정안을 새정치민주연합의 원혜영 의원이 국회에 발의하자 일부 의사들이 원혜령 의원이 풀무원의 창업주 일가라는 이유로 풀무원에 대한 보이콧을 한 것을 예로 들 수 있다. 소비자들은 물론이고 양식 있는 많은 의사들조차도 이들의 양태를 비난하고 있다는 점에서 이들이 오히려 소비자보이콧의 대상이 될 수 있다.

둘째, 소비자보이콧의 **운동 목표** 요소가 명확해야 한다. 소비자보이콧의 운동 목표는 소비자권익의 실현 범위가 시장인지, 아니면 시장 외적인 요소까지 확대될 수 있는가에 대한 것이다. 전통적인 소비자보이콧은 제품 가격 하락과 같은 경제적 이익과 소비자 안전 등과 같이 시장에서 발생하는 문제를 해결하는 데 초점이 맞혀졌다. 현대의 소비자보이콧은 소비자가 자신의 경제적 이익과 밀접한 관련이 없을 뿐 아니라, 불편함과 경제적 · 사회적 불이익을 감수하면서도 시장의 범위를 초월하여 다양한 사회문제를 해결하기 위한 수단으로 보이콧을 사용한다. 다시 말하면 소비자가 도덕적 의무를 실천하고자 하는 윤리적 행위로(Chen, 2010; Klein et al, 2004; Sen et al, 2001) 보이콧의 목표와 범위가 더욱 확대되고 있다. 기업의 사회적 영향력이 시장에만 국한되는 것이 아니라 거대한 자본력을 바탕으로 하여 직접 또는 간접적으로 정치에 개입하는 경우가 늘어나고 있기 때문에, 인권, 노동, 환경 등과 같이 개인 소비와 밀접하게 관계가 적은 정치 또는 사회 문제를 해결하기 위한 다양한 윤리적 소비자보이콧이 확산되고 있다.

셋째, 소비자보이콧의 **행위요소**를 분석할 때는 보이콧을 실행하는 단계에서부터 실천하는 행위까지 전 행위를 연속선상에서 검토해야 한다. 프리드먼(1995; 주승희, 2009, 재인용)은 보이콧의 실행단계에 따라 행위검토형, 행위촉구형, 행위조직형, 행위실행형으로 구분하였고, 소비자보이콧이 각각의 과정에서 목표를 달성하면 다음 단계로 진행되지 않을 수도 있다고 하였다. 소비자가 다른 소비자의 참여를 촉구하면서 본인도 적극적으로 보이콧을 실천하는 경우와 같이, 같은 시기에 중복된 형태로 진행될 수도 있기 때문에 이 단계를 구분하는 것이 의미가 없는 경우도 있기 때문이다. 소비자보이콧을 사회적이고 윤리적으로 고려해야 한다는 점이 강조되고 있으며, 소비의 전 과정에서 다음의 여섯 가지의 일련의 차원을 갖고 이루어지고 있다 (Chen, 2010).

1. 소비자는 사적으로 불만을 표출한다.
2. 소비자는 구매(소비자 애호)를 보류할 것인지를 고려한다.
3. 소비자는 실제로 구매를 중지한다.
4. 소비자는 경쟁자의 제품을 찾거나 구매한다.
5. 소비자는 보이콧의 표적대상에 대한 불만을 공론화한다.
6. 소비자는 다른 사람들에게 보이콧을 알리고 이에 동참하도록 설득한다.

이상의 여섯 가지 행위들은 소비자가 불만을 공론화하는 것과 보이콧에 직접 참여하는 행위를 구분하는 것이 어렵다는 점을 시사한다. 트위터, 페이스북, 인스타그램 등과 같은 SNS를 이용해 소비자보이콧을 한다는 정보만을 제공하는 경우에 다른 사람들이 보이콧에 참여하도록 직접 설득하고 촉구하지는 않았으나, 이러한 정보를 전달하는 행위 자체가 타인의 의견이나 행위에 동의하거나 공감하는 것을 뜻하는 SNS의 특성을 고려한다면, 실제로는 참여를 촉구하는 행위와 동일하다고 볼 수 있다.

소비자보이콧의 개념을 위에서 분석한 세 가지 기준과 더불어 미시적 개념과 거시적 개념으로 함께 나누어 살펴보면 〈표 1-1〉과 같다. 소비자보이콧에 대한 **경제적**

| | 미시적 개념 | 거시적 개념 |
|---|---|---|
| 성격 | 경제적 합리성 추구/제품과 서비스에 초점 둔 사적 이익 추구 | 윤리적 이성 추구/상징적, 사회변혁적, 공동 선(善) 추구 |
| 주도세력(행위자) | 이익집단, NGO 주도 | 개인 및 SNS, 포털 등 기술매체 |
| 목적 | 소비자 보호, 소비자 운동 | 소비자 주권, 윤리적/정치적 소비자 참여 행위 |
| 행사시기 | 구매행동에 초점을 둔 구매의사 결정 | 소비의 전 과정에서 나타나는 일련의 행위 |
| 대상 | 시장 내 이해관계자 관계 | 시장, 매체, 정치·사회 등 간접적 이해관계를 포함한 범위 확장 |
| 영향력 행사범위 | 사회, 경제, 정치적 압력 행사 이익집단, NGO 주도 | 개인의 자발적 행동이 강하고 소셜미디어를 통한 개별화와 정의에 반하는 것에 대한 압력 행사 |

Chen (2010)의 논문을 기초로 연구에 맞게 수정함.

합리성을 강조하여 구매행위에 초점을 둔 미시적 개념과 윤리적 이성에 기초를 두고 다양한 사회문제를 해결하는데 소비의 전 과정을 포함해야 한다는 거시적 개념을 비교하여 살펴보았다. 이론적으로는 소비자보이콧을 이렇게 구분할 수 있으나, 현실에서 나타나는 소비자보이콧은 미시적인 것과 거시적인 것이 함께 이루어지는 경우도 많다.

 2. 미시적 개념

미시적인 소비자보이콧의 개념은 문제가 되는 회사에 영향력을 행사하기 위하여 특정 제품이나 제품군 또는 브랜드를 구매하지 않거나 소비를 중지하는 것이라고 정의할 수 있다(Friedman, 1999; Sen et al., 2001; Smith, 1990). 하나 또는 둘 이상의 보이콧을 주도하는 세력들이 개별 소비자들로 하여금 시장에서 특정 제품이나 브랜드를 구매하지 않도록 촉구함으로써 운동의 목표를 달성하려고 한다는 점에서(Friedman, 1985; 1987), 경제적 합리성을 추구하는 행위로 한정되기 때문에 개인적 이익을 보다 더 강조한다. 소비자보이콧은 제품과 서비스와 관련된 사적 이익을 추구하는 행위로 개인의 비구매 의도, 구매 중지 행위 등과 같이 구매행동에 초점을 두는 의사결정이다(Klein et al., 1998; Friedman, 1985; 1987; 우정 외, 2007).

미시적 의미의 소비자보이콧은 주로 특정 주도세력이 이끄는 운동의 한 형태로 소비자보호나 소비자운동이 중요한 목적이 된다는 점에서, 이 과정에서 소비자 개인은 비교적 수동적인 역할을 수행하게 된다(Chen, 2010). 시장에서 소비자는 집단적으로 행동함으로써 기업의 마케팅과 경영 시스템을 친사회적 구조로 변화하게 하는 동인을 가지는 운동적 성격을 가지지만 시장 내부에서 이해관계자 간의 압력행사에 그친다는 점에서는 한정적이다.

소비자보이콧의 미시적 개념에는 운동 주체가 되는 소비자단체가 압력단체로 주도세력의 역할을 한다. 소비자보이콧은 소비자불만을 표현하는 강력하고 대중적인 표현방식으로 특정 기업이나 단체의 후원을 거부하면서, 다수의 동조자를 통해 보이콧을 확산시켜서 영향력을 행사하는 행위이므로(Morwitz, 2007), 소비자단체와 이익집단이 특정 제품이나 기업에 대한 구매행동을 자제하도록 개인 소비자를 선도하여 압력을 행사한다.

크라운제과의 유기농 과자제품과 동서식품의 시리얼제품에서 대장균이 검출되면서 한국소비자단체협의회가 이들 제품에 대한 보이콧에 나선 것을 이러한 미시적 의미의 소비자보이콧 사례로 들 수 있다. 한국소비자단체협의회는 크라운제과와 동서식품이 자체 품질검사를 통해 문제가 있다는 사실을 확인했었음에도 불구하고 제품을 판매하여 소비자의 건강을 유린했다는 점에서 기업과 식품의약품안전처에 책임을 묻고 보이콧을 하게 되었다고 설명했다(헤럴드경제, 2014년 10월 16일).

소비자는 자신의 소신을 전달하기 위하여 관련된 특정 물건이나 브랜드를 사용하지 않거나 구매하지 않기로 결정했다는 사실을 다른 소비자들이나 해당 기업이나 정부 관계자들에게 전달하기 위하여 소비자보이콧에 참여한다. 소비자보이콧을 소비자가 구매의사 결정과정에서 구매 후 만족스럽지 못한 결과 때문에 구매를 중지하는 것으로 한정하고 있다. 그러나 실제로 소비자가 소비자보이콧에 참여하는 형태는 구매 중지뿐 아니라 소비의 전 과정에서 다양한 형태로 나타날 수 있다. 보이콧을 하기로 한 사실을 SNS를 이용하여 다른 사람과 공유하거나 같은 의견을 가진 다른 소비자가 활발하게 관련 정보를 퍼 나르게 하고, 구매하지 말도록 촉구하는 행위 등 복합적인 형태로 나타나기도 한다. 이처럼 기술과 매체의 발달, 소비자 인식 및 행동의 변화는 소비자보이콧에 대한 개념을 계속해서 변화시키고 있다. 과거의 소비자보이콧의 개념에서 강조된 경제적 측면을 넘어 윤리적이고 거시적인 차원에서 우리가 살고 있는 소비사회를 보다 바람직한 방향으로 유도하기 위한 노력으로 개념을 확대시켜야 한다.

 ## 3. 거시적 개념

현대사회에서는 소비자의 다양한 역할 중 소비자시민의 역할이 강조되고 있다. 소비자는 사회를 구성하는 시민으로서 바람직한 역할을 제대로 수행하기 위하여 자신의 구매활동이 자신의 경제적 복지와 만족을 극대화하는 차원을 넘어 다른 소비자들 뿐 아니라, 경제적·사회적 약자를 돕고, 사회시스템에 긍정적 영향을 미치는 윤리적 소비를 하려고 노력하고 있다. 소비자가 사적인 소비생활을 윤리적으로 바람직하게 함으로써 사회의 공동선을 추구할 수 있다고 자각하기 시작하면서 소비는 사적이고 미시적인 차원에서 공적이고 거시적인 변화하고 있다.

넓은 의미에서 소비자보이콧은 윤리적 소비의 범주에 포함된다(Hoffmann & Hutter, 2011). 미첼레티(Micheletti, 2004)는 불매운동이 금전적 거래, 개인과 가정의 복지, 기업에 대한 호감도, 정부의 관행에 대한 윤리적 또는 정치적 평가를 내리는 개념으로 정치적 소비자운동을 소개하고 있다. 소비자보이콧이 사회적으로 책임 있는 소비행위, 또는 윤리적 신념을 펼치기 위한 윤리적 소비행동의 일환이라는 관점이다.

소비자보이콧은 소비자 개인 혹은 관련 집단이 소비자의 경제 문제뿐만 아니라 정치적·윤리적 문제 등을 해결하기 위해서 특정한 제품이나 기업, 정부 등에 대하여 구매를 자발적으로 포기하거나 타인으로 하여금 보이콧에 동참하도록 홍보, 호소, 설득하는 총체적 행위로 정리할 수 있다. 특정 주도세력에 의해서 소비자보이콧에 동참하기보다는 자발적으로 형성된 온·오프라인 커뮤니티나 소셜 네트워크 서비스를 통하여 타인의 동참을 촉구하는 주도세력이 됨으로써 능동적인 성격을 가진다. 특히 제품의 성능이나 가격 등에서 나타나는 경제적 측면의 소비자문제의 해결보다, 사회·경제적으로 논란이 되는 사회문제들이 소비와 밀접하게 관련 있음을 인식하고 도덕적 잣대를 통해 문제를 해결하는 데 주안점을 두고 있다.

인터넷 및 정보통신산업의 확산으로 집단지성을 통한 다양한 소통과 담론이 형성되고 소비자들은 시·공간을 넘어 자유롭게 소비자정보를 접할 수 있으며, 개인적으로도 소비자보이콧을 하자는 의견을 발표하고, 다른 소비자들로 하여금 운동에 참여하도록 권유하는 행위가 과거에 비하여 훨씬 더 쉬워졌고 자유로워졌다. 스마트폰을 활용한 모바일 환경에서 개인 소비자가 보이콧 메시지를 생성하고 확산시킬 수 있는 능력이 확대되었고 이를 지원하는 다양한 모바일 플랫폼이 구축되어 있기 때문이다. 이러한 맥락에서 소비자가 자신에게 어떤 면에서는 부담이 됨에도 불구하고 자발적으로 윤리적 이성을 추구하기 위한 수단으로서 소비자보이콧에 적극적으로 참여하는 소비자에 관한 이론적 실증적 연구가 필요하다(Harrison et al., 2005).

따라서 소비자보이콧의 개념을 보다 넓은 측면에서 살펴볼 필요가 있다. 소비자보이콧의 거시적 개념은 현대사회에서의 소비로 인해 생겨난 사회문제를 해결하고자 하는 윤리적 소비의 일환으로 소비윤리와 소비가치 차원에서 접근할 필요가 있다.

## 1) 소비윤리로의 개념적 접근

윤리학은 윤리적 가치인 선의 의미를 밝히고, 선이 표현된 도덕법칙을 찾아내는 철학의 한 분야이다. 윤리는 도덕성의 본질이나 기반과 관련되며, 도덕성은 도덕적 판단, 도덕적 기준, 및 도덕적 행위규칙 등을 의미한다(Taylar, 1975). 해리슨 등(Harrison et al., 2005)은 윤리학에서 논의되고 있는 보편적 철학에 근거하여 소비자가 일상생활에서 실천할 수 있는 윤리적 소비의 담론을 전개하였다. 소비는 개인 혼자만의 것이 아니라, 타인에게 소비를 통해서 과시하거나 자신을 알리고자 하는 행위들처럼 타인과의 관계 속에서 이루어지고 있다는 점에서 소비는 윤리와 밀접한 관련이 있다.

바넷, 카파로, 뉴홀름(Barnett, Cafaro, Newholm, 2005)은 도덕철학을 크게 목적론과 의무론으로 구분했다. **목적론**은 윤리적인 판단을 할 때 도덕적 의무는 고려하지 않고 행동의 결과만을 중요한 기준으로 삼고, **의무론**은 결과론과는 정반대로 행위의 결과는 고려하지 않고 우리가 어떻게 살아야 하는지에 관한 합의된 원칙을 중요하게 생각한다. 목적론과 의무론은 무엇이 사람들로 하여금 이러한 문제에 관심을 가지게 하는지에 관하여 적절한 답을 제시하지 못한다는 비판을 받으면서 제3의 관점인 덕이론이 등장하였다.

목적론은 최선의 결과를 가져오는 행위, 즉 궁극적 목적을 달성하는 행위는 옳고 그렇지 못한 행위는 그르다고 주장해서, 결과가 윤리적 행위의 판단기준이 된다는 점에서 결과주의라고도 한다(김태길, 2002). 목적론의 대표적 학자인 아리스토텔레스는 최고선은 행복이며, 행복은 본래적이고, 본질적이며, 목적으로서의 가치라고 하였다. 최고선이 되기 위해서는 궁극적이고 자족적이며, 자아실현적이어야 한다. 쾌락, 명예, 덕 및 재산은 인간이 행복하기 위한 조건이 된다고 믿기 쉬우나 인간의 목적은 될 수 없다. 쾌락은 노예나 짐승의 목적은 될 수 있어도 이성적 인간의 목적은 될 수 없다. 명예도 주는 사람의 명성에 달려 있는데, 이렇게 피동적인 것이 인생의 목적이 될 수 없다. 덕이 발휘되지 않아도 잠을 잘 수 있고 덕이 많은 사람도 비참하게 사는 경우가 있고, 재산은 그 자체가 목적이 아니라 수단이라고 하였다.

목적론은 어떠한 결정에 대한 결과의 합당성을 따지기 전에는 그 결정을 사전에 정당화시키는 도덕적 원칙은 없다고 주장한다. 예를 들면, 진실을 말하는 것이 옳은 결과를 가져왔을 때는 옳은 것이 되고, 옳지 않는 결과를 가져올 때는 옳지 않다고 본다. 따라서 목적론은 결과주의가 되고 도덕원칙이 절대적이라고 보지 않는 상대론의 입장을 취한다. 그러나 목적론은 다음과 같은 비판을 받고 있다(이병종, 2009).

첫째, 인생의 궁극적인 목적이 존재하느냐는 질문에 명확하게 답하지 못한다. 인생의 궁극적인 목적이 행복이라고 한 아리스토텔레스조차도 행복은 중용을 지키는 것이라고 보고 최종적으로 도달해야 할 상태라고 보지 않았다.

둘째, 목적론은 극대화의 원리에 기초하고 있기 때문에 목적의 성취 정도라고 볼 수 있는 즐거움이나 쾌락을 측정할 수 없다는 점이다.

셋째, 쾌락의 극대화, 공리의 극대화, 효용의 극대화가 정의를 구현할 수 있느냐는 비판이다. 즉, 총합의 원리를 강조함으로써 분배의 문제를 소홀하게 다룬다는 비판이 제기된다.

넷째, 목적론은 결과에 따라 선악이 결정됨으로써 수단이나 과정의 도덕성과 윤리성을 소홀히 한다는 점이다.

목적론은 자본주의의 기초가 된 이기주의와 현대 복지국가의 기초가 된 공리주의를 바탕으로 하고 있다. 이기주의는 여러 가지 대안 중에서 장기적으로 자신에게 가장 많은 이익을 가져다주는 대안을 선택하는 것을 의미한다. 공리주의는 관련된 모든 사람의 행복이 최대가 되게 하는 일반선(general goods)을 지향하는 행위를 선택한다(윤대혁, 2004).

공리주의적 입장에서 윤리적 소비를 논의한 싱어(Singer, 1997)는 목적에서 출발한 행동은 맥락적인 요인과 결부될 수 있다는 점에서 결과주의적 접근이 더 현실적이고 실용적이라고 하였다. 또한 그는 부유한 서구 소비자들이 삶을 윤택하게 하지 못하는 경박한 소비를 하지 않고 그 돈으로 전 세계의 가난한 소비자들을 도와야 한다고 하였다. 공리주의는 전체 사회의 집합적 선택이 개인의 선택의 합이라고 가정하기 때문에 사회 모든 구성원들이 지속가능한 지구를 실현해야 하는 것을 목표로 해서 다른 사람들을 배려하지 않는다면 윤리적 소비가 실현될 수 없다는 문제가 있다(김선우, 2013).

목적론은 소비자보이콧을 설명하는 중요한 윤리이론이 될 수 있다. 소비자운동의 가장 핵심적인 과제는 기업 활동이 사회에 미치는 영향을 광범위하게 파악하는 것이라고 보는 소비자들이 증가하고 있기 때문이다. 기업이 져야 하는 법적 의무를 넘어 사회 · 경제적 네트워크에 미치는 광범위하고 거시적인 영향까지 고려하는 기업의 사회적 책임에 대한 요구가 점점 커지고 있다. 이렇게 광범위한 사회적 책임을 다하지 않는 기업에 대한 소비자보이콧이 최근에 들어서 많이 나타나고 있다.

엑슨모빌는 지구온난화의 주범으로, 미국의 부시 대통령이 교토의정서를 탈퇴하도록 가장 많은 정치자금을 부시대통령에게 주었고, 재생가능한 에너지 개발을 위해서는 거의 돈을 쓰지 않았으며, 이라크 전쟁의 수혜자라는 점에서 소비자보이콧의 대상이 되었다. 셸(영국 · 네덜란드의 합작 정유업체)은 북해에 갑판을 무단투기하려고 시도하는 등 다양한 방법으로 지구를 오염했었고, 나이지리아의 환경운동가 켄 사로위와의 사형을 사주하였으며, 나이지리아 군대를 매수하여 민중들에게 폭력을 행사하게 하였다는 이유로 소비자보이콧의 대상이 되었다. 다국적 기업 P&G는 매년 동물실험을 통해 수천 마리의 동물을 화학약품으로 죽게 하고 있고, 동물실험을 중지하라는 요구를 거절하고 있다. 이 기업은 또한 인도적인 동물실험을 위한 개발비보다 더 많은 돈을 7일간의 광고에 사용하고 있다는 점에서 소비자보이콧의 대상이 되었다.

1996년 6월 미국의 잡지 *Life*는 나이키 로고가 새겨진 축구화를 꿰매고 있는 12살짜리 파키스탄 소년의 사진을 실었다. 하루 종일 축구화를 만들어 60센트를 버는 이 소년의 사진은 순식간에 북미와 유럽의 각 지역으로 퍼져 소비자보이콧의 시발점이 되었다. 1977년에 시작된 국제 네슬레 보이콧 캠페인은 네슬레로 하여금 모유 대신에 네슬레 우유나 이유식을 강조하는 광고를 자제하게 하였다. 버거킹과 맥도날드는 햄버거용 패티를 싸게 공급받기 위하여 공장식 소농장을 만들고, 옥수수와 콩을 대량 생산하기 위하여 아마존의 산림을 훼손했다는 이유로 보이콧운동의 대상이 되었다.

인터넷과 스마트 기기를 활용한 디지털정보가 전세계적으로 빠르게 확산되면서 보이콧 캠페인을 주도하는 활동가들과 압력단체들은 트위터와 페이스북 등을 통하여 실시간으로 기업의 비윤리적인 행위를 수백만 명의 사람들에게 전하고 관심이 있는 사람들로부터 정보를 수집해서 확산시키게 할 수 있게 되었다. 그 결과 반세계화를 주장하는 시위자들의 목소리와 행동지침을 전세계에 빠르고 쉽게 확산시킬 수 있게 되었고, 다양한 형태의 활동가들이 자발적으로 전 세계에서 참여할 수 있는 발판을 마련하게 되었다. 그 결과 비윤리적인 행동을 하는 많은 다국적 기업과 대기업의 브랜드 이미지가 손상을 입게 되었고, 그 기업들이 비윤리적인 행동을 삼가게 하는 큰 힘이 되었다(서정희, 2012).

의무론은 칸트의 철학을 기본으로 한다. 칸트는 결과를 가지고 윤리적인 판단을 하자는 공리주의에 반대하면서 범 시대적으로 어느 곳의 누구에게나 보편적으로 옳다고 인정되는 윤리의 보편적 기준을 제시하려고 노력했다. 칸트는 자신의 저서인 실천 이성 비판에서 의무를 위한 의무의 수행만이 도덕적이라고 주장했다. 칸트는 의무의 근거를 인간의 본성이나 인간이 살고 있는 세계의 환경에서 찾아서는 안 되고 실천적으로 순수이성의 개념 속에서 찾아야 된다고 하였다.

선의지만이 인간을 의무에 맞게 행동하게 하고 의무 자체를 위하여 행위하게 한다는 점에서 칸트는 인간의 의지에 의해서 좌우될 수 있는 것만이 도덕적 의무가 될 수 있다고 보았다. 선의지란 옳은 행동을 오로지 그것이 옳다는 이유 때문에 항상 선택하는 의지를 의미한다. 선의지는 행위의 결과를 고려하거나 자연적인 경향을 따라 옳은 행동으로 쏠리는 의지가 아니라 단순히 어떤 행동이 옳다는 바로 그 이유 때문에 그 행동을 선택하는 의지를 말한다. 그러므로 선한 행동의 동기는 전적으로 개인의 성향과 자기 이익으로부터 분리되어야 한다는 것이다. 만약 어떤 소비자가 아동노동을 착취하는 회사의 제품을 보이콧하는 것이 자신에게 이익이 되기 때문에 했다면 그 행위는 선한 행동이라고 할 수 없다. 보이콧을 하는 행위가 윤리적으로 바람직하고 옳기 때문에 참여해야 선한 행위가 될 수 있다 할 것이다.

대부분의 인간은 자신이 행동한 결과에 대해서는 도덕적으로 책임질 필요가 없고 도덕법칙을 지킬 의무만 가진다. 이 의무는 인간의 유일한 책임으로 이성적 의지에 따라 자유롭게 복종해야 하는 비경험적이고 비사실적인 원칙이다. 의무론은 보편적으로 적용될 수 있는 도덕원리가 존재한다고 가정한다. 목적론은 다양하게 존재하는 규칙 자체가 일반적인 도덕규범이 없다는 사실을 증명한다고 보지만, 의무론은 도덕윤리는 존재하나 아직 충분히 이해되지 않고 있다고 본다. 개인의 존엄성, 생명의 존귀함, 약속 그리고 의무의 이행 등은 기본적인 덕목이므로 비록 결정의 결과가 바람직하지 않더라도 수행되어야 한다고 주장한다. 의무론의 대표적인 학자인 칸트는 인간의 행동을 좌우하기 때문에 누구나 따라야 하는 보편적인 규칙을 정언명령이라고 하였다.

의무론은 다음과 같은 비판을 받고 있다. 첫째, 시공을 초월한 절대적인 도덕법칙이 있다는 것 자체가 문제가 된다. 둘째, 인간 행위의 선천적인 법칙이 인간 자신의 내부에 본유한다는 주장 자체가 과학적 근거로 뒷받침되지 못하고 있다. 심리학, 민속학, 진화론 등의 연구를 통해서 도덕관념도 시공에 따라 다르다는 것이 밝혀지고 있다. 셋째, 보편적인 도덕법칙이 존재한다고 인정하더라도 그것을 어떻게 발견하느냐는 것이 문제이다. 넷째, 절대적인 도덕법칙이 우리의 의무라면 과연 인간에게 이를 실천할 수 있는 의지가 있느냐 하는 것이다(이병종, 2009).

의무론에는 정의론과 권리론이 있다. **정의론**은 사회의 혜택과 부담이 공평하게 분배되어야 하고 규칙과 법률은 공정하게 이루어져야 한다는 원칙에 근거한다. 도덕적 질서가 법보다 우선한다고 보는 자연법철학은 덕이론이 정의를 권리론으로 발전하게 하는 중요한 역할을 하였다. 자연법은 초기에 생존권, 자유권, 재산권이라는 세 가지 중요한 인권을 확립하였고, 최근에는 피고용권과 결사의 자유도 포함시키게 되었다. **권리론**은 개인이나 집단이 의무에 상응하여 자신의 이해관계를 추구할 자유롭고 평등한 선택권을 가지는 권리를 갖고 있다고 본다. 이러한 권리는 자신의 행위와 다른 사람으로부터의 보호나 지원을 요청하는 행위에 정당성을 제공한다.

사회적 불평등이 화두가 되었던 1960년대를 거치면서 분배에 관심이 없는 공리주의를 비판하면서 의무론적 정의론을 제안한 롤스(Rawls, 1971)는 **의무론적 정의론**을 제안했다. 의무론에 기반한 사회정의 개념은 1980년대 후반 이후 환경정의운동에도 영향을 미쳤다. 미국에서 시작된 환경정의운동은 산업화가 초래한 환경적 위험이 불공평하게 배분되고 있다는 점을 제대로 인식하지 못하고 있다는 점을 성찰하고 있다(Byrne, Martinez, & Glover, 2002).

기업윤리에서 정의론은 공정한 대우, 규칙의 공정한 관리, 공정한 보상, 공정한 처벌, 정당한 절차 등이 지켜져야 한다는 것을 의미한다. 권리론은 인간의 생명과 안전이 보호되어야 할 권리, 진실을 알릴 수 있는 권리, 사생활이나 개인적 재산이 보호되는 권리, 언론의 자유가 보장되는 권리, 양심의 자유가 보장되는 권리가 있다는 것을 의미한다(윤대혁, 2004). 이렇게 광범위한 관점에서 비윤리적인 기업에서 생산하는 제품을 보이콧하는 소비자운동이 윤리적으로 정의롭고 올바른 활동이라는 철학적 근거를 제시해 준다고 볼 수 있다(서정희, 2012).

사회 구성원이 의무를 지각했다고 하더라도 지각만으로 개인의 행동이 변하는 것은 아니라는 점에서 의무론에 기반한 윤리적 소비 담론도 한계를 가진다. 윤리적 행동은 지극히 개인적이거나 감성적인 동기에 의해서도 행해질 수 있고, 윤리적 행동이 전적으로 이타적이고 사심이 없는 호혜의 논리에만 기반하고 있다면 윤리적 소비를 효율적으로 이끌어내기 어려울 수도 있다(Barnett, 2005).

고전적인 덕이론은 행위에 초점을 맞추는 목적론이나 의무론과는 달리 사람 자체나 그 품성에 관심을 가졌다. 덕이론에서는 특정 행위가 누구의 행위인가에 따라 옳고 그름이 결정된다. 덕인의 행위는 덕스럽고, 그렇지 못한 사람의 행위는 덕스럽지 못한 행위로 결정된다. 이러한 고전적인 덕이론은 덕인을 확인하기 위해서는 다시 덕에 대한 정의에 의존해야 한다는 순환논증의 오류에 빠지게 된다는 점에서 현대적 덕이론에서는 관행, 전통 및 개인적 서사와 같은 절차에 초점을 맞춘다(정원규, 2010).

덕이론에서 덕은 개인에게 선한 삶을 창출할 수 있는 수단을 의미하지 목적을 의미하지 않는다. 비윤리적 수단은 절대로 윤리적 결과에 의하여 정당화될 수 없다는 점에서 덕이론은 결과주의와 반대되는 입장을 취한다. 덕이론은 '나는 무엇을 해야 하는가?', '나는 어떤 사람이 되어야 하는가?' 등과 같이 우리가 인간으로서 해야 하는 일에 관심을 가지고, 이러한 관심이 우리의 행동을 형성하는 방법과 우리가 목표로 하는 인간 유형에 관심을 둔다(박미혜, 강이주, 2009).

덕이론은 외적 요건보다는 개인이 선한 행동을 선택하게 하는 품성을 중요하게 생각하기 때문에 개인적 품성에 관한 문제들은 윤리적 탐구에서 중심적인 위치를 차지한다(김성한 외 역, 2005). 플라톤은 용기, 지혜, 자제력, 정의를 가장 중요한 덕목이라고 하였고, 아리스토텔레스는 정의를 강조하며, 최근에는 정의를 위해서는 지혜가 필요하다는 주장도 있다(Fisher & Lovell, 2003). 덕이론은 이러한 덕목을 학습을 통해 습관화하고 실행하는 것을 강조한다. 덕이론에 의하면 소비자보이콧은 윤리적 소비로 개인의 인격적 통합감에 의하여 동기화될 수 있고 자기 이익과 이타적 측면을 모두 포함한다(Shaw & Newholm, 2003).

이와 같이 덕의 의미는 매우 논쟁적이며 시대, 상황, 문화적 해석에 종속된다는 문제를 가지고 있다. 예를 들면 그리스의 호메로스, 유럽의 기독교, 중동의 이슬람, 아시아의 유교에서 정의되는 덕에는 엄청난 차이가 있다. 덕이론은 결과적으로 개인의 자유 의지를 부인하면서 사람들을 합의된 행동강령의 단순한 발현자로 제한한다는 비판도 받고 있다. 또한 개인적 측면에서 보면 선이 되지만 공공적 측면에서 보면 선이 되지 못하는 덕목도 있다는 점에서 공적인 맥락을 고려하지 않은 선은 절대로 선이 될 수 없다는 주장도 있다(MacIntyre, 1982). 그러나 덕이론은 비폭력 저항가인 마하트마 간디와 마틴 루터 킹, 노예제도 폐지운동을 이끈 영국의 윌리엄 윌비포스, 사회적 기업가 무함마드 유누스 등과 같은 사회운동의 개척자들과 지도자들의 행동을 설명하는 데 유용하다(서정희, 2012).

덕이론은 소수의 몇몇 사람들의 혜택을 보살피기 위한 행동을 도덕적으로 받아들이는 한계가 있다. 가족의 따뜻한 겨울나기를 위해서 난방을 아끼지 않는 행위가 국가적인 자원 낭비는 물론 환경오염과 직결되는 행위라는 점에서 어떠한 것을 선택할 것이냐에 대해서 고민할 수 있다. 또한 윤리적 소비에 관한 관심이 높아지면서 소비자들에게 윤리적 상품이라는 표식을 통해 소비자의 책임과 실천의 기회를 제공하고 있는 기업들의 행태 역시 고민해야 한다. 소비자에게 윤리적 상품을 선택함으로써 타인에게 덕 있게 보이기 위한 수단으로 거짓된 윤리적 소비를 조장할 수 있기 때문이다.

결과론에서 윤리적 소비는 결과가 가져오는 긍정적인 효과와 결과에 초점을 두고, 개인보다는 집단에 돌아오는 이익이 클 때 '선'을 행했다고 판단한다. 의무론에 따르면 윤리적 소비는 윤리적 소비 그 자체가 옳은 일이기 때문에 반드시 실행해야 하는 소비활동이라는 입장이다. 결과론과 의무론은 모든 사람이 보편적이고 합리적이며 이성적이라는 점을 가정하고 있다. 그러나 윤리적 소비는 단순히 선과 옳음에만 기초하지 않은 행동과 동기에 관한 개인의 도덕적 책임감과 감정의 발현과 같은 감정이나 감성에 의해 형성될 수 있다. 소비자보이콧을 이끄는 운동가 역시 집단의 이익뿐아니라 개인의 자아실현 수단으로서 소비자보이콧을 활용할 수도 있고, 단순히 불쾌하거나 화가 나는 것과 같은 감정 표현을 공식화하기 위해 참가할 수도 있다. 제3세계의 가난한 국가의 아동이 일해서 만든 상품을 소비자가 보이콧하는 것이 과연 윤리적인 소비인가 하는 물음을 소비윤리의 관점에서 비교해서 〈표 1-2〉와 같이 살펴보았다.

결과론적 관점에서 살펴보면 아동들이 임금을 받아서 생계를 유지할 수 있도록

■ **표 1-2** 거시적 소비자보이콧에 대한 소비윤리 관점 비교

| 아동 노동 상품 불매운동 | | | |
|---|---|---|---|
| 구분 | 결과론 | 의무론 | 덕이론 |
| 최선의 선택 | 아동 노동 상품 구매 | 소비자보이콧 실시 | 상품에 대한 추가 대가 지불 |
| 한계 | 불법 생산 관행을 지속할 가능성 | 일자리 및 생계수단 잃음 | 윤리적 상품 표식(labelling)에 의한 소비조장 |

그 상품을 구매해 줘야 윤리적인 소비라 할 수 있다. 노동을 하는 아동들의 대부분은 제3세계의 가난한 집안의 가계를 책임지고 있다는 점에서 그들 대부분이 행복하기 위해서는 아동들이 돈을 벌 수 있도록 그 상품을 구매하는 것이 윤리적 소비이다. 이러한 결과론적 관점에 따른 윤리적 소비는 아동에 대한 노동의 대가가 어느 정도인지 모르는 상태에서, 아동이 노동에 이용되는 불법적 생산 관행을 지원하는 행위이므로 그 한계가 있다.

반면에 의무론적 관점에서 보면 보호받아야 할 아동의 노동을 착취하는 행위는 옳지 못한 것이므로 상품 구매를 거부해야 하는 것이 윤리적 소비이다. 아동노동 자체가 옳지 못한 일이므로 그들이 생산한 상품을 구매하는 행위 자체는 옳지 못한 행위로 소비자보이콧을 하는 것이 윤리적 소비가 된다. 그렇지만 소비자들이 그들의 생산한 상품을 구매하지 않으면 가족 수입의 중요한 원천이 되는 아동들에게는 그 수입이 사라지게 되므로 향후에 그들이 가난하고 불행해질 수 있다는 점을 우려할 수 있다.

이러한 두 관점 중 어떤 관점도 사람들이 윤리적 소비를 하는 동기가 무엇인지에 관한 질문, 즉, 윤리적 소비가 '무엇을 어떻게 소비해야 하는지를 고려하는 결정'에 관한 것에 대해 충분한 관심을 두고 있지 않다. 윤리적인 이슈에 대해서 규율(법칙)이나 결과에 대한 단편적인 잣대로서는 윤리적 소비를 판단할 수 없다. 소비자보이콧과 아동 노동 간의 관계를 살펴본 마이우, 파브리(Maio & Fabbri, 2010)는 가난한 나라의 아동 노동을 줄이는 데 소비자보이콧이 효과적일 수 있겠지만, 교육과 의료 그리고 보다 나은 기회를 제공하는 측면에서는 소비자보이콧이 부모의 직업 종류,

세대 간 이질성, 학교 인접성 등 다양한 사회경제적 요인을 고려한 뒤 행해져야 한다고 주장하여 이를 뒷받침한다.

덕이론은 이기적 이타주의를 실현할 수 있는 소비자의 역할과 인격을 강조한다. 덕을 배우려는 습관과 관행에 관심을 두고 있다. 따라서 제3세계의 아동들의 노동이 담긴 상품에 대한 구매를 덕 이론적 관점에서 살펴본다면, 상품의 값을 올려서 아동들에게 임금을 더 많이 지급하게 하는 것이 윤리적 소비이다. 기업이 아동들에게 지급하고 있는 임금 수준을 파악하여 실제 가정의 수입원으로서 충분하고 앞으로 공부를 할 수 있는 여유 자금을 줄 수 있는 선에서 상품에 대해 더욱 많은 대가를 지급할 수 있어야 한다.

이상에서 논의된 것처럼 하나의 소비 현상이 어떠한 윤리적 관점을 가지는가에 따라 윤리적 소비가 될 수도 있고 안 될 수도 있다. 소비자보이콧에 관해서도 우리 사회를 구성하는 집단에 따라 다양한 반응이 서로 다르게 나타날 수 있다. 최근에 우리나라에서는 힘과 주도권을 가진 갑이 종속적인 을에게 횡포를 부리는 소위 갑질이 국민적 공분을 사면서 소비자보이콧의 대상이 되고 있다.

지난 2015년 4월 4일에 방영된 KBS2 추적 60분의 '10년차, 가맹점 사장의 눈물' 편에서 본죽의 가맹점에 대한 일방적인 계약 해지에 대한 소비자보이콧이 그 예가 될 수 있다. 본죽은 큰 문제없이 10년 동안 성실히 일해 온 가맹점주들에게 갑자기 가맹 종료를 하거나, 비싼 가격으로 반찬을 팔거나, 가맹점에서 많이 쓰는 용기와 포장재에서 본사가 높은 마진을 남기는 등의 횡포를 부렸다. 본죽의 이러한 비도덕적인 행태에 분노한 네티즌들은 여러 온라인 커뮤니티에서 본죽을 비난하였다. 한 포털사이트의 카페와 SNS에선 "악덕 업체라 본죽에 가고 싶지 않다", "불매해서 본때를 보여줘야 한다", "창업주가 창업의 신이라는 책을 냈다더니 사실 갑질의 신이었다" 등의 비판 글이 계속되어 경영주의 또는 기업의 윤리적 경영 방식에 대한 부분 역시 보이콧의 대상이 되고 있다(브레이크뉴스, 2015년 4월 9일).

## 2) 소비가치로의 개념적 접근

윤리적 소비는 사회구성원 모두가 받아들이고 있고 추구하는 소비가치와 소비자 개인이 추구하는 소비가치가 부합될 때 실현된다. 소비자가 추구하는 가치는 공동체 또는 국가가 추구하는 가치와 일치할 수도 있지만 서로 다른 경우도 많이 있다는 점에서 무엇이 바람직한 소비가치인가에 대한 대답은 개인과 공동체에 따라 차이가 날 수 있을 것이다. 따라서 윤리적인 소비로서 소비자보이콧을 설명하기 위해서는 개인의 소비가치가 공동체, 즉 타인의 소비가치와 어떠한 차원에서 부합될 것인가를 살펴볼 필요가 있다.

홀브룩(Holbrook, 1993)은 〈표 1-3〉에서 소비자가 소비를 통해 추구하는 가치 유형을 세 차원으로 설명하였다. 첫째 차원은 **본질적인 것**과 **비본질적인 것**으로 소비에 대한 가치를 수단으로 두고 있느냐 아니면 소비 그 자체를 목적으로 두고 있느냐에 관한 것이다. 둘째 차원은 **자아지향**과 **타인지향**으로 자신을 위한 소비에 가치를 두느냐 타인과의 관계 속에서 타인을 의식하거나 위하는 소비에 가치를 두느냐는 문제이다. 셋째 차원은 **능동적인 소비에 가치를 두느냐 아니면 수동적인 소비에 가치를 두느냐의 문제이다. 그는 소비자가 제품을 선택할 때 갖는 소비가치에서 보다 폭넓은 의미로 소비행위 차원에서 가치를 구분하고 있다. 윤리적 상품을 구매하면서 얻는 소비가치뿐만 아니라, 윤리적 소비의 실천에 담긴 가치도 세 차원으로 설명하고 있다. 즉, 친환경적 구매, 기부, 동물보호제품 구매 등과 같은 윤리적 소비는 본질적이고 타인 지향적이며 그리고 능동적인 가치를 추구하는 행위라고 설명하였다. 따라서 윤

■ **표 1-3** 홀브룩(1993)의 소비가치 구분

| 가치차원 | | 본질적 | 비본질적 |
|---|---|---|---|
| 자아지향 | 능동적 | 놀이(재미) | 효율 |
| | 수동적 | 심미(아름다움) | 우수함(품질) |
| 타인지향 | 능동적 | 윤리(덕, 정의, 도덕) | 정치(성공) |
| | 수동적 | 영성(믿음) | 존중(명성) |

리적 소비로서 소비자보이콧은 본질적이고 타인 지향적이며 능동적인 가치를 추구하는 소비행위라고 정의할 수 있다.

윤리적 소비에 관한 철학적 논의와 소비가치와의 관계에 대한 이론적 고찰을 통해 소비자보이콧이 윤리적 소비의 하나로서 그 역할과 의미가 있음을 알 수 있었다. 소비자보이콧 개념의 성립요소를 이와 함께 적용하면, 소비자보이콧은 경제적·윤리적으로 문제가 되는 기업과 정부 등과 같은 이해관계자의 비윤리적 행위에 대해 소비자 개인 및 공동체가 소비윤리를 실천하기 위하여 자발적으로 참여하는 특정 제품 및 서비스에 대하여 소비를 거부하거나 중지하는 운동이라고 정의할 수 있다. 거시적 개념으로 보면 소비자보이콧은 윤리적 소비의 일환이다.

위메프가 구직자들에게 일자리를 준다고 약속하고 정직원의 일을 시킨 후에 전원 해고한 사건이 알려지면서 인터넷에서 이를 비판하는 목소리가 확산됐다. 위메프는 대표 명의로 해명 자료를 내고 구직자 전원을 정직원으로 채용했지만 위메프를 비판하는 목소리는 줄어들지 않았다. 특히 위메프가 이번뿐 아니라 과거 신입사원 채용 과정에서도 똑같은 갑질을 반복했다는 사실이 알려지면서 여론이 급격하게 악화되어 보이콧으로까지 확산됐다. 소셜커머스 업계 관계자는 국내에서 소셜커머스 업계가 생긴 2010년 이후 처음으로 소비자보이콧이 나타났다며, 비뚤어진 갑을문화[1]에 민감해진 우리 사회의 분위기가 반영되고 있다고 말했다.

공격적 경영으로 소셜커머스 업계 순 방문자 수 2위를 꾸준히 기록하던 위메프는 이 사건으로 소비자보이콧의 역풍을 맞으며 3위로 추락하였다. 2015년 1월 13일 한 트래픽 분석업체에 따르면 위메프의 갑질사건이 드러난 이후 사흘간 위메프 웹사이트의 순 방문자 수는 100만 8,868명을 기록했다. 이는 지난주 같은 기간 대비 25.1% 감소한 수치로, 소셜커머스 3사 중에서 가장 낮은 수치였다(이데일리, 2015년 1월 13일).

---

1  비뚤어진 갑을문화에 대해서 강준만(2013)은 한국 사회의 삶의 방식이라 말한다. 한국인 다수가 갑을 관계를 이익 차원의 개념뿐만 아니라, 뿌리 깊은 관존민비에서 내려온 '을 위에 군림하는 맛'이라고 하는 인정받고자 하는 욕구를 충족시키는 삶의 방식이 고착화되어서라고 비판한다. 오늘날의 갑을문화는 돈이 잣대가 되어 돈의 힘에 의해 갑과 을의 관계가 나뉘고 이에 을에게 군림하고자 하는 관계가 대기업-중소기업, 사장-아르바이트생, 원청-하청 사이에서 발생하여 사회문제가 되고 있다.

# 제 2 장

# 소비자보이콧의
# 분류

소비자보이콧의 개념에 따라 학자들은 각각 다르게 소비자보이콧의 유형을 분류하고 있다(이득연, 1996; 주승희, 2009; Friedman, 1991; 1995; Chen, 2010; Klein et al., 2004; Neilson, 2010). 지금까지 이루어진 대부분의 선행연구에서는 소비자보이콧의 개념을 구성하는 기준 중의 하나를 선정해서 일차원적인 분류를 하고 있다. 소비자보이콧을 윤리적 소비로서 규정하면 그 성격과 발현 형태를 하나의 기준으로 유형화하기 어려운 부분이 많기 때문에 다차원적인 분류가 필요하다. 이 장은 전향란(2013)의 박사학위논문의 이론적 배경에 포함된 내용을 기초로 해서 구체적인 사례를 추가해서 서술하였다.

##  1. 소비자보이콧의 일차원적 분류

### 1) 소비자보이콧 행위자 요소에 따른 분류

소비자보이콧의 행위자 요소에는 행위의 주도세력과 소비자보이콧의 대상이 포함된다. 이 두 가지 요소를 기준으로 하여 소비자보이콧을 분류하면 다음과 같다.

### (1) 소비자보이콧 주도세력에 따른 분류

소비자보이콧은 행위를 주도하는 세력에 따라서 이익집단 주도 보이콧운동과 대중 보이콧운동으로 구분할 수 있다. 소비자보이콧이 특정한 대상이 되는 집단의 행위를 변화시키기 위해서는 주도세력이 효과적인 역할을 할 수 있어야 하였다. 주로 소비자를 보호하거나 소비자의 권익을 옹호하는 집단인 시민단체나 소비자 관련 집단, 그리고 실제 소비자문제를 겪고 이를 여론화하려는 특정 집단이 주도하여 다양한 소비자들의 참여를 동참하게 하는 형태의 이익집단 주도 보이콧운동이 많이 이루어지고 있다.

폭력피해 여성 지원 단체와 포르노 반대 단체들의 19금 영화 "그레이의 50가지 그림자"에 대한 보이콧 캠페인을 예로 들 수 있다. 아픔을 지닌 27세의 억만장자 크리스천 그레이와 대학을 갓 졸업한 21세의 여주인공 아나스타샤 스틸의 사랑과 성을 파격적으로 묘사해 '엄마들의 포르노'로 불리며 선풍을 일으켰다. 영화에 등장하는 가학적인 성행위가 여성폭력을 조장한다는 이유로 북미 지역에서 보이콧이 시작되었다. 보이콧에 참가한 소비자들은 영화를 보기 위해 아이를 베이비시터에게 맡기고 표와 팝콘, 음료를 사는 데 드는 돈 약 50달러를 폭력 피해 여성들을 지원하는 데 쓰자고 제안했다. 영화를 보지 말고 그 돈을 가정폭력 피해 여성을 위한 쉼터에 기부하자는 취지다. 페이스북에서도 수천 명이 '좋아요'를 누르며 지지 의사를 표시했고 독일과 호주에서 성금을 보내오는 이들도 나타났다(여성신문, 2015년 2월 12일).

대중 소비자보이콧 운동은 다양한 대중매체 및 모바일 인터넷환경이 보급되면서 소비자 개인 스스로 자신들의 의견을 주도적으로 공론화하여 소비자보이콧을 하는 것을 의미한다. 돌체앤가바나를 창립한 두 디자이너인 도미니코 돌체와 스테파노 가바나가 시험관 아기를 인조아기라고 부르는 실언을 했다. 영국의 원로가수 엘튼 존은 자신의 인스타그램에서 "어떻게 당신들이 내 소중한 아이들을 인조아기라고 부를 수 있느냐"며 해시태그(#BoycottDolceGabbana)를 사용해 돌체앤가바나의 보이콧에 나선 사례(아시아경제, 2015년 3월 16일)를 예로 들 수 있다.

이러한 두 가지 분류는 모두 소비자보이콧을 통해서 압력을 행사하는 세력이라는 공통점을 가지고 있다. 그러나 특정 이익집단의 목적을 추구하는 이익집단 주도 보이콧운동은 참여하는 개별 소비자들의 이익을 성취하는 것을 목적으로 하는 반면, 대중 보이콧운동은 참여자들의 이익과 밀접한 관련이 없어도 사회적으로 바람직하지 못한 기업의 행태에 분노한다는 점에서 차이가 있다.

### (2) 보이콧 대상에 따른 분류

소비자보이콧은 보이콧 대상에 대해 직접 압력을 행사하여 실시하느냐 아니면 간접적으로 대리인을 두어 압력을 행사하느냐에 따라서 직접 보이콧운동과 간접 보이콧운동, 대리 보이콧운동 또는 2차 보이콧운동으로 유형화할 수 있다.

**직접 보이콧운동**은 일반적으로 소비자가 보이콧운동 대상에 대해 일대일로 직접적으로 압박을 하여 실행하는 것이다. 대구시는 지역 금융 이용과 제품 매입, 용역 발주, 업체 입점, 인력 고용, 영업이익 사회환원 등의 6개 분야에서 대기업 유통업체별 지역기여도 실적을 해마다 평가하여 기여실적이 부진한 업체는 시민들과 보이콧운동을 전개하겠다고 발표했다. 이랜드 리테일의 지역제품 매입은 2013년 7.8%에서 2014년에 4%로 감소했다. 이마트도 지역인력 고용은 95.1%에서 96.7%로 다소 향상됐지만 지역제품 매입은 40.6%에서 21.1%로 감소하는 등, 나머지 5개 분야가 큰 폭으로 하락했다. 롯데백화점은 영업이익의 사회환원이 3억 8,300만 원에서 2억 6,900만 원으로 감소하는 등 4개 분야가 감소했다. 코스트코홀세일은 회사 방침을 이유로 매출 자료 등의 제출을 거부해 기여도 평가에 불성실하게 대응하였다(한국경제, 2015년 2월 11일).

**간접 보이콧운동**은 운동 대상이 아닌, 운동 대상과 관련한 이해관계자들을 대상으로 압력을 행사하여 우회적인 방법으로 압박을 주는 형태이다. 2008년 조선, 중앙, 동아일보의 기사에 대한 불만을 행사하기 위해서 신문사에 광고를 싣는 가전 제품 회사, 제약회사 등 광고주에 대한 불매운동을 예를 들 수 있다.

다국적기업의 제품이 늘기 시작하면서 특정 국가나 정부에 대한 소비자보이콧이 늘어나고 있고(Balabanis, 2012), 유통환경이 복잡해지면서 다양한 이해관계자들에 대한 서로 간의 영향력이 커지고 있기 때문에 이를 효과적으로 활용한 간접 보이콧 운동이 늘고 있다.

소비자보이콧은 또한 한 나라의 국민이 공동으로 특정 국가의 상품을 보이콧하거나 거래를 단절하는 사적 보이콧운동과 한 나라의 정부나 정부 차원의 지도로 이루어지는 특정국에 대한 보이콧운동이나 거래를 단절하는 형태인 공적 보이콧운동으로 유형화할 수 있다. 소비자보이콧의 기능은 한 국가가 정치·외교적인 사안에 대해서 소비자보이콧을 활용하여 경제적 압박을 취할 때 나타난다. 5.4 운동 이후 중국의 일본상품 배척운동이나, 영국 시민의 이스라엘 여행금지운동, 이스라엘산 제품 보이콧운동이 이에 해당하는 예이다.

한국 진출을 확정한 스웨덴 가구 업체가 동해를 일본해(SEA OF JAPAN)으로 표기해 보이콧의 논란이 일었다. 이케아 코리아 홈페이지와 미국과 영국 등 이케아의 해외 사이트에서 판매되고 있는 장식용 벽걸이 세계지도에 동해가 일본해로 표기되었다. 논란이 커지자 이케아 코리아는 교육용 자료로 사용하기 위해 만든 자료가 아니고, 한국에서 이 지도를 판매할 계획은 없다고 밝혔다. 이러한 소식에 누리꾼들은 "이케아 일본해 표기 논란, 이케아 불매운동 벌이자" "이케아 일본해 표기 논란, 해명이 황당하네" "이케아 일본해 표기 논란, 이케아 사지 말자" "이케아 일본해 표기 논란, 당연히 사주지 말아야 한다" 등의 반응을 나타냈다(영남일보, 2014년 11월 18일).

## 2) 소비자보이콧 동기 및 목적에 따른 분류

### (1) 동기에 따른 분류

스위스의 경제윤리학자 페터 울리히(Peter Ulrich)는 신자유주의시대 경제윤리에서 개인을 철저하게 자기 이익을 추구하고 동료 인간의 복리에 무관심한 존재로 보는 신자유주의가 강조하는 경제적 인간이 아닌 경제시민으로 간주하였다. 경제시민은 다른 사람을 공감하는 능력이 뛰어난 인간으로서 자신을 이기적 존재에서 타인과 전체 사회에 대한 책임을 지는 존재로 전환할 수 있다. 경제시민은 비판적 소비자의 역할을 감당한다. 상품 공급자, 정책담당자, 동료 시민 등에게 자신이 값싸고 질 좋은 상품뿐만 아니라 이런 상품의 사회적 · 윤리적 생산조건에도 관심을 갖고 있다는 신호를 보낸다. 나아가 경제시민은 비판적 투자자로서의 임무도 수행한다. 자신이 투자하는 기업으로 하여금 이윤 극대화만을 추구하지 않고 인간적이고 사회적이며 생태적인 경영방식을 수용하면서 적정한 이윤을 획득하도록 유도한다(이혁배 역, 2010).

〈표 2-1〉에 의하면 소비자보이콧의 동기는 신자유주의 시장원리인 **경제적 합리성**과 **윤리적 이성**에 근거하여 구분할 수 있을 것이다(이혁배 역, 2010). 페터 울리히는 소비의 목적이 경제적 가치를 실현하는 데 있으며, 좋은 삶에 대한 주관적 가치들(의미 지향성), 정의로운 공존을 위한 일반적인 원칙들(정의 지향성)과 같은 합리성을 기초로 누구와 무엇을 위해 효율적으로 기능해야 하는가(효율성)를 실천할 때 그 목적을 달성할 수 있다고 보았다.

페터 울리히는 소비의 기본 동기가 합리성에 근거하며 토머스 홉스(1651)의 경제적 인간의 철저한 경제적 합리성에 따른 시장원칙과 이마누엘 칸트(1788)의 인간적 존엄성과 관련한 상호인간성에 근거한 윤리적 이성에 따른 도덕원칙에 따라 구분될 수 있다고 보았다. 페터 울리히는 경제적 합리성과 윤리적 이성 사이에서 시장경제

■ **표 2-1** 소비자보이콧 동기에 따른 구분체계

| | 경제적 합리성 추구 | 윤리적 이성 추구 |
|---|---|---|
| 원칙 | [시장원칙] 이익 교환의 규범논리 ⇩ | [도덕원칙] 상호 인간성의 규범논리 ⇩ |
| 대상 이해 범주 | 철저하게 이기적인 개인들 사이의 조건적 협력 (경제적 인간들) ⇩ 타자는 단지 나의 개인적 성공을 위한 도구일 뿐이다 ⇩ | 인간들에 대한 무조건적인 상호 존중과 상호 인정 ⇩ 타자는 인간적 고유 가치를 지닌 존재로 존중 된다 ⇩ |
| 현상 | 〈시장논리 속 개인의 경제적 이득 추구를 우선하는 행위〉 특정 시장이나 기업에 대한 경제적 이익을 추구하기 위한 불매운동에 참여함 | 〈시장논리 속 윤리와 정의 추구를 우선하는 행위〉 시장문제를 정치 · 사회 · 문화적 현상으로 이해하고, 윤리적인 잣대로 불매운동에 참여함 |

이혁배 역(2010), p. 91을 연구에 맞게 수정함.

의 특성을 발견할 수 있다고 하였다. 시장경제에서 개인은 사회적 관계들이 정치적으로 혹은 윤리적으로 문제를 일으키면 자유로운 시장이 이러한 사회적 관계를 규제하게 된다. 소비자와 기업의 관계에서 소비자의 자유로운 화폐투표 및 시장 내 자유로운 기업경쟁으로 이러한 문제를 해결할 수 있다(이혁배 역, 2010).

소비자보이콧이 단순히 소비자의 선택 행위를 넘어 소비와 관련한 다양한 정치적혹은 윤리적 문제와 관련된 행위와 관련 있다는 점에서 소비자보이콧은 사회적 규제의 하나의 수단이 될 수 있다. 즉, 경제적 합리성과 윤리적 이성 중 어디에 가까운가를 통해 소비자보이콧이 동기를 구분할 수 있다. 소비자의 개인 선택이 경제적 효율에 초점을 두느냐, 타인의 경제적 효율을 고려한 경제적 형평성, 상호이익에 초점을두느냐에 따라 소비자보이콧 행위가 갖는 의미가 달라지는 것이다.


① 경제적 합리성 추구에 따른 소비자보이콧

경제적 합리성 추구에 따른 소비자보이콧은 개인의 경제적 이익을 추구하기 위한 힘의 표현이자 수단(Friedman, 1971; Koku et al, 1971)으로 개념화한다. 경제적 합리성은 조건적 상호 이익 교환의 규범적인 논리로 시장원칙에 상응한다. 경제적 합리성에서 개인은 상대방에 대해 무관심한 경제적 인간으로서 개인의 목적에 도움이 되는 한도에서만 사회적 상호작용을 하고 관계를 맺는다. 경제적 합리성에 따르면 개인은 각개인이 가진 이익을 교환하는 상호 이익교환의 논리에 따른 시장 모델에 초점을 두고영리적인 경제적 활동에 집중한다.

경제적 합리성에 근거한 소비자보이콧은 소비자가 특정 상품이나 회사 등에 대한불평을 표현하려는 목적을 달성하기 위한 행동과 관련이 있다. 소비자는 자신의 경제적 이익과 효용을 달성하기에 부족하거나 문제가 있는 기업에 대하여 불만족할 때불평행동을 하는데, 그중 하나가 소비자보이콧이라고 본다. 데이(Day, 1984)에 따르면 소비자는 특정 목적을 달성하기 위해서 판매자 혹은 제조자에서 특정한 보상을촉구하는 보상탐색행위, 특정한 조치를 요구하는 것 이외에도 불만족을 전파함으로써 타인에게 개인의 영향력을 행사하려는 불평행위, 제품, 브랜드, 상점, 그리고 제조자에 대한 구매를 중지하여 강력한 불평을 제시하려는 보이콧운동을 한다. 이러한 소비자의 불평행동은 개인의 이익을 추구하려는 행위로 도덕적으로 중립적인 성격을 가진다. 소비자 자신의 필요해서 거래과정에서 불만을 표현하기 때문에 타인에게 도덕적인 판단을 요구하지 않고, 자신의 경제적인 효용과 효율성에 가치를 둔다.

## ② 윤리적 이성 추구에 따른 소비자보이콧

자유롭고 평등한 시민들로 구성된 근대사회는 단순한 시장관계가 아닌 윤리적 내용을 갖춘 법적이고 연대적인 관계로 이루어져 있다. 따라서 자유로운 시장 환경 속에서 소비자의 선택은 개인의 선택의 자유에 초점을 둔 경제적 합리성을 넘어 실질적으로 평등한 자유를 지향하는 윤리적 이성도 함께 추구한다. 윤리적 이성의 경우 다른 사람을 인간적인 고유 가치를 지닌 존재로 존중하며, 이들의 이익도 고려 대상이 된다. 우리가 서로를 존중하며 상대방의 도덕적 권리와 가치를 인정한다. 따라서 개인이 가지는 자유가 타인의 존엄성과 충돌하게 될 때, 타인의 존엄성을 배려하고 존중하며 우선시한다.

소비자보이콧은 사회 구성원의 과도한 자기 이익 추구에 따라 발생하는 다양한 문제점, 즉 정치적 혹은 윤리적 문제와 연관된 경제적 불합리와 불이익을 해결하기 위한 상호 존중의 행위로 구매 중지를 한다는 점에서 윤리적 이성을 강조한다고 할 수 있다. 코지넷과 핸들먼(Kozinets & Handelman, 1998)은 소비자보이콧은 이타주의, 영적 지각과 조화, 그리고 자기 교만 인식 등, 복잡하고 감성적인 개성을 표현하는 행위이며 도덕적 자기실현의 도구라 하였다. 소비자보이콧은 소비자 개인의 자아실현과 윤리적인 잣대가 되는 개념이다. 해리슨 등(2005)은 보이콧운동을 윤리적 소비행위라는 관점에서 소비자들이 특정 행위를 하지 않거나 제품을 구매하지 않음으로 자신의 사회적 관여를 표현하는 행위라고 규정하였다. 소비자보이콧은 사회적 또는 정치적 목적을 달성하기 위해 자발적으로 불편함을 감수하고 상품을 구매하지 않거나 다른 소비자로 하여금 구매하지 않도록 권유하는 일체의 행위이다(박지현, 김종서, 2009).

## (2) 수단에 따른 분류

소비자보이콧의 수단으로 매체를 활용하는 매체지향 보이콧운동은 보이콧운동이 가지는 상징성에 주목하여 여론화나 간접적인 위협을 행사하는 것이다. 블로그나 SNS에서 기업이나 제품에 대한 보이콧운동에 대한 메시지나 이미지를 올려 자신의 의사를 표현하는 행위를 예로 들 수 있다. 시장지향 보이콧운동은 직접 시장을 겨냥해서 보이콧운동을 실행에 옮겨 실질적으로 시장을 압박한다. 소비자보이콧을 실행에 옮길 사람들을 모집하여 기업에 직접 항의 글을 전달하거나 집단으로 제품을 사지 않는 것이나, 길거리에서 사람들의 보이콧운동 동참의 서명을 요청하는 행위는 시장지향 보이콧운동이라고 할 수 있다.

## (3) 기능에 따른 분류

직접 보이콧운동의 대상이 되는 집단을 변화시키기 위한 수단적 보이콧운동과 가시적인 소비자보이콧의 목표가 상대적으로 뚜렷하지 않은 상태에서 주도 집단의 좌절감 또는 의사를 분출시키거나, 여론화를 위한 표출적 보이콧운동으로 구분된다. 수단적 보이콧운동은 전통적 소비자보이콧의 개념에서 보이콧을 통해 목적을 성취하기 위한 측면이 강조된다. 특정 목적과 목표를 두고 보이콧운동이 이루어지기 때문에 보이콧운동의 대상이 어떠한 결과를 가져다줄 것인지 비교적 명확하다.

표출적 보이콧운동은 개인의 감정을 표출하거나 타인의 감정을 유도하는 명시적인 측면에서 이루어지는 부분이 뚜렷하지 못한 특성을 가진다. 사회·정치·윤리적 측면에서 펼쳐지는 현대적 소비자보이콧은 부정적 감정이나 사회에 대한 기여, 소비자보이콧이 주는 변화에 대한 믿음과 신뢰 등 참여하는 동기가 다양한 형태로 나타나(Hoffmann, 2010), 표출적 보이콧운동은 다른 소비자들이 보이콧에 참여하도록 하는 촉매제 역할을 할 수 있다.

## (4) 수혜 여부에 따른 분류

수혜적 보이콧운동은 소비자보이콧을 하는 집단이나 개인이 이에 따른 경제적 이득이나 목적이 되는 행위적 보상으로 혜택을 얻는 것이다. 양심적(도덕적) 보이콧운동은 소비자보이콧을 한 집단이나 개인이 이에 따른 경제적 이득이나 목적한 행위적 보상으로 혜택을 받지 않는다거나, 다른 소비자에게 그 혜택이 돌아가는 형태를 말한다. 소비자 자신에게 직접적인 이득이나 혜택이 없음에도 적극 참여하여 다른 소비자, 특히 경제적 약자의 위치에 있는 소비자의 복지에 기여하는 경우가 이에 해당한다. 아프리카에 분유를 판매하기 위하여 악의적인 마케팅을 펼친 네슬레에 대한 전 세계 여성들의 보이콧운동[1]을 예로 들 수 있다.

## 3) 소비자보이콧 행위요소에 따른 분류

### (1) 지역에 따른 분류

소비자보이콧이 이루어지는 지역의 규모에 따라 전국적인 규모와 지역적인 규모로 나눌 수 있다. 지역적 보이콧운동은 지역에 불필요하거나 해로운 산업과 기업이 들어오는 것을 막기 위해 지역 단위로 그 산업이나 기업에 대한 보이콧운동을 하는 것이다. 대표적인 예로는 대형마트의 지역 진출에 따른 지역 상권 붕괴를 우려해서 그 대형마트나 해당 기업에서 생산되는 제품에 대한 소비자보이콧을 실시하는 것을 들 수 있다. 전국적(정부) 보이콧운동은 나라의 시민 모두 또는 정부가 대표하여 실시하는 소비자보이콧을 말한다. 일본의 식민지화에 대항하여 일본제품을 불매한 사례가 이에 해당한다. 세계화에 따라서 국적보다는 브랜드를 앞세워서 시장에 진출하는 기업이나 기관이 늘어나는 추세이다. 이러한 다국적 기업이나 제품에 대해서 전 세계의 시

---

1  2001년부터 네슬레가 페리에 희극경연대회를 후원한다는 사실이 드러나면서 희극배우 로브 뉴먼이 보이콧운동을 처음 제안한 후 유명인들이 계속 가세하였다. 네슬레가 비판을 받고 있는 것은 제3세계 국가에 분유를 판매하고 있기 때문이다. 로브 뉴먼은 "제3세계 국가의 아기들이 분유를 먹으면 전염병에 감염된 물 때문에 숨지기 쉽다"며 "제3세계에서는 모유가 권장돼야한다는 점에서 네슬레의 판촉활동은 옳지 않다"고 지적했다. 네슬레는 이에 대해 "이들의 주장은 오래전 통계에 근거한 것"이라며, "우리는 세계보건기구의 기준에 맞는 유아 식품을 생산하고 있다"고 반박했다. 오스카상을 받은 영화 배우 엠마 톰슨은 에딘버러 프린지 페스티벌의 페리에 희극경연대회를 거부하는 운동에 동참했다. 톰슨은 2001년 7월 30일에 "이 영화제를 후원하는 네슬레에 반대해서 양식 있는 사람들은 페리에 희극경연대회를 거부해야 한다"고 밝혔다. 페리에 희극경연대회는 영국 배우라면 누구나 상을 받고 싶어하는 권위 있는 대회이다 (한국일보, 2001년 8월 1일).

민이 동참하여 소비자보이콧을 하는 것을 다국적 불매운동이라고 한다. 아동 노동 착취가 문제가 되었던 나이키에 대한 소비자보이콧을 예로 들 수 있다.

## (2) 공간에 따른 분류

소비자보이콧을 가상공간에서 이루어지는 유형인 온라인 보이콧운동과 실제 현실세계에서 펼쳐지는 보편적인 형태의 유형인 오프라인 불매운동으로 나눌 수 있다. 온라인 보이콧은 지역이나 나이, 성별과 관계없이 다양한 계층이 참여할 수 있는 특징이 있지만, 참여자의 익명성 때문에 근거 없는 정보들이 양산될 수 있는 단점도 있다(천경희 외, 2010).

이러한 익명성에 관한 문제는 스마트폰의 보급 탓에 SNS서비스를 이용한 정보 이동이 활발해지면서 투명한 형태로 전환되고 더욱 빠르게 보이콧운동 참여가 확산될 수 있게 되었다. 디지털 기기가 일반화되면서 개인은 전보다 더 많은 힘을 갖게 됐고, 소비자들은 소셜미디어 플랫폼에서 존재감을 확인하고 있다. 항상 공급자가 우선이었던 시대가 저물어 가고 소비자의 권리가 우선이 되는 시대로 돌아오고 있다. 한 번도 찾지 못했던 권리를 누릴 수 있게 되었다. 정보가 없다면 더 도태되기 쉽고, 정보가 많지만 그것을 다 알 수는 없다는 점에서 소비자가 그 권리를 누리기 위해서는 지금보다 더 많은 노력을 해야 한다. 소비자는 개인이자 새로운 미코노미[2]

---

**2** 미코노미라는 용어는 제러미 리프킨의 소유의 종말에서 처음 언급됐다. 처음의 용례처럼 미코노미 현상이 가장 두드러지는 분야는 모바일·스마트 기기의 보급 확산으로 대표되는 정보통신기술이다. 초고속 통신망의 발달은 정보를 만들어 유통할 때 개인이 느끼는 진입장벽을 낮추었다. 과거 수동적으로 정보를 받아들이기만 하던 소비자들이 능동적으로 상품과 정보를 유통할 수 있게 된 것이다. 블로그나 개인방송 등의 1인 미디어는 이미 정착됐고, 세계적으로 논란을 불러일으키며 시장을 확장하고 있는 우버·에어비앤비 서비스 등도 미코노미 현상의 한 측면이다. 개인을 24시간 내내 네트워크에 연결시켜 주는 모바일 기술의 발달이 다양한 비즈니스 모델을 가능하게 해 미코노미를 확산시키고 있다. 특히 스마트폰은 기존의 뉴미디어와 네트워크 환경에 다소 거리를 두고 있던 50대 이상 연령층에서도 보급률이 높아지고 있다. 고령층 1인 가구의 생활상에 미치는 영향도 커질 전망이다. 고령층의 신체 나이에 맞는 게임이나 취미 관련 애플리케이션을 비롯, 건강정보를 가족들이 공유할 수 있는 서비스도 늘고 있다. 집에 혼자 남겨둔 애완동물의 상태를 확인할 수 있는 가정용 카메라와 사물인터넷 기술은 애완동물을 키우는 비율이 높은 고령층 1인 가구들이 환영하고 있다. 이와 더불어 연령과 함께 축적된 생활의 노하우를 공유하는 경로가 넓어진다는 점 역시 미코노미 현상의 한 측면이다(주간경향, 2015년 10월 6일).

(Me+Economy, 개인이 중심이 되는 경제 생태계)의 중심이기 때문에 이제 구매자들은 스스로를 하나의 브랜드로 관리해야 한다(인터브랜드, 2015).

## (3) 지속기간에 따른 분류

소비자보이콧을 하는 시간을 기준으로 장기적 보이콧, 중기적 보이콧, 단기적 보이콧으로 나눌 수 있으며, 그 기간은 유동적이다. **장기적 보이콧**은 대게 1년 이상 소비자보이콧을 시행한 것을 일컬으며, **중기적 보이콧**은 3개월~1년 이내에 시행한 것을 말한다. **단기적 보이콧**은 보통 3개월 미만의 짧은 기간에 시행한 것을 말한다. 시행한 기간이 영속적이냐, 한시적이거나 제한적이냐에 따라서도 분류할 수 있다. 시간에 구애받지 않고 진행하는 전면적 보이콧과 특정 시간에 제한을 두고 실시하는 한정적 보이콧으로 구분될 수 있다.

소비자보이콧에 대한 지속 시간에 따른 유형은 소비자보이콧의 대상이나 목적에 따라서 그 유형을 달리하고 있다. 따라서 20세기 초 일본의 제국주의에 따른 중국의 식민지 지배 탓인 반일 감정이 현재에도 이어져 일본상품에 대한 소비자보이콧이 이루어지고 있는 사례는 과거에서 현재까지 지속적인 소비자보이콧의 대상이 되지만 정치적 이슈에 따라서 한시적으로 일어나고 있어 구분하는 데 어려움이 있다.

## (4) 실행 정도에 따른 분류

소비자가 보이콧을 실시하겠다는 말로 보이콧 대상에 위협을 주는 선언적 형태의 행위검토형 보이콧, 다른 소비자들의 촉구하고 이끄는 **행위촉구형 보이콧**, 집단으로 운동하기 위해서 조직을 구성하여 실시하는 **행위조직형 보이콧**, 그리고 소비자보이콧을 바로 실행에 옮겨 실천하는 **행위실행형 보이콧**으로 나눌 수 있다. 이러한 실행 정도에 따른 유형은 그 정도를 어떻게 보느냐에 따라서 소비자보이콧의 필요성을 지각한 개별 소비자나 소비자단체 등이 온라인이든 오프라인이든 보이콧의 필요성을 주장하는 행위, 대상 기업에 특정 요구사항을 받아들이지 않으면 보이콧을 하겠다고 취지를 밝힘으로써 타협을 시도하는 행위, 효과적인 보이콧을 위한 정보를 제공하거나 보이콧의 경과를 알리는 행위, 현실적으로 소비자보이콧을 실행하는 행위 등 모든 행위가 네 가지 유형 중 어느 하나에 포함될 수 있다(주승희, 2009).

### (5) 구매 여부에 따른 분류

프리드먼(1996)은 소비자보이콧과는 반대의 전략을 사용하여 소비자가 특정 제품이나 기업에 대한 구매를 적극 늘림으로써 보상을 주어 특정한 목적을 성취하고자 하는 적극적 구매를 의미하는 바이콧도 넓은 의미에서 보이콧의 또 다른 유형이라고 주장하였다. 바이콧과 보이콧은 기업의 행위 변화를 추구한다는 점에서 공통적이다. 바이콧은 환경친화적인 제품을 지원하거나, 공정무역제품을 구매하는 것을 예로 들 수 있는데(Hoffmann, 2011), 이 연구에서 살펴보고자 하는 소비자보이콧의 개념적 범주에 해당하지 않은 소비행위를 포함하기 때문에 유형으로 분류하는 데 어려움이 있다.

이상에서 살펴본 소비자보이콧의 구성요소를 토대로 〈표 2-2〉와 같이 여러 형태로 분류할 수 있지만, 일반적으로 표출적 보이콧과 수단적 보이콧으로 나누어 살펴볼 수 있다(Friedman, 1999; Klein & John, 2001). 페터 올리히(2010)의 동기에 따른 분류와 마찬가지로 소비자보이콧이 소비자가 의사결정을 함에 경제적인 합리성과 윤리적 이성을 추구하기 위한 동기를 실현하고자 하는데, 이를 달성하기 위한 기능에 따라 나누어 살펴보는 것이다. 그러나 표출적 보이콧과 수단적 보이콧 모두 기능에 국한되어 공동의 목적에 수반되어 사용될 수 있다는 점에서 소비자보이콧을 설명하기에 어려움이 있다.

소비자는 효과적인 소비자보이콧을 펼치기 위해서 혼합적인 참여형태로 진행하기 때문에(Chen, 2010; Klein & John, 2001), 소비자보이콧 참여에 대한 복합적인 동기의 적용과 혼합적인 촉구방법을 반영할 수 있도록 소비자보이콧의 개념을 구성하는 기준을 다차원적으로 적용하여 살펴볼 수 있다.

■ **표 2-2** 소비자보이콧의 일차원적 분류

| 대분류 | 중분류 | 소분류 | 연구자 |
|---|---|---|---|
| 행위자 요소 | 행위자 | ① 이익집단 주도 보이콧<br>② 대중 보이콧 | Chen(2010) |
| | 대상 | ① 직접 보이콧<br>② 간접 보이콧/대리 보이콧/2차 보이콧 | Friedman(1991);<br>주승희(2009) |
| | | ① 사적 보이콧<br>② 공적 보이콧 | |
| 동기 및 목적 | 동기 | ① 경제적 합리성 추구 보이콧<br>② 윤리적 이성 추구 보이콧 | Klein et al. (2004);<br>Friedman(1991);<br>Peter Ulrich Weiss (2010);<br>주승희(2009) |
| | 수단 | ① 매체지향 보이콧<br>② 시장지향 보이콧 | |
| | 기능 | ① 수단적 보이콧<br>② 표출적 보이콧 | |
| | 수혜 여부 | ① 수혜적 보이콧<br>② 양심적(도덕적) 보이콧 | |
| 행위 요소 | 지역 | ① 지역 보이콧<br>② 전국(정부) 보이콧<br>③ 다국적 보이콧 | Friedman(1991);<br>이득연(1999);<br>주승희(2009) |
| | 공간 | ① 오프라인 보이콧<br>② 온라인 보이콧 | |
| | 지속 기간 | ① 장기 보이콧: 1년 이상<br>② 중기 보이콧: 3개월~1년<br>③ 단기 보이콧: 3개월 미만 | |
| | | ① 전면적 보이콧: 연속적<br>② 한정적 보이콧: 제한적/단발적 | |
| | 실행 정도 | ① 행위검토형 보이콧<br>② 행위촉구형 보이콧<br>③ 행위조직형 보이콧<br>④ 행위실행형 보이콧 | |
| | 구매 여부 | ① 불매행위, 보이콧<br>② 적극적 구매행위, 바이콧 | Friedman(1996);<br>Neilson(2010) |

## 2. 소비자보이콧의 다차원적 분류

소비자보이콧의 다차원적 분류는 그 개념을 구성하는 기준에 따라 보이콧의 주체, 목적과 수단, 행위, 결과 등 다양한 측면을 입체적인 관점에서 접근해야 할 필요가 있다. 소비자보이콧을 다차원적으로 분류하고자 할 때, 다음의 세 가지를 주의할 필요가 있다.

첫째, 소비자보이콧을 구성하는 기준으로 참여주체의 성격과 자격이 중복된다는 점을 고려해야 한다. 소비자보이콧을 통해 얻고자 하는 목적 성취를 위한 노력은 개인뿐만 아니라, 사회구성원 전체, 그리고 정부와 세계 사회 등 다양한 이해관계자들이 하게 된다. 전통적 소비자보이콧에서 특정한 운동세력의 선도에 따른 시장 내 압력세력으로 참여해야 하는 당위적인 성격을 띤다. 반면 윤리적 소비로서 소비자보이콧은 소비생활 속에서 소비주체가 도덕적이고 윤리적인 신념에 대해 어떠한 가치에 두고 실행할 것이냐가 중요하다. 따라서 소비자보이콧의 주체가 개인과 집단으로 나누어질 필요가 없다. 개인은 소비자를 대변하는 소비자 이익단체와 운동가를 포함해야 한다. 지역사회 이상의 집단, 즉 정부 또는 사회를 제외한 소비자 이익단체와 운동가는 소비자의 권익을 대변하는 하나의 법인체로서 존재하기 때문에 소비자 권익을 대변할 때는 개인의 범주에 포함하는 것이 바람직할 것이다.

둘째, 소비자보이콧을 구성하는 기준으로 소비자의 보이콧 참여에 대한 자발성을 고려해야 한다. 윤리적 소비가 본질적이고 타인 지향적이며 능동적인 가치를 추구하는 소비행위(Holbrook, 1993)라는 점을 고려할 때, 참여주체의 행위가 자발성을 띠고 있느냐는 중요한 개념적 기준이 될 것이다. 소비자보이콧을 사회인지론적 관점에서 살펴본 연구(Gardberg & Newburry, 2009; Neilson, 2010)들은, 개인의 사회적 지각뿐만 아니라 외부 집단 및 문화에 따른 압력 역시 크게 작용함을 강조하였다. 따라서 소비자보이콧 참여의 자발성에 따라 능동적인 형태와 수동적인 형태로 나누어 살펴볼 수 있다.

셋째, 소비자보이콧을 구성하는 차원으로 어느 범위에 영향을 미칠 것인지 달성목표의 범주 차원에서 살펴볼 필요가 있다. 우리가 소비하는 그 자체가 사람들로 하

| 행위주체의 자발성 | 목표달성 범주(영향력) | |
|---|---|---|
| | 경제적 영향(미시적 영향) | 사회·문화적 영향(거시적 영향) |
| 능동 | 자기이익 추구 보이콧 | 자기실현 추구 보이콧 |
| 수동 | 성과달성 추구 보이콧 | 성과분배 추구 보이콧 |

여금 도덕적으로 행동하는 것이 무엇인지 알게 한다는 점에서(Harrison et al., 2005), 윤리적 소비행위로서 소비자보이콧의 실제 영향력이 개인에서부터 사회 전반까지 어느 범주에 걸쳐 나타나는가 하는 것을 살펴볼 필요가 있다. 이는 소비자보이콧이 가져온 결과적 측면의 현상에 따른 영향력 파급 수준, 즉 영향력의 범위를 의미하며 그 영향력이 개인의 경제적 이익 추구에 대한 미시적인 영향력 행사의 범위에 그치느냐, 아니면 사회·경제·정치·문화적으로 광범위한 영역에 걸쳐 거시적인 영향력을 미칠 것이냐에 관해 나누어 살펴볼 필요가 있다.

이 책에서는 윤리적 소비로서 거시적 소비자보이콧 개념을 다차원적으로 분류하기 위해서 행위주체의 차원을 모두 개인으로 포괄하고, (1) 자발성의 차원 : 능동 vs. 수동, (2) 목적을 통해 달성하고자 하는 영향력 차원 : 경제적 영향(미시적 영향) vs. 사회·문화적 영향(거시적 영향) 등을 기준으로 하여 살펴보았다(〈표 2-3〉).

## 1) 자기이익 추구 소비자보이콧

소비자가 능동적으로 경제적인 이득을 성취하기 위해 이를 고려하여 참여하는 형태를 자기이익 추구 소비자보이콧이라고 할 수 있다. 경제적인 이익을 추구하려는 개인의 성향은 타인의 이익과 상호호혜적인 배려를 전제로 하는 윤리적 소비와는 차이가 있다. 인터넷을 통해 특정 제품이나 기업에 대한 구매 중지 및 거부 의사를 개인적인 블로그나 카페 등에 게시한 뒤, 해당 제품 회사의 직원으로부터 개인적으로 경품이나 보상을 받을 때 전통적인 소비자보이콧의 개념에 포함될 수 있다.

실제로 많은 소비자가 제품과 해당 기업에 대한 불만 차원에서 소비자보이콧 의사를 인터넷에 올려 타인의 참여를 촉구하기보다는 해당 기업과 직원이 자신의 의사를 알아주기를 원하는 마음에서 활용하는 것도 역시 소비자보이콧 행위 중 하나라할 수 있다. 이러한 행위는 도덕적인 문제와는 다른 중립적이고 객관적인 의사를 표현하여 특정한 목적을 성취하는 경우가 대부분이다. 따라서 목적 성취를 위해서 이기심을 발휘하여 타인에게 피해를 주는 행위를 경계해야 한다.

미국 유명 여가수인 테일러 스위프트는 음악 스트리밍 서비스인 애플뮤직에 자신의 히트앨범 1989 음원을 제공하지 않기로 했다. 그는 애플뮤직이 홍보를 위해 3개월 동안 음악가들에게 음악을 무료로 제공하라고 요구하는 것에 항의하였다. 이에 영국 록그룹 라디오헤드, 아델 등 유럽 음악가들이 대거 소속된 음반사인 베거스그룹도 최근 애플뮤직에 음원을 제공하는 것을 보류했다(이투데이, 2015년 6월 22일).

## 2) 자기실현 추구 소비자보이콧

소비자 개인이 능동적으로 사회·문화 전반에 미칠 영향력을 고려하여 소비자보이콧에 참여하는 형태를 자기실현 추구 소비자보이콧이라 한다. 소비자보이콧을 통해서 얻고자 하는 목적이 자신보다 사회 전반에 걸친 타인과 공동체를 지향하는 것이다. 사회 전반에 경제적인 이익 실현은 물론 정치, 윤리, 문화 등 다양한 측면에서 거시적인 영향력을 행사하고 비가시적인 성과까지도 공유할 수 있도록 한다는 점에서 보편주의적인 세계관에 기초한 윤리적 소비로서의 소비자보이콧의 형태로 볼 수 있다.

이 유형은 특정 이익을 바라기보다 개인의 노력으로 다수의 행복을 추구하는 공리적 성격이 강하다. 소비자가 집단을 이루어 공동의 이익을 목표로 하므로 소비자보이콧의 결과나 진행의 지속 기간, 참여 동기 등이 명확하다. 자기실현 추구 소비자보이콧은 사회윤리를 실현하는 것으로 개인적 행동의 결과가 사회적 목표와 조화를 이루어야 달성할 수 있다. 또한 경제적인 이득보다는 도덕적인 신념이나 사회적 명성, 자아실현 등 비경제적인 혜택에 대한 요구가 강하다. 아동의 노동 착취에 대한 분노나 안타까움으로 제품의 구매를 중지하는 행위나 이스라엘 군사정권의 전쟁에 반대하는 의미로 펼쳐지는 미국이나 영국 시민의 소비자보이콧을 그 예로 들 수 있다.

자기실현 추구 소비자보이콧은 소비를 통한 자기실현에 대한 동기가 강하지 않고서는 개인이 스스로 지속적인 소비자보이콧을 이끌기에는 많은 부분에서 절제와 용기가 필요할 것이다. 특히 비경제적 혜택은 가치와 신념과 같은 것으로 특별한 보상이 없는 경우 상실될 수 있으므로(Koku, 2012), 지속적인 소비자보이콧을 이끌기 위해서는 가치 제공을 통한 지속적인 동기 부여가 필요하다.

## 3) 성과달성 추구 소비자보이콧

성과달성 추구 소비자보이콧은 소비자가 공동체를 형성해 경제적인 영향력을 행사하기 위해서 수동적으로 소비자보이콧에 참여하는 형태라고 할 수 있다. 특정 공동체가 공동체의 이익이나 성과를 달성하기 위하여 소비자보이콧을 하기로 결정한 경우 개인은 어쩔 수 없이 수동적인 형태로 소비자보이콧에 참여하는 경우가 대표적인 예라고 볼 수 있다. 이 경우에는 또 다른 압력 집단이나 공동체가 존재할 수도 있고(Friedman, 1985), 인류의 보편적인 윤리나 선과는 크게 관계가 없어도 공동체의 성과를 성취하기 위한 목적에 전적으로 매달리는 경우를 의미한다. 이러한 유형은 집단주의적인 성격이 강하여 공동체에 속한 개인들의 개인적인 희생이 발생할 가능성이 크다. 공동체의 목적이나 목표를 달성하지 못한 경우 적극적으로 참여하지 않은 개인에게 책임을 물을 수도 있기 때문이다.

호프만과 뮐러(Hoffmann & Müller, 2009)의 연구 사례처럼 지역사회에서 공장을 다른 곳으로 이전하여 생기는 경제적 불이익에 대처하기 위해서 지역민 공동체가 소비자보이콧에 참여하도록 촉구하면 그 기업의 주요 고객이 아닌 지역의 소비자들은 직접 연관이 없다고 하더라도 지역사회의 발전이라는 거대한 담론에 의하여 참여해야 할 가능성이 크다. 소비자가 소속한 집단 및 준거집단과의 관계에서 나타나는 보상과 처벌에 관한 결과로 소비자보이콧에 참여하는 경우가 있다. 아파트 조망권과 관련하여 복합쇼핑몰에 대한 아파트조합원들의 소비자보이콧에 참여하겠다는 서명을 하는 경우를 예로 들 수 있다. 따라서 성과 달성에 초점을 둔 이 유형은 목적을 달성했다고 할지라도, 결과적으로 공동체 전체에 돌아오는 성과에 대한 개인적인 가치평가는 다를 수 있다. 소비자보이콧을 통해 사회가 추구하고자 하는 목적과 개인이 달성하고자 하는 목적이 다를 수 있기 때문에 소비자 개인에 대한 효용이 떨어지거나, 과정상에서의 많은 갈등과 개인적 배임과 같은 이기적 행위가 나타날 가능성이 있다.

## 4) 성과분배 추구 소비자보이콧

소비자가 사회 전반에 걸친 공동체가 사회·문화적인 영향력을 추구하기 위해서 수동적으로 소비자보이콧에 참여하는 형태를 성과분배 추구 소비자보이콧이라고 분류한다. 공공의 사회적 이익을 추구하기 위해 개인의 이익이나 가치를 포기해야 하는 경우가 많아 희생적 측면이 강조될 수 있다. 성과달성 추구 소비자보이콧과 유사하지만, 그 영향력이 사회·문화 전반에 미친다고 볼 때 국제 사회에서의 정치 분쟁에 따른 소비자 경제 보이콧운동이 하나의 예가 될 수 있다. 이란산 석유를 값싼 가격에 수입하여 경제적 이익을 추구할 수 있었음에도, 미국과의 우호적인 관계와 핵무기에 대한 우려를 표명하기 위해 이란산 석유에 대한 보이콧운동을 하는 경우가 있다.

가시적인 경제적 실익을 추구하는 성과달성 소비자보이콧과 달리 장기적인 관점에서 공동체 간에 성과를 나누는 데 초점을 둔 유형으로, 실제 성과에 관한 공동체 내 개인의 가치는 다를 수 있고, 비가시적인 성과라는 측면에서 보았을 때 분배된 가치를 정형화할 수 없다는 한계가 존재한다.

이상에서 소비자보이콧의 행위주체의 자발성과 참여를 통해 얻고자 하는 영향력에 따른 유형을 네 가지로 구분하여 보았다. 이러한 분류에 따르면 윤리적 이성을 실현하고자 하는 소비자보이콧으로는 다소의 제약을 받는 유형도 있다. 그러나 행위주체가 능동적으로 사회·문화적 차원에서의 영향력을 행사하기 위해 노력을 할 때 윤리적 소비로서의 소비자보이콧이 실현되는 수 있음을 엿볼 수 있었다. 선행연구들에서는 소비자보이콧이 윤리적 소비의 기능을 하고 있다는 견해를 언급하고 있을 뿐 (Klein et al., 2004; Sen et al., 2001; Brinkmann & Peattie, 2008), 경험적인 증명을 실증하는데 있어 다소 한계가 있다.

# 제 3 장

# 소비자보이콧의
# 현황과 사례

이 장에서는 소비자보이콧의 현황과 사례를 살펴보기 위하여 소비자보이콧 관련 단체의 활동 사례, 사례분석 연구들을 조사하였다. 소비자보이콧 관련 사례 연구들은 연구자가 특정한 사건을 선정하여 그 사례가 가지는 의미, 또는 예시로 사건의 경위 등을 설명하고 있다(Klein et al., 2006; Pál, 2009; Cui & Kelly, 2012). 연구 결과 소비자보이콧에 참여하는 소비자들의 동기와 행위요소, 그들 간의 이해관계가 다들 제각각으로 다양한 형태를 보이고 있었다.

국내에는 이득연(1996)이 1992~1996년까지 주요 일간지의 신문기사에서 나온 소비자보이콧 사례들을 토대로 현황 및 유형별로 정리는 하였지만 명확한 사례를 제시하고는 있지 않다. 소비자보이콧의 행위주체, 지속 여부, 목표 달성 여부를 명확하게 제시하고 있지 않기 때문에 그 사례에 대한 분석에 자의적인 해석이 포함되거나 제한적이다. 소비자보이콧이 일련의 사건에 관한 다양한 논의와 합의가 요구되는 사회문제와 관련해 소비행위에 대한 의사결정을 요구한다는 측면에서 사례가 이러한 조건과 맞을 수 있어야 한다.

이 장에서는 소비자보이콧 개념 중 광의적 개념에 초점을 두고 보이콧의 현황과 사례를 분석하고자 한다. 우선 현재 가장 활발하게 사회운동 차원에서 소비자보이콧을 펼치고 있는 *Ethical Consumer*에서 제시한 2000년대 이후 성공한 소비자보이콧을 정리하여 그 경향과 유형을 살펴볼 것이다. 기관의 성격에 따라 소비자보이콧의 쟁점과 성공 여부에 대한 판단이 달라질 수 있으므로, 선행연구들에서 소개된 주요 사례와 함께 현재 논의가 되고 있는 국내 사례를 살펴보고자 한다. 이러한 소비자보이콧 현황과 사례를 통해 소비자보이콧의 쟁점과 경향 그리고 현대사회에서 소비자보이콧이 갖는 윤리적 소비행위로서의 의의를 찾고자 한다.

 ## 1. 소비자보이콧 현황

소비자보이콧 현황에 관한 구체적인 통계자료가 발표된 바가 없어 국내와 국외의 대표적인 영국의 대안적 비영리 소비자단체인 ECRA(The Ethical Consumer Research Association)(www.ethicalconsumer.org)를 통해 윤리적 소비의 실천으로서 소비자보이콧의 현황을 살펴보고자 한다. 이 단체는 *Ethical Consumer*라는 잡지를 연 6회 발간해서 다양한 정보를 제공하고 있고, 23개의 기준으로 170여 개 기업의 윤리성을 평가한 윤리지수 결과를 기업평가 자료와 함께 제공해서 소비자가 단순하고 간편하게 윤리적인 구매를 할 수 있도록 도와주고 있다. 또한 윤리적인 제품이나 서비스에는 'Best Buy Label' 인증마크[1]를 제공해서 기업의 환경성과 윤리성을 보증해 주고 있다.

　이 단체에서는 윤리적 소비활동으로 긍정적 구매(positive buying)와 소비자보이콧을 주요 활동범위로 보고 그에 관한 정의, 활동지침, 사례 등을 홈페이지, 잡지와 각종 활동 캠페인을 통해서 소비자들에게 알리고 있다. 홈페이지에 '성공적인 보이콧 운동(Successful Boycotts)'이라는 카테고리를 통해 단체에서 소비자보이콧을 펼쳐온 1986년 이후부터의 성공 사례들을 제시하고 있다.

　그들은 1986년 그린피스와 함께 캥거루 가죽을 이용한 신발업체에 대한 보이콧

---

1　'Best Buy Label'
인증마크 :

운동을 시작으로 하여 인권 및 동물보호, 환경에 관한 소비자보이콧을 지역 및 국제 단체와 연합하여 실시하고 있다. 1986~1999년까지는 1988년 베네통의 동물실험 중지 보이콧운동, 1993년 남아프리카의 인종 차별 정권에 대한 농산물에 관한 보이콧 운동과 GM(General Motors)의 동물을 이용한 충돌테스트 금지를 위한 보이콧운동, 1995년 셸이 북해에 수명이 다 한 석유시추선을 무단 투기한 것에 대한 보이콧운동, 1996년 프랑스의 핵실험에 반대하는 보이콧운동 등, 주요한 소비자보이콧을 이끌어 왔다.

2000년 이후에도 노동, 인권, 환경보호, 동물보호는 *Ethical Consumer*의 주요한 소비자보이콧의 주제였다. 주요한 소비자보이콧의 대상이 되는 기업은 로레알, 테스코, 코카콜라, 네슬레, 유니레버 등, 국제적인 다국적 기업이 대부분이었다. 전 세계 유아 시장에서 선두적인 위치에 있는 네슬레에 대한 보이콧은 1977년에 이루어졌다. 이 캠페인으로 간호사 복장을 한 네슬레 외판원이나 아기 사진이 인쇄되어 있는 유아식 깡통 등, 크게 문제를 일으킨 비윤리적 행위를 자제했다. 그러나 그 이후에도 네슬레는 건강보다는 이윤을 앞세우면서 법률 제정과 무역기준을 약화시키기 위해 로비를 벌이고 있고, 네슬레 초콜릿과 카카오 농장의 아동 학대와 아동 매매, 노동 착취 문제 때문에 여전히 보이콧의 대상이 되고 있다. 〈표 3-1〉에는 환경, 전쟁지원 및 환경, 노동 동물보호, 인권으로 구분하여 ECRA가 성공한 소비자보이콧의 이슈와 결과, 협력기관이 제시되어 있다.

2000년에는 미쓰비시의 벌목정책에 관해 **열대우림행동네트워크**(Rainforest Action Network : RAN)가 지속적인 보이콧을 실시하였는데, 그해 4월에 세계문화유산과 고래 등 멸종위기의 동식물이 서식하는 멕시코 연안에서 산업용 소금 프로젝트를 실시한다는 발표에 대해 대대적인 보이콧이 펼쳐졌다. "미쓰비시를 구입하지 마세요"라는 캠페인을 통해서 40개 이상의 캘리포니아 도시들은 비난과 책망이 담긴 70만 통의 항의 서신을 보내기도 하였다. 한편, 2015년 현재 아마존 영국법인은 지난해 매출 43억 파운드(약 7조 4,000억 원)를 올리고도 법인세는 0.2% 수준인 970만 파운드만 낸 것으로 나타나 납세 개선 노력이 미미하다는 비판을 받으면서 전 세계의 소비자를 대상으로 하여 아마존 보이콧을 벌이고 있다. 아마존은 막대한 매출을 세율

**■ 표 3-1** 2000년 이후 성공한 소비자보이콧 현황

| 쟁점 | 연도 | 보이콧운동 이슈와 결과 | 협력기관 |
|------|------|------------------------|----------|
| 환경 | 2000 | 미쓰비시의 열대우림 운동가에 대한 양보 | 미국 열대우림행동네트워크 (US RAN) |
| | | 미쓰비시를 멕시코의 산업용 소금 프로젝트에서 철수 | 미쓰비시를 구입하지 마세요 |
| | 2003 | 스테이플 유통의 재활용 용지 사용운동 참여 | 산림윤리/ Dogwood Alliance US |
| | 2004 | 로얄캐리비안크루즈의 모든 배에 고급 폐수 정화기기 설치 | Oceana 캠페인 |
| | | 오피스디포의 재활용 용지 사용운동 참여 | 산림윤리/ Dogwood Alliance US |
| | 2005 | 아베크롬비앤피치의 호주산 울에 대한 보이콧운동 참여 | 동물보호단체(PETA) |
| | 2007 | 와이계곡의 가스난로 파티오히터 판매 중단 | 지구의 친구(Friends of the Earth) |
| | 2010 | 네슬레의 산림벌목금지 정책 채택 | 그린피스 |
| 전쟁 지원 및 환경 | 2001 | ESSO 보이콧운동에 바디샵 동참 | 더바디샵 |
| 노동 | 2001 | 존 루이스의 직원의 사냥/촬영클럽행사 종료 | 영국동물구호단체 |
| | 2008 | 도나 카란(Donna Karan)과 DKNY의 미국 근로자와의 차별 및 저임금정책에 대한 협상 | 노동착취 반대운동 및 중국직원과 노동자연합 |
| | 2010 | 프루트오브티룸의 노동조합 탄압 철폐, 1,200명 해고 노동자 복직, 2.5백만 달러 보상 | 미국과 영국의 대학생 연합 |
| 동물 보호 | 2003 | 포커스 DIY의 모든 동물 판매 중지 | 영국동물구호단체 |
| | 2004 | 하비니콜스의 모피정책 반대 안내 | 모피무역반대운동 |
| | 2005 | 인디텍그룹-자라(Inditex Group-Zara)이 52개국의 2,064개의 모든 그룹사로부터 모피사용을 금지 | 모피무역반대운동 |
| | | 스노우앤드록(Snow+Rock)의 모피사용 옷 판매금지 | 모피무역폐지(철폐) 연합 |
| | | 자동차협회(Automobile association)의 광고에 동물 활용 금지 | 포획동물보호사회 |
| | 2007 | 하비니콜스의 푸아그라 판매 철회 | Viva!/(동물을 위한 채식주의자의 국제협력) |
| | 2008 | 주요 항공사의 연구사업을 위한 영장류 운반 중지 | BUAV(영국생체실험폐지연대) |
| | | 오상, 까르푸, Co-op & ICA의 참치 판매 중단 | WWF(세계야생동물기금협회) |

| 쟁점 | 연도 | 보이콧운동 이슈와 결과 | 협력기관 |
|---|---|---|---|
| 동물<br>보호 | | 올해의 야생동물사진사 수상행사의 셸의 후원계약 중단 | 지구의 친구 |
| | 2009 | 주요 유럽 구입품목에서 캥거루 고기 제외 | Viva!/savethekangaroo.<br>com |
| | 2012 | 의류업체 플란넬스의 모피제품 판매 중단 | 활동가 |
| 인권 | 2002 | 프리미엄 오일의 버마 철수 | 버마캠페인 미국/영국 |
| | 2003 | 쿠오니의 버마여행상품 판매 중지 | 버마캠페인 영국 |
| | | 쿠카이의 버마 철수 | 버마캠페인 영국 |
| | 2004 | 프라이스워터하우스쿠퍼의 버마 철수 | OCEANA 캠페인 |
| | 2005 | 에이오엔 보험회사가 버마에서 사업 종료 | 버마캠페인 영국 |
| | 2006 | 리비스 과일주스의 네슬레와의 사업관계 종료 | 영아우유비영리단체 |
| | | 오스트리아항공, 버마의 여행 관련 사업 철수 | 버마캠페인 영국 |
| | 2008 | 버마에서 면 중개업자들 철수 | 버마캠페인 영국 |
| | | 보험회사 XL과 처브의 버마 철수 | 버마캠페인 영국 |
| | | 북 트러스트의 네슬레 후원계약 중단 | 영아우유비영리단체 |
| | 2010 | 노동운동을 탄압한 프루트오브더룸의 대학 과자점에 대한 가장 큰 대학생들의 보이콧 | 96개 미국대학과<br>10개 영국대학 |
| | 2012 | 일본의 아하바 사해 연구소 에이전트의 일본 유통 금지 | 일본의 팔레스타인 포럼 |
| | | 미니 베이비벨의 'Mentally ill holidays' 광고 철회와 해당 제품 수거 및 사과 | 장애인 홍보단체 |
| | 2013 | 굿에너지는 G4S의 팔레스타인 점령지역에서의 활동 이유로 사용 중단 | 소비자 |
| | 2014 | 존 루이스와 브라이턴 친환경상점에서의 소다스트림 판매 중단 | 팔레스타인 운동가 연대 |

출처 : 윤리적소비자 홈페이지 발췌 및 수정(http://www.ethicalconsumer.org/boycotts/successfulboycotts.aspx).

이 낮은 국외로 이전하는 수법으로 공정한 세금 납부를 회피하고 있다는 비판을 받고 있다.

　*Ethical Consumer*는 특정한 기업 및 기업의 제품과 서비스에 관한 소비자보이콧뿐만 아니라, 제품의 생산과 관련한 정책과 환경 그리고 정치적 관계 등을 전반적으

로 고려하여 소비자보이콧 참여 여부를 살펴보고 있다. 이스라엘의 팔레스타인 정부에 대한 전쟁과 탄압에 대해서 이스라엘에서 생산된 제품에 대한 거부뿐만 아니라, 전쟁을 돕거나 군수물품을 판매하는 기업에 대한 보이콧운동 역시 함께 실시하고 있다. 이스라엘 소유의 농업 수출회사인 아그렉스코와 같은 이스라엘 기업, 스타벅스, 코카콜라, 맥도날드 등, 군사 지원을 하는 다국적 기업이 그 대상이다. *Ethical Consumer*는 미얀마 군부의 대규모 학살 및 전쟁 등, 다양한 정치적 탄압과 인권 몰살에 대한 지속적인 보이콧을 위해서 미얀마에서 산업을 펼치고 있는 기업들에게 철수하라고 요구하여 간접적인 경제적 압박도 펼치고 있다.[2]

이러한 주요 사례들은 정치 및 사회 현안에 대해서 협력하거나 동조하는 각 기업의 간접적인 지원활동에 대한 소비자보이콧이 대부분이다. 화폐투표 및 소비활동과 같은 경제적 행위를 통해서 상위 가치의 개념인 평화, 인권, 윤리 등 보편적인 가치를 실천하고자 하는 목적이 대부분이다. 개인적인 차원의 소비행위에 대한 보이콧운동이 아닌 우리 사회의 공동체를 위한 개인 및 집단적인 동조와 참여를 통해 공동의 목표를 달성하려는 거시적 차원에서 펼치는 소비자운동의 성격도 가지고 있었다. 단순히 경제적인 목적을 달성하려고 하기보다는 사회적 또는 윤리적 차원에서 사회 공동선이라는 목적을 달성하는 것이 중요한 목표가 되었고, 이를 통해 가능하면 많은 공동체에 속한 사람들에게 더 많은 혜택이 돌아갈 수 있도록 능동적으로 참여할 것을 촉구하였다는 점에서 매우 의의가 컸다고 볼 수 있다. 특히 사회적 약자를 보호하려는 의미가 담겼다는 점에서 윤리적 소비행동의 의미가 더욱 부각되었다고 볼 수 있다. 무엇보다도 소비자들이 작은 윤리적 소비행위를 실천해서 거시적인 면에서 사

---

2 미얀마는 군사정권이 장기 집권하면서 민주화운동이 국내외에서 일어났고, 전 세계적인 주목을 받았다. 특히 1988년 네윈 군부정권의 실정으로 민중혁명이 일어났으나 네윈의 사주를 받은 신군부가 친위쿠데타로 재집권하고 19인으로 구성된 국법질서회복위원회(State Law and Order Restoration Council)를 설치하여 군부통치를 계속하였다. 아웅 산 수지가 이끄는 민주주의국민동맹 등의 요구를 수용해서 1990년에는 총선을 실시하였다. 그러나 선거 결과 민주주의국민동맹이 485석 가운데 392석을 차지하자 군총사령관인 소마웅은 선거를 무효화시키고 정권 이양을 거부하였으며, 국제적 이미지를 쇄신하기 위하여 나라 이름을 버마에서 미얀마로 바꾸었다. 1997년에는 군부가 국법질서회복위원회를 국가평화발전위원회(State Peace and Development Council)로 개편하고 딴쉐 장군이 2011년 민간정부가 출범할 때까지 권력을 행사하였다(변창구, 2012).

회를 변혁시킬 수 있다는 믿음과 신뢰를 구축하는 데 기여했다고 평가할 수 있다. 국제소비자기구가 강조하는 비판의식과 사회적 책임을 다하는 소비자상을 강조하는 보이콧이라고 볼 수 있다.


##  2. 소비자보이콧의 주요 사례

소비자보이콧의 주요 사례는 소비자보이콧과 관련하여 선행 연구(Cui & Kelly, 2012; Friedman, 1999; Klein et al., 2006; Pál, 2009 등) 및 관련 문헌(Freedom Walkers, 2008), 소비자보이콧 관련 기사를 찾았다. 문헌들에서 제시된 소비자보이콧 사례들을 정리하여 주요 쟁점과 유형들을 분석하여 살펴보고자 한다.


### 1) 국내 사례

**(1) 암웨이 소비자보이콧**

① 내용

1996년 3월에 국내 82개의 소비자단체와 환경단체가 조직하여 암웨이 제품에 대한 소비자보이콧을 펼쳤다. 암웨이의 '디시 드랍스(Dish Drops)'란 세제가 불법적인 다단계판매 방식과 잘못된 비교실험으로 소비자를 오인하게 하여 기만적인 판매를 한 것에 관한 항의였다.

암웨이 판매원은 방문판매 시 타 회사 세제와의 세척력을 비교하기 위해 식용유를 이용한 간이실험을 하는 등, 위법적인 판매방식을 실행하였다. 또한 유엔환경계획(United Nations Environments Programme : UNEP)의 유엔환경 프로그램상 수상에 관해 광고하였는데, 이는 후원 및 재정적 지원에 대한 공로상으로 환경보호와는 무관함에도 불구하고 소비자를 오인하게 만들었다. 특히 암웨이는 제품이 가지고 있는 환경에 대한 위험성을 속이면서 비교실험 결과를 제시하였는데, 한국소비자원에서 1997년 시험평가 결과를 발표하며 시정 요청을 하면서 소비자보이콧이 더욱 거세졌다. 디시 드랍스가 세제의 환경유해성이 높은 성분을 국내 제품에 비해 두 배 정도 포함하고 있었고 세정제의 분해도 역시 8일 이상이 걸리는 것으로 나타났지만, 국내 제품에 비해 가격은 세 배가량 비싼 것으로 나타났다. 결국 식기 세척제가 가지는 소비자 안전과 환경오염 문제 그리고 가격 및 성분함량 등의 소비자 기만광고 및 판매방식에 대한 항의가 소비자보이콧으로 이어졌다. 암웨이 제품의 경우 이에 1997년 암웨이는 전체 매출액의 12.5%인 32억 8천 7백만 원어치를 환불하는 등, 소비자보이콧에 대한 대응을 펼쳤다. 같은 해 4, 5월의 매출이 30% 이상 줄어들었고 대외적인 이미지에 타격을 입게 되었다(이기춘 외, 2007).

② 평가

전통적인 방식의 소비자보이콧은 소비자의 경제적 이해나 안전과 관련한 문제에 대해서 소비자 운동을 주도하는 단체 및 기관이 나서서 목적을 달성하기 위한 조직적인 행위를 이끌어 나간다(Freidman, 1999; Chen, 2010). 국내 소비자단체들의 연대를 조직하여 암웨이의 소비자 기만 판매행위와 허위 광고에 관한 소비자보이콧을 한 것은 전통적인 방식의 소비자보이콧 사례라고 할 수 있다. 소비자문제 및 피해의 해결을 신속하게 해결하기 위한 운동 주도세력의 소비자 참여 촉구 및 캠페인은 효율적인 목적달성을 위한 행위로서, 정당한 소비자 권리행사이다. 소비자가 암웨이에 대한 경제적 압박행위를 통해 매출과 소비자 대응정책의 변화를 유도하고 있다는 점에서 경제적 합리성 추구를 목적으로 한 소비자보이콧 사례라고 할 수 있을 것이다. 소비자문제 및 피해의 해결을 신속하게 해결하기 위한 운동 주도세력의 소비자 참여 촉구 및 캠페인은 효율적인 목적달성을 위한 행위로서, 소비자의 권리행사의 일종이다. 암웨이의 매출과 소비자의 환불요구에 대한 대응을 이끄는 등 경제적인 압박을 통한 암웨이의 정책의 변화를 유도하고 있다. 국내 소비자 단체의 암웨이 보이콧 사례를 분석한 결과는 〈표 3-2〉와 같다.

| 행위<br>주체 | 자발성 | 목표달성 범주 | |
|---|---|---|---|
| | | 경제적 영향 | 사회·문화적 영향 |
| 공동체<br>(운동 주도세력) | 자발적<br>참여 | 기만적 판매에 대한 경제적 손실 보상 | 소비자 문제의 조명 및 운동 참여 |

## (2) 언론사 광고주 소비자보이콧

### ① 내용

2008년 5월 노무현 정권 때 미국산 쇠고기의 위험성을 강조하던 조선·중앙·동아일보가 이명박 정원 출범 이후 태도를 바꿔 미국과의 쇠고기 협상 결과를 지지하며 미국산 쇠고기의 안전성을 강조하는 기사를 제공하였다. 소비자들은 온라인상에서 잘못된 정보를 제공하여 소비자의 안전과 선택권을 제한했다는 점에서 이들 신문에 광고를 내는 광고주에 대하여 광고 중단을 요구하는 운동이 펼쳐졌다. 그해 6월에 '언론소비자주권국민캠페인'이라는 운동단체[3]가 출범하면서 2009년에는 이들 신문사에 광고를 싣는 제3자의 상품에 대한 소비자보이콧을 이끌었다.

이들 세 신문사에 광고를 내는 광고주들을 대상으로 항의전화를 걸어 광고 중단 압박을 가하고 세 신문사의 보도태도를 변경하도록 만들자는 운동을 전재하였다. 이 과정에서 광고주의 명단, 전화번호, 대표 홈페이지 등을 인터넷에 게시하여 소비자들의 항의전화 참여 및 타인에 대한 홍보를 촉구하였다.

그러나 방송통신위원회의 요청으로 다음이 카페글을 삭제했고, 회원들은 방송통신위원회의 권한이 미치지 못하는 외국 사이트인 구글에 광고주의 목록을 올리는 '조중동 광고 목록 게시'로 맞섰다. 회원들의 자발적이고 열성적인 참여를 통하여 다양

---

3　이 단체는 처음에는 '조중동 폐간 국민캠페인'으로 출발하였다. 촛불 시위대가 중심이 되어 벌였던 또 다른 언론운동단체인 진알시(진실을 알리는 시민)는 2008년 6월부터 정론매체를 선정해 시민들이 자발적으로 모금한 성금으로 전국에서 무료로 신문을 배포하는 캠페인을 시작했다. 초기 대표였던 각시탈이라는 네티즌이 제안해서 처음으로 대구에서 한겨레와 경향신문을 1,000부 배포하였고, 활동지역을 점차 확대하였다. 2010년 1월에는 전국 85개 지역에서 매주 약 1만 부의 한겨레와 경향신문을 지역 주민들에게 배포하였고, 7,000여 명의 회원들로 구성되어 있었다(정연우, 2010).

한 아이디어와 재기 넘치는 활동으로 많은 호응을 얻었다. 특히 식품 관련 기업들은 조중동에 광고하는 것을 중단하였고 실제로 조중동은 광고매출이 급격하게 줄었다 (정연우, 2010). 광동제약의 경우 조중동에 대한 광고를 중단하지 않고 자사 홈페이지에 "앞으로 특정 언론사에 편중하지 않고 동등하게 광고 집행을 해나갈 것을 약속합니다"라는 팝업과 함께 한겨레와 경향신문에 광고를 게재하여 이에 대응하였다.

검찰이 수사에 착수하자 네티즌들은 검찰청 홈페이지에 자신도 보이콧운동에 참여했다면서 "나도 잡아가라" 등의 글을 올리며 반발하였다. 검찰이 수사에 착수하자 법적 실체가 없는 카페만으로는 조중동 및 공권력에 대응하기 어렵다고 판단해서 언론소비자주권국민캠페인이라는 시민단체가 만들어졌다. 경찰이 2008년 광고주들에게 소비자보이콧을 촉구하는 전화 및 협조요청에 관한 공문 등을 보낸 언론소비자주권의 대표를 기소했고, 2009년 광동제약에 대한 보이콧운동 촉구 과정에서는 협박 등으로 기소하면서 소비자보이콧이 형사 처분으로 이어진 국내의 최초 사례가 되었다(1심 및 항소심 유죄판결)(김봉수, 2009; 김상겸, 2009; 박경신, 2009; 이승선, 2009 등).

② 평가

국내의 소비자보이콧에 관한 연구는 대부분 언론사 광고주에 대한 간접적 소비자보이콧, 2차 보이콧운동, 제3자에 대한 소비자보이콧, 직접적 대상이 아닌 중간의 관련 이해관계자에 대한 압박을 통해서 목적을 성취하는 소비자보이콧의 합법성에 관한 논의들이다(김봉수, 2009; 김상겸, 2009; 박경신, 2009; 이승선, 2009 등). 주요 언론사에 광고를 싣는 광고주가 소비자보이콧의 직접적 대상의 위치에 놓이지만, 실제 보이콧을 통해서 얻고자 하는 것은 언론사의 공정한 보도와 정보 제공이다. 즉, 소비자가 제3자를 대상으로 한 경제적 압박을 통해 보이콧의 실제 대상이 되는 기업이나 기관에 간접적인 압박과 의견을 전달하여 관련 정책이나 활동을 변화하도록 하는 간접적 소비자보이콧이다(주승희, 2009). 보이콧의 직접적 대상이 되는 제3자의 경우 소비자의 압박에 의해, 실제 보이콧의 대상이 되는 기업이나 기관에 시정 촉구를 할 수 있도록 연계하는 역할을 하게 된다.

판결에 대한 다양한 학문적 논의가 있지만, 사실상 소비자단체나 소비자를 대표하는 장은 소비자 개인을 대표하는 성격으로서, 소비자 개인과 같은 인격체로 봐야한다. 즉, 소비자가 기업에 대한 불만족과 문제를 해결하기 위하여 소비자단체에 소비자 자신의 권한을 위임한 것이라 할 수 있다.

소비자 주권이 소비자의 정당한 권리 행사와 성실한 책임 이행에 있다고 한다면, 소비자는 기업에서 정당한 경쟁을 하며, 소비자 보호에 힘써주기를 요구할 수 있는 권한이 있다. 이러한 측면에서 주요 언론사의 광고주에 대한 소비자보이콧은 기업에 대한 공정한 보도행위를 통한 소비자 정보의 왜곡을 막고 소비자 선택의 기회를 확보하고자 하는 소비자의 촉구로 볼 수 있다. 특히 소비자에게 권한을 위임받고 자율적인 소비자운동의 취지로 소비자보이콧을 시작했다는 점(오마이뉴스, 2008년 8월 6일)을 감안한다면, 주도세력이 불법을 저질렀다고 보는 것은 소비자의 권리를 인정하지 않는 것과 같다. 소비자운동의 범위를 보다 거시적이고 포괄적으로 본다면 문제가 없다고 볼 수 있다. 〈표 3-3〉에는 국내 주요 언론사 광고주 보이콧운동의 사례를 분석한 결과가 제시되어 있다.

■ **표 3-3** 국내 주요 언론사 광고주 보이콧 사례

| 행위 주체 | 자발성 | 목표달성 범주 | |
| --- | --- | --- | --- |
| | | 경제적 영향 | 사회·문화적 영향 |
| 개인 (운동세력) | 자발적 참여 | 소비자 정보의 객관성 확보를 통한 제품 선택의 기회 | 관련 이해관계자의 압박을 통한 자율적 시행 촉구 |

### (3) 남양유업 소비자보이콧

#### ① 내용

남양유업은 2013년 5월, 3년 전 본사 영업사원의 대리점 점주에 대한 폭언이 녹취된 파일이 인터넷에 공개되면서 해당 기업의 대리점에 대한 횡포 등, 비윤리적인 경영방식에 대한 소비자보이콧이 확대되었다. 남양유업의 대리점에 대한 밀어내기식의 강압적이고 불공정한 영업 및 판매 전략에 대해서 갑의 횡포라는 비난이 거세지면서,

| 행위<br>주체 | 자발성 | 목표달성 범주 | |
| --- | --- | --- | --- |
| | | 경제적 영향 | 사회·문화적 영향 |
| 개인<br>(운동세력) | 자발적<br>참여 | 대리점주의 경제적 이득 성취 | 기업의 사회적 책임경영 및 윤리경영<br>시행 촉구 |

남양유업은 대국민 사과를 하였지만 주가 및 매출의 하락 등 소비자보이콧에 따른 영향을 받았다(디지털타임즈, 2013).


② 평가

남양유업 소비자보이콧은 이윤추구를 위한 경영뿐만 아니라 사회의 일원으로서 사회적 책임을 준수하고 이행해야 하는 기업의 사회적 책임경영에 대한 소비자들의 요구를 소비자보이콧을 통해 실현한 사례이다. 소비자들의 자발적인 참여를 통해 남양유업의 급격한 주가 및 매출 하락에 영향을 주었고, 대국민 사과 및 윤리경영 선포를 이끌어 냈다는 점에서 고무적이다. 그러나 대리점주 역시 남양유업의 내부직원으로서 남양유업에 대한 소비자보이콧은 대리점 점주에게도 동일한 타격을 줄 수 있다는 점에서 한계가 지적되고 있다. 〈표 3-4〉에는 남양유업 소비자보이콧의 사례를 분석한 결과가 제시되어 있다.


## 2) 국외 사례

### (1) 몽고메리 버스 소비자보이콧

① 내용

몽고메리 버스 보이콧은 1955년 12월부터 시작되어 1956년 11월까지 미국 앨라배마 주 몽고메리에서 대규모의 흑인들이 인종차별에 항거하기 위하여 버스 타는 것을 거부한 운동이다. 로사 파크스라는 흑인 할머니가 시내버스의 백인 좌석에 앉았다가 백인 승객에게 자리를 양보하지 않아 '시내버스 흑백분리'라는 몽고메리법을 위반한 죄목으로 체포되면서 시작되었다. NAACP(National Association for the Advancement of Colored People, 미국유색인종지위향상협의회)의 의장인 닉슨(Nixion)의 지도로 이 지역의 흑인들은 집단파업과 함께 버스승차 거부운동을 전개하였고, 마틴 루터 킹이 중심이 된 흑인교회 목사들이 주축이 되어 5만여 명이 참여하는 대대적인 시민운동으로 발전하였다.

몽고메리 시에서는 이를 용납하지 않아 운동에 참가한 흑인들은 직장을 잃거나 해고 위협을 받았고, 버스를 타지 않고 카풀을 했던 흑인들은 면허증과 보험이 취소되는 등의 갖은 불이익을 겪었다. 이들은 불이익을 감수하면서 지속적으로 1여 년에 걸친 보이콧운동을 진행하였고 1956년 6월에 미국 연방지방법원, 그해 12월에 대법원 판결에서 '시내버스 흑백분리'가 위헌이라는 판결을 얻어내어 승리하였다(Freedom Walkers, 2008).

② 평가

소비자보이콧은 항의전략에 의존하는 운동세력에 의해서 선호되고 보상을 지향하는 전략으로 자주 활용된다(Friedman, 1996). 보이콧은 시장에서 벌어지는 하나의 정치적 행위로서 광범위하게 사회적으로 확산되어 왔다(이득연, 1996; Chen, 2010). 몽고메리 버스에 대한 소비자보이콧은 버스를 이용하는 승객이 소비자로서 같은 지위를 누릴 수 있음에도 불구하고 인종차별 때문에 겪게 된 불이익에 대한 항거이다. 소비자가 평등과 인권이라는 정치적인 문제를 해결하기 위하여 화폐투표를 통하여 거부한 것이다. 즉, 경제적인 이득을 성취하기보다는 인종차별 없이 평등하게 소비자가 선택할 권리를 행사하기 위한 소비자의 의사표현이라고 볼 수 있다.

마틴 루터 킹과 같은 뛰어난 지도자가 있었다 할지라도 흑인들이 집단적으로 지속적이고 자발적으로 공동의 목적(보상)을 달성하기 위하여 항거했다는 점에 보이콧의 역사에 중요한 의의가 있다. 무엇보다도 주민들이 자발적으로 버스 승차 거부에 참여하여 소비자주권을 적극적이고 거시적이며 사회적으로 행사한 행위이면서, 흑인에게 백인과 동등한 평등을 보장함으로써 인류의 평등이라는 핵심적인 가치실현을 소비행위를 통하여 비폭력적으로 이루었다는 점에서 사회적으로 의미가 강한 윤

| 행위<br>주체 | 자발성 | 목표달성 범주 | |
|---|---|---|---|
| | | 경제적 영향 | 사회·문화적 영향 |
| 공동체<br>(흑인) | 운동세력 +<br>자발적 시민 참여 운동 | 버스 이용에 관한 경제적 자유에<br>관한 권리 | 인종 차별 극복 및 민주주의<br>실현 |

리적 소비의 실천행위가 되었다. 〈표 3-5〉에는 몽고메리 버스 보이콧의 사례에 대한
분석을 한 결과가 요약되어 있다.

## (2) 중국인의 카르푸 소비자보이콧

### ① 내용

2008년 4월 베이징 올림픽에서는 같은 해 3월 14일 수도 라싸에서 시작된 티베트 독
립시위를 중국이 폭력적으로 진압한 데 항의해 세계 각국 지도자들이 개막식에 불참
하겠다는 선언이 이어졌다. 이와 더불어 런던과 파리를 시작으로 올림픽 성화봉송이
가는 곳마다 방해를 받아 네 번씩이나 불이 꺼지는 상황까지 가게 되었다. 국제사회
가 티베트 사태 해결을 촉구하며 베이징 올림픽의 성공적 개최를 위협하자 중국의 네
티즌과 국민들은 격렬하게 반발하였다. 특히 파리에서 친티베트 시위대에 의해 올림
픽 성화가 꺼진 것을 보복하기 위하여 프랑스계 대형 할인점인 카르푸에 대한 보이콧
운동이 이어졌다.

　같은 해 5월 1일은 '카르푸 안 가는 날'로 지정하여 집단적인 보이콧이 시작되었
다. 프랑스계의 카르푸 대주주가 달라이 라마에게 자금을 지원해 주고 있으며 프랑
스가 티베트의 독립을 지지하고 있다는 확인되지 않은 내용이 인터넷과 문자서비스
를 통해서 전해지면서 더욱 격화되었다. 소비자보이콧은 베이징을 비롯해 창사(長
沙), 푸저우(福州), 선양(瀋陽), 충칭(重慶) 등 5개 도시에서 일어났다. 남부 후난성
성도인 창사의 카르푸 매장 앞에는 수백 명의 시위대가 모여 '베이징 올림픽 지지,
티베트 독립 반대'라는 구호가 적힌 플래카드를 들고 구호를 외쳤다. 이들은 후난성
각지에서 몰려든 대학생과 기업체 신입사원들이었다. 동남부 푸젠성 성도인 푸저우

의 카르푸 매장에도 시위대가 1,000명까지 늘었다가 경찰 권유로 해산했다. 중국은 시나닷컴 등 인터넷 포털사이트에 대해 카르푸 보이콧운동 관련 내용을 자진 삭제하도록 지시하였다. 바이두, 구글 등 중국 주요 5대 검색 엔진에 대해선 중국어로 '家樂福(카르푸)'를 치면 아예 검색이 불가능하도록 하였다. 그러나 홍콩의 구글에서 '家樂福'를 치면 무려 600만 건이 검색될 정도로 중국인들의 카루프에 대한 보이콧운동이 커졌다. 이후 진정될 기미를 보였으나, 니콜라 사르코지 프랑스 대통령이 같은 해 8월 티베트 망명정부 지도자 달라이 라마를 접견하자 다시 프랑스 제품 보이콧운동이 거론되었다(Pál, 2009).

② 평가

자국민중심주의 혹은 민족주의는 보이콧에 직접적인 영향을 미치며, 소비자보이콧의 중요한 동기가 된다(Klein, 2003; 2006). 중국인들은 티베트 독립에 관한 프랑스 정부의 지지 의사가 확실하게 공표되지 않은 상황에서 중국의 국제적 위상 및 자국 영토에 대한 신념 등을 피력하기 위하여 카르푸라는 다국적기업에 대한 경제적 보이콧운동을 하였다. 중국인의 자국민중심주의가 카프루에 대한 소비자보이콧을 이끈 것이다.

특히 젊은 층의 카르푸에 대한 급진적이며 과격한 소비자보이콧은 윤리적이라기보다는 배타적인 민족주의에 가깝기 때문에 기존의 소비자보이콧과는 성격이 다르다(Pál, 2009). 경제력을 이용하여 압박을 행사하는 형식은 일반적인 소비자보이콧 형식과 동일하지만, 다국적인 이해관계에 대한 이해와 정보에 대한 검증이 없이 일방적으로 의사를 전달하려는 행위라는 점에서 차별성을 가진다. 세계화가 진행됨에 따라 국적을 구별하기가 모호해진 상품들이 범람하면서 다국적 기업에 관한 보이콧 운동이 모호해질 수 있다. 실제 중국 카르푸의 경우 95%에 가까운 제품이 중국산이며 99%의 노동자가 중국인이라는 점을 감안할 때, 중국인들의 카르푸에 관한 보이콧은 중국에도 불이익을 줄 수 있다.

중국인의 카르푸에 관한 소비자보이콧은 소비자 각 개인이 인터넷 및 문자메시지를 통한 매체를 활용하여 참여를 촉구한다는 측면에서 능동적이다. 국제사회가 티베

| 행위<br>주체 | 자발성 | 목표달성 범주 | |
|---|---|---|---|
| | | 경제적 영향 | 사회·문화적 영향 |
| 공동체<br>(중국인) | 자발적 시민 참여<br>(왜곡된 정보활용) | 프랑스 정부 및 기업에 대한 경제적<br>손해 | 중국의 국제적 위상 확인 및 티<br>베트 독립 저지 |

트의 인권과 정치적 문제에 대해서 우려를 표현하였으나, 중국인은 국제사회의 우려를 받아들이지 못하고 국익을 극단적으로 표명하였다. 〈표 3-6〉에는 중국의 카르푸 보이콧의 사례를 분석한 결과가 요약되어 있다.

## (3) 이스라엘에 대한 소비자보이콧

### ① 내용

이스라엘의 팔레스타인에 대한 군사 공격 및 인권 탄압에 관한 국제사회의 경제적 보이콧은 지속적으로 이루어지고 있다. 유대인은 자신들의 조상이 하나님으로부터 받은 성지인 팔레스타인으로 돌아가 이스라엘을 세워야 유대인으로서 받은 탄압을 멈출 수 있다는 정치운동인 시오니즘을 내세워, 1948년 이스라엘을 건국한 이래로 계속해서 팔레스타인과 아랍인들을 내쫓거나 전쟁으로 탄압하고 있다.

　민족과 국가를 재건한다는 정치적·종교적 명목 아래 이루어지는 무고한 사람들의 희생을 멈추게 하기 위하여 국제사회에서는 '반(反) 이스라엘' 혹은 '보이콧운동 이스라엘 캠페인(www.inminds.co.uk/boycott-israel.php)' 등을 통한 보이콧운동이 현재까지도 활발하게 진행 중이다(천경희 외, 2010). 이스라엘 혈통인 유대인들 중에는 세계의 금융, 정치, 사회, 문화에서 대표적인 영향력을 행사하는 사람들이 많다. 미국 연방준비제도이사회(Federal Reserve Board : FRB)의 앨런 그린스펀과 벤 버냉키 의장, 마이크로소프트의 빌게이츠, 스타벅스의 하워드 슐츠 등이 대표적이며, 이들 대부분이 기업가이기 때문에 경제적인 압박이 효과적이라고 보았기 때문이다.

　대표적인 사례로 2002년에 있었던 '안티 맥도날드 캠페인'이다. 팔레스타인에 대한 이스라엘의 군사공격을 미국이 동조한 것에 대해 미국의 상징으로 일컬어지는 맥도날드를 보이콧한 것이다. 요르단과 이집트 등의 맥도날드 매장에는 "당신이 빅맥을 먹기 위해 지불한 돈이 총탄이 되어 팔레스타인 형제들의 가슴에 꽂힌다"는 전단이 뿌려질 정도였다. 결국 반미가 맥도날드 제품 보이콧으로 이어지면서 중동지역의 매출이 10% 정도 감소하였고, 요르단의 경우 6개 매장 중 3개가 문을 닫았다. 맥도날드뿐만 아니라 중동에서 서구 패스트푸드와 음료회사들의 활동이 40% 정도 줄어든 것으로 추정되었다.

스타벅스의 하워드 슐츠 회장은 유대인 자선단체 모임에서 팔레스타인과 아랍인을 테러리스트라고 매도하고 이스라엘의 후원모금단체 등을 지원함으로써 이스라엘 사태를 방조하여 2004년에 이슬람권에서 보이콧의 대상이 되었다. 스타벅스는 공정무역과 자선모금, 환경친화정책으로 미국의 고아와 제3세계 아동들의 인권을 보호하는 사회공헌활동을 하고 있음에도 불구하고, 수익금의 일부가 전쟁 및 인권탄압에 쓰인다는 점에서 많이 비판을 받고 있다. 이스라엘에서 농산물을 공급하는 영국의 테스코에 대한 보이콧운동, 2006년 이스라엘과 레바논 사태에도 불구하고 이스라엘을 지원한 스필버그 감독 작품에 대한 보이콧운동 등, 다양한 형태의 이스라엘 보이콧운동이 이루어지고 있다. 2005년 6월 9일에 국제 사법 재판소에서 이스라엘의 팔레스타인에 대한 인종차별 및 탄압에 대한 중지를 촉구하였으나 현재도 계속해서 해결되지 못한 채 진행 중이다.

국제사회에서 전쟁과 탄압을 중지하라고 요구하는 단체와 기관들이 인터넷을 통해 정보를 공유하고, 일반 소비자들을 교육하는 캠페인 활동이 펼쳐지고 있다. 팔레스타인에 물을 공급하기 위한 사회복지사업인 빅 캠페인(www.bigcampain.org), 이스라엘을 도와 경제적 이익을 취하려는 기업을 알려 주는 Who Profits?(www.whoprofits.org), 팔레스타인 인종차별정책을 반대하기 위한 비정부단체들의 행동적 지침이 되는 Stop the Wall(www.stopthewall.org), 전쟁물품을 지원하거나 기반산업을 하는 볼보나 대우인터내셔널 등을 고발하는 War on Want(www.waronwant.org) 등이 이스라엘에 대한 소비자보이콧을 확산시키는 데 주도적으로 이바지하고 있다.

| 행위 주체 | 자발성 | 목표달성 범주 | |
|---|---|---|---|
| | | 경제적 영향 | 사회·문화적 영향 |
| 공동체 (전 세계) | 자발적 참여 + 웹방식 | 전쟁을 통해 이익을 얻고자 하는 기업의 손실 | 국제 사회의 평화와 인권존중 |

② 평가

이스라엘에 대한 소비자보이콧은 이스라엘이라는 국가와 그 민족의 잘못된 인권의식과 종교관 등을 중지하라고 요구하기 위해 진행되고 있다. 이스라엘에 대한 소비자보이콧은 세계 금융, 정치, 사회문화 전반에서 리더이자 영향력이 큰 자리에 있는 유대인들에 대한 경제적 압박이 효과적으로 작용한 사례이다.

인터넷을 통해 다양한 관련 단체와 기관들이 서로 정보를 공유하고 협력해서 캠페인활동을 벌여 국제사회가 주목하게 하였고, 장기적이고 다각적으로 접근한다는 점에서 현대적이고 효율적인 소비자보이콧의 전형적인 사례라고 할 수 있다. 〈표 3-7〉에는 이스라엘 보이콧의 사례분석을 요약한 결과가 제시되어 있다.

### (4) 인종차별적 기사로 인한 캐나다 맥클린 신문과 로저스에 대한 보이콧운동

① 내용

캐나다의 맥클린 신문은 2010년 11월 10일에 "아시아인이 너무 많다? 몇몇 신입생들은 아시아대학에서 공부하기를 원하지 않는다(Too Asian? Some fresh don't want to study at an Asian University)"라는 기사를 실었다. 캐나다의 대학에 아시아계 재학생의 비율이 높아지면서 백인 학생들이 이들과의 경쟁을 피하기 위해서 아시아계 학생들이 적은 대학을 선호하고 있다는 점을 지적한 기사였다. 특히 'Too Asian'이라는 새로운 단어를 언급하면서, 소수계 우대정책(affirmative action)이 폐지된 북미 대학들이 이후 성적 위주로 학생을 선발하면서부터 백인학생의 수가 급격하게 줄어들고 있다고 설명했다. 기사에서는 아시아계 학생들의 인터뷰를 통해서, 'Too Asian'이 인종차별적 의미는 아니지만 토론토대학 대신 웨스턴온타리오대학을 선택하는 이유가 상대적으로 아시아계 학생이 적기 때문이라고 하였다. 또한 아시아계 학생들이 명문대학의 수학, 과학, 경영학 등과 같은 전공에 편향되어 진학하고 있음에 비하여 백인학생들은 체육을 비롯한 다양한 전공에 진학하고 있다고 지적하였다.

기사가 문제된 이유는 아시아계 학생들의 편향된 전공 선택이 부모의 재정과 학문적 도움에 의한 것이며, 이력서 작성과 같은 진학과 취업에 관한 부분 역시 학생의 능력보다 경제적 지원이 뒷받침된 결과라는 부분에서 인종적 편견이 다분하다는 점이었다. 캐나다가 상대적으로 이민 절차가 까다롭기 때문에 아시아계 학생들의 가정환경과 부모의 학력 수준이 높아 대학 입학에서 자립적인 백인 학생에 비해 높은 성과를 얻을 수밖에 없다는 것이다. 성적으로만 입학사정을 할 경우 학문적 성과에 집중하는 아시아계 학생들이 유리하여 입학사정 평가에서 백인 학생들의 학문적 다양성이 침해당하고 있다고 한 기사의 편향성에 대해서 논란을 불러 일으켰다.

② 평가

중국계 캐나다국의회(The Chinese Canadian National Council : CCNC)에서는 즉각적으로 사과를 요청하였으나, 맥클린은 사과보다 기사 제목만 두 차례 바꾸어 "평가(성적) : 누구에게는 대학을 들어가는 최선의 방법(Merit : the best and only way to decide who gets into university)"라고 최종 기사를 냈다. 이러한 성의 없는 대응에 대해 토론토와 벤쿠버 등의 지역사회와 교민사회가 반발했고, 맥클린의 모회사인 로저스와 맥클린에 대한 대대적인 소비자보이콧이 일어났다. 그 과정에서 캐나다 의회는 맥클린 발행에 대한 보조금 1.5백만 달러를 철회하였고, 결국 기사에 대한 논평과 함께 로저스와 맥클린은 아시아계 학생과 아시아인에 대하여 사과를 하였다.

기사와 보도라는 막강한 언론의 힘은 사람들에게 고정관념을 심어줄 수 있는 여지가 있는 만큼 아시아계 민족들의 기사 수정 요구는 독자이자 소비자로서 상품의 하자 및 문제에 대한 요구로서 정당한 행위였다고 볼 수 있다. 맥클린이 이에 대해서 불성실하게 제목만 바꾸어 대응한 점과 구조적인 조치 촉구에 대해 로저스가 묵과한 점 등, 불성실한 대응 태도는 소비자에게 보이콧을 일으킬 수 있는 여지를 준 셈이다. 무엇보다 맥클린과 로저스의 이러한 불성실한 대응에는 우리와 그들은 다르다는 인종

구별과 소수자들에 대한 차별이 함께 드러난다는 점(Cui & Kelly, 2012)에서 소비자보이콧은 경제적인 차원뿐 아니라 사회문화적이며 정치적인 차원의 문제와도 연결된다는 점을 알 수 있다. 즉, 소비자가 기업의 활동을 단순히 경제적인 면에서 평가하는 것이 아니라, 사회, 문화, 정치 분야에서의 활동까지 연결 지어 평가한 것이다.

이 사례는 경제적 주체인 기업이 인종차별 및 소수자에 대한 차별적 태도와 같은 사회문화적인 측면과 무관하지 않다는 점을 소비자보이콧을 통해 지역공동체가 적극적으로 대응하고 해결했다는 점에서 협업적 소비자보이콧의 성격을 가진다고 할 수 있다. 그러나 캐나다 내에서 중국인의 정치적 활동과 로비가 상대적으로 다른 민족에 비해서 활발하다는 점 때문에(Cui & Kelly, 2012), 전체적으로 자발적이라고는 할 수 없는 부분이 있다. 보이콧을 통한 성과를 아시아계와 캐나다의 정치집단들이 함께 나누어 갖는 성격을 띤다. 〈표 3-8〉에는 캐나다 맥클린과 로저스 보이콧운동의 사례분석을 요약한 결과가 제시되어 있다.

앞에서 살펴본 현황과 주요 사례들을 통해 소비자는 소비자보이콧을 개인 혹은 집단의 경제적 합리성을 추구할 뿐만 아니라, 사회·정치·문화적인 차원에서 이루어지고 있는 비윤리적인 행동을 수정하고 윤리적 이성을 추구하기 위해 참여함을 알 수 있다.

존과 클레인(John & Klein, 2003)은 소비자보이콧이 명확하게 잘 들어나지 않는 기업이나 특정한 집단의 악의적 행위를 소비자가 인식하게 하고, 부정적 감정을 갖게함으로써 보이콧운동에 적극적으로 참여하게 한다고 하였다(Chen, 2010). 소비자가 보이콧운동에 참여하는 것은 단순히 경제적인 측면에서의 손해 및 손실에 대한 지각에 그치는 것이 아니다. 다양한 정치적 활동과 관련한 사회적 운동에 대한 지

■ **표 3-8** 맥클린 신문과 로저스에 대한 보이콧운동의 사례

| 행위<br>주체 | 자발성 | 목표달성 범주 | |
| --- | --- | --- | --- |
| | | 경제적 영향 | 사회·문화적 영향 |
| 공동체<br>(집단·국가) | 자발적<br>참여 | 맥클린 및 로저스의 수익 하락 등 경제적 압박 | 인종차별적 기사 및 불성실한 대응에 대한 사과 |

각(Kozinets & Handelman, 2004)과 소비자 가치 및 윤리에 대한 지각(Shaw & Ne-wholm, 2002)과 함께한다. 따라서 소비자보이콧은 소비자의 윤리적 의사결정으로 기업과 정부의 정책 빛 활동의 변화와 다른 소비자들의 능동적인 사회적 지각과 참여를 이끈다는 점에서 우리 사회의 변화와 혁신의 동력으로 작용한다.

소비를 중지하고 보류하는 행위는 소비자에게 경제적 손실뿐 아니라 삶의 절제를 요구하는 행위이다. 개인은 사회관계에서 공동의 이익과 자신의 이익 중 상대적으로 어디에 더 중요성을 두느냐를 두고 합리적 의사결정을 내리고자 노력하는 동시에 부당함, 화남, 불쌍함 등 다양한 감정을 느껴서 기존에 자신이 가지고 있던 개인적 신념이 사회적으로도 과연 바람직한가에 대한 도덕적 가치판단을(홍연금, 2009; Chen, 2010) 함께 한다. 따라서 소비자보이콧은 소비자에게 공동선을 위하여 절제를 요구하는 행위라는 점에서 단순히 개인의 혜택과 비용만을 고려한 사적이고 개인적인 의미의 합리적인 의사결정을 넘어선다. 다른 사람의 이익을 극대화하는 이타주의, 이익을 통합적으로 극대화하려는 친사회주의, 자신과 타인의 이익 차이를 극소화하는 평등주의, 상대의 기여에 따른 이익을 분배하는 공정성 등이 공통적으로 윤리적 소비행위를 설명하는 영향요인이라는 사실이 다양한 연구들에서 밝혀져 왔다(고애란, 2009; 천경희 외, 2010; 허은정, 2011; 홍연금, 2009; Brdulak, 2007; Hoff-mann, 2010).

윤리적 소비가 소비자의 개별적·도덕적 신념에 따라 사회적 책임을 실천하는 소비행동이라는 점에서, 앞에서 살펴본 소비자보이콧 사례들은 윤리적 이성을 추구하는 소비자보이콧이 윤리적 소비의 일환임을 밝히고 있다. 한편, 윤리적 소비행위를 직접적인 형태의 소비자 행위뿐만 아니라 윤리적인 제품을 구매하는 행위(긍정적인 측면), 윤리적이지 않은 제품을 구매하는 것을 중지하는 행위(부정적인 측면) 등으로 나누기도 한다(Brdulak, 2007). 윤리적 소비를 제품 자체뿐만 아니라 제품의 생산과정에 대해서도 윤리적 고려와 판단을 포함하는 의사결정의 하나로 보고 있다. 따라서 소비자보이콧은 제품뿐만 아니라 제품의 생산과정 및 소비생활에서 소비와 관련된 모든 현안에 대한 윤리적 고려와 판단을 포함하는 의사결정 행위라고 볼 수 있다.

소비자보이콧의 현황과 사례를 통해 알 수 있는 또 다른 주요 특징은 현대의 소비자들이 소비자보이콧을 주도하는 특정한 세력의 존재 여부와 관계없이 일상 소비생활 속에서 능동적으로 참여하려는 의사가 강해지고 있다는 점이다. 이러한 현상의 원인은 통신기술의 발달과 온라인 소비생활이 일상화된 것이 가장 주요한 것으로 보인다. 온라인을 통해 집단을 형성하고 활동하는 장벽이 낮아졌으며 소비자들의 정보 접근성과 활용능력도 향상되었다. 소비자보이콧에 대한 소비자들 간의 참여 독려와 자발적 참여의 확대가 확산하는 현상이 증가하고 있다. 온라인에서 특정 현안을 중심으로 일정한 공론을 형성하고 주체를 만들어 사회적 실천의 새로운 방식을 모색하는 단일 현안운동(Bimber, 1998)의 형태로 소비자보이콧이 진행되고 있다고 할 수 있다. 소비자 개인 및 특정 집단의 소비자 이슈와 문제에 대한 일상적인 논의와 방안 모색을 위한 자발적 참여가 쉬워졌다는 점에서 현대적 소비자보이콧의 확대는 일상 소비생활 속에서 소비자의식의 향상과 함께한다고 할 수 있다.

# 제 4 장

# 바이콧운동과
# 캐롯몹운동

소비자가 사회정의를 실현하는 데 도움이 되는 특정 상품을 적극적으로 구매함으로써 윤리적 소비를 실천하는 또 하나의 소비운동인 바이콧과 캐롯몹이 주목을 받고 있다. 이타주의적 성향이 강한 소비자는 개인의 경제적 이익보다는 사회적 약자나 제3세계의 노동자들의 인권이나 복지에 관심을 가지게 되고, 결과적으로 공정무역과 같은 바이콧을 보다 적극적으로 실천하는 것으로 나타났다(허은정, 김우성, 2012). 우리나라에서도 2013년 2월에 지적 장애인들이 생산한 '위캔쿠키'를 판매하는 방송이 있었는데, 방송을 시작한 지 30분 만에 2,000세트가 넘게 판매되어 그 시기까지 기부방송 역사상 최고의 매출을 기록했다(헤럴드경제, 2014년 5월 30일). 취업이 어려운 정신지체 장애인들의 경제적 자립을 위해 2001년 3월 경기도 파주에 설립된 위캔(WECAN)은 현재 성인 정신지체 장애인 40여 명이 '프리미엄 우리밀 쿠키'를 생산·판매하는 사회적 기업이다. 이곳에서 발생한 판매수익금 전액은 장애인들의 자립을 돕는 데 사용되며, 위생 및 품질 인증을 받아 상품 가치도 높은 착한 쿠키로 소비자들의 선택을 받은 것이다. 이 장에서는 바이콧과 캐롯몹에 대하여 설명하고 바이콧, 캐롯몹, 보이콧을 비교하였다.

# 1. 바이콧의 의의와 분류

지콧(gicott), 프로콧(procott), 안티-보이콧(anti-boycott) 등으로도 불리는 바이콧(buy-cott)은 보이콧과는 정반대로 소비자 개인의 경제적 동기보다는 사회에 덕이 될 수 있는 상품을 적극적으로 구매함으로써 윤리적 소비를 실천하는 소비자운동이다. 적극적 구매운동에 참여하는 소비자는 일반 상품에 비하여 가격이 조금 더 비싸더라도 사회적 선을 위하여 구매에 참여한다(Fried-man, 1996).

미국 메릴랜드대학의 국제정책 평가 프로그램에서 2004년에 실시한 전국여론조사에 의하면 조사 대상자의 83%가 "미국은 자유무역이 중요한 목표이기는 하지만, 이 목표는 노동자들과 환경 및 인권을 보호하는 다른 목표와도 균형을 이루어야 한다. 이렇게 함으로써 경제성장이 둔화될지라도…" 라는 의견에 동의하였다. 또한 제조과정을 모르는 20달러짜리 옷과 노동착취공장이 아닌 곳에서 만들어졌음을 증명하는 25달러짜리 옷 중에서 어떤 것을 선택하겠느냐는 질문에는 61%가 5달러를 더 지불하고 노동착취공장이 아닌 곳에서 만들어진 옷을 구입하겠다고 응답하였다.

여론조사 결과를 시험하기 위하여 미시간대학과 노스웨스턴대학은 미시간에 있는 한 유명 백화점에서 양말을 구매하는 소비자들을 대상으로 하여 실제 소비습관을 관찰하기 위한 연구를 하였다. 연구자들은 양말 판매대에 '어린이 노동자들을 고용하지 않고 노동착취를 하지 않는 안전하고 바람직한 근로환경에서 생산된 양말'이라는 문구를 부착하였다. 이 문구를 부착한 양말 가까이에 있는 다른 판매대에는 아무 문구도 부착하지 않은 양말을 진열해 놓았다. 그리고 바람직한 근로환경에서 생산되었다는 문구를 부착한 양말 가격을 점차 올렸더니 고객의 1/3이 기꺼이 돈을 더 지불하고 그 양말을 구매했다. 연구원들은 양말 판매대에 부착된 문구를 제대로 이해하지 못한 소비자들도 있을 수 있기 때문에 윤리적인 소비자들이 실제로는 더 많을 수 있다고 믿었다(김지애 역, 2009).

대한상공회의소(2011)가 소비자 350명을 대상으로 '기업 이미지가 구매에 미치는 영향'을 조사한 결과에 따르면 응답자의 32.0%는 '매우 큰 영향을 미친다', 52.7%는 '다소 영향을 미친다'고 답했다. '별로 영향이 없다'거나 '전혀 영향이 없다'는 응답은 각각 13.7%, 1.6%에 그쳤다. 기업 이미지를 결정하는 요인으로는 '해당 기업 제품의 품질 수준'이 69.3%로 가장 많이 꼽았고 이어 '기업 규모'가 12.0%, '소비자 중시 경영'이 8.7%, '기업 비전과 장기적 성장 가능성'이 5.0%, '윤리경영'이 3.3%, '임직원 친절도'가 1.7% 등으로 나타났다.

특히 '윤리경영을 실천하는 기업일 경우 가격이 비슷하거나 조금 비싸더라도 구매하겠는가'라는 물음에 '구매하겠다'는 응답이 92.0%('가격이 같다면 구매'가 57.0%, '가격이 조금 비싸도 구매'가 35.0%)에 달해 윤리경영 실천이 기업 실적 향상에도 큰 도움이 될 것으로 보인다. 대한상공회의소는 기업 이미지 결정요인 중 '윤리경영'의 비중이 낮음에도 구매 의사에는 큰 영향을 미치는 이유에 대해 "소비자들은 실제 기업의 윤리경영 실천 여부를 잘 모르기 때문에 이미지 결정에는 큰 비중을 두지 않았지만, 일단 윤리적 기업이라는 정보가 있어 각인된 경우에는 적극 소비에 나설 의향을 밝힌 것"으로 분석했다.

기업은 거래비용을 최소화할 수 있는 방식으로 의사결정을 한다는 윌리엄스(Williams, 1979)의 개념을 소비자행동에 적용한 그론하우와 길리(Gronhaugh & Gilly, 1991)의 연구에 의하면 소비자는 자신의 거래비용을 최소화하는 거래를 한다. 소비자의 거래비용 중에서 탐색비용은 관련된 제품에 대한 정보를 처리하거나 찾는 단계에서 발생하는 비용이다(Lian & Huang, 1998). 소비자들은 공정무역제품을 구매하는 행동을 별도의 노력을 하지 않고 좋은 일을 하게 하는 것이라고 생각하고 있다는 점에서 탐색비용이 낮은 편이다. 즉, 공정무역제품을 구매하는 행동은 거래비용이 낮은 일종의 기부활동으로 여기고 있다.

기부활동이나 사회봉사활동의 경우 관련 단체를 찾거나 대상을 찾는 행동이 탐색비용에 해당될 수 있다. 이러한 탐색비용은 기부활동과 사회봉사활동을 주저하게 만드는 중요한 요인이 될 수 있다. 또 기부비용에는 기부 상황에서 기부 대상을 찾는 비용, 기부할 프로그램에 대해 분석하고 선택하는 비용, 어떤 형태로 기부할지를 결정하는 비용, 기부를 감시하고 감독하는 비용 등이 포함되고, 이러한 기부비용이 기부활동에 부정적인 영향을 미친다(Zhang & Zhang, 2008). 공정무역제품을 구매하는 것은 필요한 제품을 구매하는 동시에 좋은 일을 할 수 있다는 점에서 기부의 기회비용도 낮추는 행위가 될 수 있다(차태훈, 하지영, 2010). 특히 현대 소비사회에서 공정무역제품이나 자신이 살고 있는 지역에서 생산되고 있는 제품을 사는 아주 단순한 행위를 통하여 사회적으로 의미 있는 행위가 되는 바이콧은 소비자가 아주 쉽게 실천할 수 있는 자선행위가 될 수 있다.

국내 바이콧의 원조는 생활협동조합이다. 한살림(www.hansalim.or.kr), 두레생협연합(www.dure-coop.or.kr), 아이쿱(www.icoop.or.kr)과 같은 3대 생협은 친환경 먹을거리를 안정적으로 도시소비자들에게 공급하면서 농촌지역 착한 생산자의 존립기반을 지킨다. 1986년 '한살림농산'으로 출발한 한살림은 2009년 기준으로 전국 80여 개 매장을 운영하는 최대 생협이다. 지역 한살림 조직만 19곳에 달한다. 2010년에는 지진으로 신음하던 아이티를 위해 모금을 진행하고, 대홍수가 휩쓸고 간 파키스탄 농민들의 생산 기반 복구를 위해 성금을 전달했다. 1천 개 아프리카 텃밭 만들기 지원, 한살림 생산지 이상기후 피해 모금 등 국내외 농민들을 돕기 위한 모금 활동을 활발히 벌였다.

2014년에는 생산자와 소비자의 돈독한 관계, 유기농업 발전, 인류와 지구의 지속가능성에 대한 공헌과 전망 제시 등의 공로를 인정받아 국제유기농업운동연맹(IFOAM)으로부터 One World Award(국제유기농업상)를 수상하였다. 2014년 2월 안성물류센터 준공으로 하루 9,600병가량 세척이 가능한 재사용병 세척시설과 440kW 발전용량의 햇빛 발전소를 본격적으로 가동하였다. 한살림햇빛발전협동조합은 신재생공급인증서 REC 입찰에 낙찰되어 2026년까지 안정적인 운영이 가능해졌다. 토박이씨앗살림 생산기반 확대와 종자 자립도를 높이기 위한 '토박이씨앗살림운동'을 본격화하고 우리보리살림협동조합 발아보리 가공공장을 준공하였으며, 안성지역 농협들과 함께 한살림안성맞춤식품을 창립하여 두부 등 국산콩을 이용한 가공식품 생산공장 건축을 추진함으로써 국산콩의 안정적인 소비처를 확보하고 국산 콩 자급기반을 확장했다. 국립한경대학교와 함께 '한살림농식품분석센터' 설립 협약을 체결하고 방사성물질과 320종 농약성분 분석 등이 가능한 시설과 장비 인력을 갖추어 2015년 3월 본격 운영에 들어갔다.

수도권에선 **두레생협연합**의 활동이 활발하다. 1997년에 출범한 두레생협은 서울·경기에서 2013년 현재 96곳의 매장을 운영하고 있고, 28개의 회원생협이 있고 공급액은 76,387,739,000원이다. 두레생협은 급격한 도시화로 이웃과의 교류가 사라져가고, 이윤 추구를 위해 각종 첨가물로 범벅된 상품들이 쏟아지며, 농약과 화학비료로 논과 밭이 병들어 가는 상황에서 협동의 힘으로 지역 공동체를 회복하고, 조합원과 생산자와의 협동으로 안전한 생활재를 공급하며, 사람과 자연을 모두 살리는 유축복합지역 순환농업과 생태적인 삶을 지향한다.

2002년에 설립된 아이쿱은 늦게 출발했지만 성장세가 빠르다. 2015년 현재 소비부분은 전국에 78개 매장을 세웠다. 2006년 유통법인 자연드림을 만들어 유기농제품과 가공식품, 한우전문 식당까지 운영한다. 구례자연드림파크를 만들어서 재료혼입과 오염사고를 방지하고, 자연드림 상품의 품질을 높이고 가격은 낮추며, 올바른 상품을 완성시키는 공방을 운영하고, 지역주민의 고용도 돕고 있다. 두레생협과 아이쿱은 국내뿐 아니라 해외생산품도 판매한다. 두레생협은 2006년부터 필리핀 사탕수수 농민들을 돕는 공정무역 설탕인 '마스코바도 설탕'을 들여와 팔고 있다. 아이쿱은 동티모르 원두커피 등 해외 공정무역 상품을 판매한다.

사회적 기업 페어트레이드코리아그루(www.fairtradegru.com)는 저개발국 여성들이 생산한 공정무역 제품으로 홈데코·패션소품과 유기농 면 의류를 판매하며, 궁금하다면 안국동 매장에서 직접 보고 살 수도 있다. 전국에 98개 매장을 가지고 있는 재활용 사회적 기업 아름다운가게(www.beautifulstore.org)는 기증받은 의류, 가전, 도서, 잡화를 생생몰을 통해 온라인에서도 팔고 있다. 아름다운가게는 페루·네팔 농민들이 생산한 공정무역 커피와 홍차, 장애인이 우리밀로 구운 '위캔쿠키'도 판매한다. 수익금은 국내외 소외계층의 복리증진사업에 쓰인다. 전국에 39개 매장을 가지고 있는 기아대책 행복한 나눔(www.kfhi.or.kr) 매장에선 북한 사람들이 만든 조선된장·고추장을 판매하고 있다(머니투데이, 2009년 5월 6일).

화이트컨슈머 캠페인은 기업과 소비자의 상생, 소비자의 정직한 권리, 소비자의 발전적 제안, 소비자의 사회적 책임의 4대 가치를 실천하는 범국민 운동으로 2013년 3월 9일에 발족하였다. 초기에는 화이트컨슈머 서명을 한 사람들이 캠페인을 널리 알리는 일에 주력했는데, 최근에는 입소문을 들은 기업들이 기업과 소비자의 상생을 추구하는 따뜻한 가치에 공감하면서 자발적 참여를 희망하고 있다. 이들 기업은 화이트컨슈머 캠페인이 기업과 소비자가 상생할 수 있는 기회이자 화이트브랜드로서 캠페인에 참여하게 되면 실질적인 브랜드 가치까지 크게 높일 수 있는 일석이조의 기회가 될 것으로 기대하고 참여하고 있다. 이 캠페인이 'Agora(광장)' 'Word of Mouth(입소문)' 'Buycott(구매운동)'를 3대 핵심 키워드로 내세우고 있는데, 이를 통해 소비자들에게 화이트브랜드를 효과적으로 알릴 수 있기 때문이다. Agora는 서울시청 광장을 의미하며, 화이트컨슈머가 화이트브랜드 깃발을 들고 우리나라 최초의 브랜드 인증 수여식을 2013년에 실시하였다. Word of Mouth는 라디오 광고의 2배, 인적판매의 4배, 신문·잡지의 7배 더 효과적이라는 입소문을 말하는데, 10만 명의 화이트컨슈머가 화이트브랜드와 함께 한다는 뜻이다. Buycott은 공정무역 제품을 살 때는 좋은 인권을 만드는 데 투표하는 것이고, 연비가 나쁜 자동차를 살 때는 나빠지는 환경에 투표하는 것처럼 화이트컨슈머의 화이트브랜드 구매 운동을 통해 상생으로 하나 되는 따뜻한 대한민국에 투표하자는 의미를 담고 있다. 화이트컨슈머 중에서 선발한 화이트브랜드 서포터즈가 화이트브랜드를 다른 소비자들에게 직접 홍보함으로써 소비자 신뢰도 증가도 기대할 수 있다(한국경제, 2013년 5월 22일).

프리드먼(1996)은 바이콧을 다음과 같이 분류하였다. 첫째는 일반적 기준에 따라 제품과 서비스를 구매하려는 소비자들의 요청에 대해서 공공의 여론(공개발표)을 형성하여 알리는 **직접적 바이콧**과 소비자에게 추천할 수 있는 인식 가능한 상품, 서비스, 소매업체 등을 인증하거나 소개하는 발간목록 등을 발행하는 **간접적 바이콧**으로 구분될 수 있다. 컨슈머 리포트의 'Best Buy', 국제소비자연맹의 'RUGMARK'를 예로 들 수 있다.

둘째는 대상의 주체에 따라 분류하는 것으로, 바이콧의 대상이면서 사회적으로 봉사하거나 윤리적인 행동을 하는 사람에 대한 간접적인 바이콧을 의미하는 **대리인 바이콧**이 있다. 소매업자가 자신의 수익의 일정한 비율을 자선에 기부하는 것을 예로 들 수 있다. 비대리인 바이콧은 바이콧을 직접적으로 실시하는 것으로 예고된 행동에 참여하는 것으로 도시, 주 또는 외국 나라에 대해 감명을 받아서 그 지역에 영향을 받는 기업의 운영에 바이콧을 해야 겠다고 느끼는 경우이다.

셋째는 이익수혜에 따라 수익적 바이콧과 의식적 바이콧으로 분류하는 것이다. 수익적 바이콧은 지원자와 수혜자가 같은 구매자로 활동하는 경우로 연합상표가 붙은 제품을 구매하도록 장려하는 조직화된 노동 운동을 예로 들 수 있다. 의식적 바이콧은 지원자와 수혜자가 다른 구매자로 활동하는 경우로 주로 지원자는 사람이며 수혜자는 동물인 동물권리운동을 예로 들 수 있다.

넷째는 대상의 수에 따라 단일대상 바이콧과 복합대상 바이콧으로 분류하는 것이다. 단일대상 바이콧은 특정한 제조업체나 판매업체 또는 단일 브랜드나 모델을 구매하고자 하는 행위로 2PM 앨범 바이콧을 예로 들 수 있다. 복합대상 바이콧은 일반적으로 다양한 종류를 구비하고 있는 복합적 성격을 가진 대상을 구매하고자 하는 행위로 조합이 만든 제품이나 한국산 제품만을 구매하는 것이다.

마지막으로는 대상의 경영 성격에 따라 사회적 책임 국제인증 ISO 26000 인증을 받은 업체에서 생산한 것을 구매하는 행위와 인증받지는 않았으나 사회적 기업으로 활동하는 기업에서 생산한 것을 구매하는 행위로 나눌 수 있다.

 ## 2. 바이콧의 종류

### 1) 공정무역운동

공정무역은 1940년대 말부터 난민이나 제3세계 극빈층이 만든 수공예품을 팔아 주는 것으로 시작되었다. 그 당시에는 주로 교회 조직을 기반으로 이루어지다가 1958년에 미국에서 최초로 공정무역 가게가 문을 열게 되었고(김정희, 2009), 본격적인 운동은 유럽에서 시작되었다.

공정무역은 대화와 투명성, 상호존중에 입각하여 보다 공정한 국제무역을 추구하는 무역협력이다. 특히 제3세계의 소외되고 가난한 생산자와 노동자들에게 보다 나은 무역조건을 제공하고 그들의 노동을 착취하지 않고 권리를 보장해 줌으로써 지속 가능한 개발에 기여한다. 공정무역은 노동의 공정한 대가를 받는 사람들이 만든 질

좋고 다양한 제품을 소비자에게 공급하고 공급망을 통하여 소규모 생산자가 더 많은 권한을 가질 수 있도록 도와줌으로써 세상을 변화시키고 있다. 또한 공정무역은 세계무역기구가 더 공정한 무역규칙을 만들고 기업이 사회적 책임을 더 많이 실행하도록 하는 사회운동이다.

공정무역과 유기농을 결합함으로써 농산품의 가치를 높이는 전략을 사용하고 있다. 이러한 전략은 농민의 소득을 증대시키고, 비료와 농약의 구입비용을 낮추고 비료나 농약을 사용함으로써 나타나는 부작용을 최소화할 수 있기 때문이다. 지속가능한 개발을 추구하기 위하여 재료의 원산지와 포장재, 제품을 유통하는 방법과 불필요한 쓰레기를 처리하는 방법에도 신경을 쓴다(서정희, 2011).

1990년대 전 세계 시장에서 커피 가격이 폭락하면서 수천 명의 소작농이 생계수단을 잃고 기아에 허덕이게 되자 1988년에 공정무역단체들은 공정무역 커피의 판매와 소비를 늘리기 위하여 공정무역제품 인증마크를 개발했다. 특히 공정무역 커피에 관심을 가지게 된 일반 슈퍼마켓이 공정무역 커피를 공정한 가격에 구입하면 농민들에게 경제, 사회, 환경적으로 더 많은 혜택이 돌아가는지를 확실하게 보증해 주길 원하면서 공정무역제품 인증에 대한 요구가 더 증대되었다. 소비자들이 공정무역의 감사과정을 확인할 수 있는 인증마크가 부착된 상품을 신뢰하고 구매하기 시작하였고, 일반 슈퍼마켓에서도 인증마크가 부착된 공정무역 제품을 팔기 시작하면서 공정무역 제품의 판매량이 증가하기 시작하였다(한국공정무역연합 역, 2010).

2014년 9월 한국에 처음 진출한 세계적인 공정무역커피 퓨로커피(www.purocof-fee.com)가 판매 3개월 만에 1차 수입 물량인 50,000캡슐을 완판했다고 밝혔다. 퓨로커피의 캡슐커피는 214년 전통의 벨기에의 'MIKO사'가 개발한 이탈리아의 캐피탈리(Caff-italy) 방식의 캡슐커피이다. 퓨로커피코리아 대표는 유럽 등 선진국에서는 생활 속의 많은 제품에서 공정무역제품을 사용하고 있지만 국내에선 품목이나 활용에 있어 아직 초기 단계에 머물러 있다고 하였다. 퓨로커피의 1차 수입물량 완판은 단순한 판매에 국한되는 것이 아니라 공정무역제품을 통한 착한 소비 또는 개념 소비가 우리나라 소비자들의 실생활에서 정착되고 있다는 것을 의미한다(머니워크, 2015년 3월 18일).

공정무역은 20% 또는 그 이상의 연간 성장률로 유럽과 북미에서 가장 성공적인 경제 분야 중 하나이다. 공정무역은 개발도상국과 선진국 모두에서 일자리를 창출하며 공급망 전체에 걸쳐 기업으로 하여금 사회적 책임감을 가지게 한다. 공정무역운동의 이러한 정신은 다른 기업에게도 지금까지의 기업 관행을 재검토해서 사회적 책임을 실현하게 하는 동인이 되고 있다. 소비자는 비상식적인 방법으로 제조되는 제품에 대해 점점 더 많은 관심을 가지게 되었고, 더 많은 사람들이 공정하게 생산되고 거래되는 커피, 초콜릿, 수공예품과 바나나, 설탕, 옷, 기념품 등을 사고 싶어 한다(한국공정무역연합 역, 2010).

2010년 영화 "해리포터" 시리즈를 좋아하는 팬들의 모임인 해리포터 연합(Harry Poter Alliance : HPA)의 설립자 앤드류 슬랙과 원작자 조앤 K. 롤링 등, 약 40만 명은 국제노동권포럼과 함께 아동의 강제노동과 인신매매를 근절하기 위해 모든 해리포터 브랜드의 초콜릿에 공정무역 인증을 받은 것을 구매해 달라고 영화 제작사에 요구했다. HPA는 서아프리카 코코아 생산의 계속적인 아동 노동과 강제 노동의 사용에 대한 증거들을 제시했다. 공정무역 인증 초콜릿이 일반 초콜릿에 비해 가격이 비쌌기 때문에 제품을 포함한 해리포터 프랜차이즈에 대한 모든 권리를 소유하고 있는 워너브러더스사는 쉽게 받아들이지 않았다. 4년간의 싸움 끝에 2015년 1월에 워너브러더스사는 해리포터 브랜드 관련 초콜릿 판매에 공정무역 인증 초콜릿만을 구매할 것이라고 밝혔다. 이에 따라 플로리다의 유니버셜 올랜도 테마파크에서 파는 개구리 초콜릿뿐만 아니라 기절 초콜릿, 허니듀크 초콜릿 바 등 모든 해리포터 브랜드 초콜릿은 공정무역 제품을 사용한다(데일리한국 2015년 1월 20일).

우리나라의 공정무역은 단체를 중심으로 진행 중이며, 대표적인 단체는 한국공정무역연합(Korea Fair Trade Association : KFTA)이다. 한국공정무역연합은 2006년까지 교육방송(EBS)에서 방송 본부장을 하던 박창순 대표가 EBS를 그만둔 뒤 '아름다운 거래'라는 프로그램을 만들면서 공정무역을 더 깊게 알게 되어 2007년 4월 13일 '한국공정무역연합'이라는 인터넷카페(http://cafe.naver.com/fairtradekorea)를 만들어서 활동을 하면서 2009년 10월 9일에 비영리민간단체가 되었다. 2008년 2월에는 아시아공정무역포럼(AFTF : Asia Fair Trade Forum)의 정식 회원단체로 가입하였고, 2008년에는 공정무역 상점인 '울림'(www.ullimft.com)이라는 쇼핑몰을 개설하였다. 2008년 9월에는 한국공정무역 홈페이지(http://www.fairtradekorea.net)를 개설하여, 해마다 세계공정무역의 날(World Fair Trade Day), 공정무역 2주간(Fair Trade Fortnight), 공정무역주간(Fair Trade Week) 등을 홍보하고 있다.

1996년부터 시작된 세계공정무역의 날은 매년 5월 두 번째 주 토요일에 전 세계가 함께 기념하는 날이다. 이날 수백만의 영세 생산자들, 공예가들, 농부들과 영세 제조업자들, 생산자의 입장에서 거래의 주체로서 그리고 소비자로서 공정무역 운동에 참여하는 많은 사람들이 이 날을 기념한다. 우리나라의 경우 서울에서는 지난 2008년부터, 부산에서는 학술모임 부산공정무역스터디의 주최로 2011년에 처음으로 개최됐다. 유럽-코리아 재단(Europe-Korea Foundation : EKF)은 2011년 세계 공정무역의 날에 다문화 공동체와 함께 'Big Fairtrade Breakfast' 행사를 개최하였는데, 공정무역을 지지하는 더바디샵, 스타벅스코리아, 필립스코리아, 다농, 두싸커가 함께 참여하였다.

국내 공정무역 단체인 아름다운커피는 대학생 공정무역 캠페이너 '아름다운 커피특공대'를 조직하여 공정무역 캠페인 활성화를 이끌기 위해 대학별 '공정무역 응원지수' 측정 캠페인을 벌였다. '아름다운 커피특공대'는 대학생들이 사회 참여 차원에서 공정무역에 대한 관심을 갖고 자발적으로 공정무역 캠페인을 벌이는 것에 착안했다. 공정무역 세미나, 공정무역 제품 판매 캠페인 등, 대학생들의 참여를 이끌 수 있는 캠페인을 선정해 공정무역 캠페인 실천에 대한 지표인 '공정무역 응원 지수'를 개발했다. 2011년 9월 20일부터 3주간 경찰대, 고려대, 서강대, 서울대, 성균관대, 원광대, 한남대 등 7개 대학에서 공정무역 응원 지수 시범 캠페인을 벌였으며, 약 1천여 명의 참여를 이끌었다고 밝혔다(나눔뉴스, 2011년 12월 13일).

서울 성북구는 2013년엔 공정무역지원 및 육성에 관한 조례를 제정해 한국공정무역단체협의회와 업무협약을 체결, 캠페인 등을 함께 실시하고 있다. 매년 5월 둘째 주 토요일을 '공정무역의 날'로 정하고 각종 행사를 개최하고 있다. 2015년 2월 14일 밸런타인데이에는 한국공정무역단체협의회와 초콜릿 판매행사를 실시하여, '착한 밸런타인데이' 공정무역 초콜릿, 공정무역 커피, 건망고, 캐슈넛 등도 함께 판매하였다. 성북구청 관계자는 "공정무역 초콜릿을 주고받는 사람 모두가 저개발국 생산자들의 자립을 돕는 데 동참하게 되는 것"이라며 "희망이 담긴 초콜릿으로 밸런타인데이의 진정한 의미를 살릴 수 있기를 기대한다"고 말했다(여성신문, 2015년 2월 13일). 서대문구도 공정무역에 대한 구민들의 인지도를 높이기 위해 2015년 2월 9일부터 13일까지 구청 1층 로비에서 국제공정무역기구 한국사무소 주관으로 사진 전시회를 열고, 구청 광장에서 열리는 설맞이 직거래 장터 내에 공정무역 부스를 마련하고 커피, 차, 코코아, 초콜릿, 와인 등을 판매하였다(국제뉴스, 2015년 2월 6일).

공정무역 제품을 구매하는 소비자들은 도덕적·사회적 이유에서 바이콧을 실천한다. 2009년부터 2014년까지(2012년 제외) 우리나라 전국의 만 19세 이상 성인 남녀를 대상으로 하여 공정무역에 대한 행태를 조사한 결과(엠브레인 트렌드 모니터, 2014). 공정무역의 개념을 이해하고 있는 소비자가 2009년에는 74.2%였으나 해마다 조금씩 증가하여 2014년에는 81.9%가 되었다. 한 번이라도 공정무역 제품을 구입해 본 경험은 2011년에 65.0%에서 2014년에는 76.5%로 10%가 넘게 증가하였다. 공정무역 제품의 재구매율도 2009년에는 47.9%로 절반이 안 되었으나 2010년부터는 50%가 넘었다. 구입 경험이 있는 공정무역제품은 커피가 가장 많았고, 두 번째는 초콜릿, 세 번째는 설탕으로 나타났다. 2014년 결과를 보면 공정무역 제품을 구입한 이유는 '좋은 취지에 동참하고 싶어서'가 57.4%로 가장 많았고, '제품의 의미가 좋아서'는 53.0%로 두 번째로 많았으며, '생산자를 직접 도울 수 있어서'는 48.2%로 세 번째로 많았다. 공정무역 제품의 비구입 이유로는 '공정무역 제품 판매장소를 몰라서'가 75.7%로 압도적으로 높았다. 공정무역 제품이 제공하는 혜택으로는 '소비생활의 사회적 의미 부여'가 57.0%로 가장 높게 나타났다. 공정무역 제품이 활성화되기 위해선 '유통 단계 개선을 통한 가격 낮춤'이 가장 필요하다는 의견이 40.4%, '공정무역 취지에 관한 대중적 홍보'가 38.4%, '공정무역 제품의 유통/판매채널 확보'가 필요하다는 의견이 36.5%로 많았다.

소비자들의 공정무역커피 브랜드 이미지는 소비자들의 지각된 가치와 재방문 의도에 영향을 미친다(김기영, 김지연, 2013). 소비자는 공정무역제품을 구매할 때 가치를 느끼게 되며, 이 가치가 재구매의사를 높이는 것이다. 공정무역제품을 구매하는 소비자들은 도덕적·사회적 이유 외에도 구매함으로써 얻게 되는 본인 만족감이나 즐거움과 행복감, 좋은 일을 한다는 주위 사람들로부터의 인정 등과 같은 사회심리적 가치를 중요하게 생각한다. 공정무역커피 브랜드 이미지에 대한 인지도를 높이기 해서는 공정무역이 줄 수 있는 사회책임 요소를 인식시켜 인지도와 이해 수준을 높이는 노력을 기울이고, 이를 통한 윤리 기업과 윤리 소비자가 함께 성장할 수 있는 기회를 마련해야 한다.

우리나라에서 공정무역 운동이 활성화되고, 공정무역 제품의 소비를 촉진하기 위한 소비자바이콧 전략은(서정희, 2011) 첫째, 공정무역상품 판매사이트를 분석한 결과 사업자 정보와 이용 정보는 충분하나 운영 정보가 미흡한 부분이 많았다. 상품을 빠르게 배송받을 수 있는지 판단할 수 있도록 재고수량을 제시하여야 하고, 다른 소비자들의 참여율을 보고 동참할 수 있도록 하는 방문자 수 표시도 필요할 것으로 보인다. 탐스슈즈는 신발 한 켤레를 구입하면 다른 한 켤레를 기부한다는 단순하고 명확한 메시지를 소비자에게 제시함으로써 성공을 거두었다. 공정무역 판매 사이트에서도 생산자가 필요로 하는 구체적인 목표를 제시하고 매일 또는 1주일 단위로 매출액과 목표 달성액을 그림으로 제시함으로써 소비자의 마음에 기억되고 이 사이트를 방문에서 구매한 소비자가 다른 소비자에게 구매를 권유하거나 홍보를 하게 하는 효과를 기대할 수 있다.

둘째, 대부분의 판매 사이트가 상품에 대한 상세한 정보를 제시하지 않고 있는데, 공정무역 제품 소비를 촉진시키려면 공정무역 상품의 품질이나 기능을 강조하는 정보가 제시되어야 한다. 소비자들은 품질이나 기능이 떨어지는 상품을 착한 마음으로 몇 번 구매할 수는 있어도 지속적으로 구매하지 않기 때문이다. 탐스 슈즈에서 파는 신발은 공익성을 제거해도 그 자체로 독특해서 많이 팔리고 있다. 실제로 탐스 슈즈를 구입하는 소비자들 중에서는 착한 마케팅을 모르고 있거나 알더라도 전혀 개의치 않는 경우도 많다고 한다. 남미의 인디오 예술에서 영감을 얻은 디자인과 최신 기술을 적용해서 판안함을 느끼게 하는 기능은 소비자들의 관심을 끌기에 충분하기 때문이다(김재문, 2009). 뛰어난 품질과 기능이 있는 공정무역 제품을 생산하고 공정무역 제품 간 또는 공정무역 제품과 일반 제품 간 비교정보와 소비자들의 참여를 통한 비교 이용후기 등을 제시할 수 있는 게시판이 필요하다.

셋째, 거래정보 부분에서는 결제의 안전성이나 영수증 발급 부분 등에 대한 정보가 미흡하였다. 온라인 판매를 감안할 때, 소비자가 결제를 하는 과정에서 위험을 느끼지 않도록 결제와 관련된 안전성을 제시해야 할 것이다. 또한 소비자의 안전과 직결된 사용정보가 소비자가 쉽게 이해하고 사용할 수 있는 방식으로 제공되어야 한다.

넷째, 우리나라에서 공정무역 운동이 활성화되기 위해서는 개인적인 판매에 의존하는 방식보다는 기존의 제도를 활용하여 집단적으로 공정무역 제품을 판매할 수 있는 공정무역 도시와 마을, 공정무역 학교와 종교단체 지정 운동을 벌여야 한다. 영국의 경우 교회를 통한 공정무역 제품 판매와 홍보를 많이 하고 있고, 교인들이 공정무역 제품을 사는 것이 신앙을 실천하는 쉬운 방법이라고 믿고 있으며, 자발적으로 공정무역과 관련된 자원봉사도 많이 하고 있다. 공정무역 단체 간 역할 분담과 홍보를 위한 공조, 언론과 기업을 비롯한 다른 사회조직과의 연대, 공정무역 국제기구와의 연대 등을 통하여 품질과 기능이 뛰어난 제품을 생산하고 유통하기 위한 마케팅 전략을 수립하고 소비자 홍보와 교육을 위한 장기적인 프로그램을 개발, 시행해야 한다.

마지막으로, 유치원부터 대학에 이르기까지 전 교육과정에서 공정무역을 교육시킬 수 있는 체계적인 프로그램을 개발해야 한다. 이 프로그램은 교실에서 하는 이론 위주의 교육을 지양하고 체험활동과 봉사활동을 연계해서 할 수 있는 내용이 포함되어야 한다. 대학교의 경우 학생회나 학생단체에서 사회적 기업의 형태로 공정무역 커피를 파는 카페를 운영하게 함으로써 창업교육과 봉사를 동시에 시킬 수 있을 것이다.


## 2) 로컬푸드운동

1990년대부터 유럽과 북미를 중심으로 이루어지기 시작한 **로컬푸드운동**은 지역에서 생산된 먹을거리를 매개로 생산자와 소비자가 연결되어 초국적 기업의 먹을거리 산업을 견제하기 위한 새로운 대안적 농업회생운동이다(홍경완, 김지영, 김양숙, 2009).

로컬푸드운동은 소농들이 다품종 소량생산 방식으로 지역에서 소비자들과 신뢰

관계를 바탕으로 소비하는 행동을 통하여 생산자와 소비자의 관계와 신뢰를 확대하고 생산부터 소비까지의 지리적 거리를 축소시키는 것을 목적으로 하는 윤리적 소비운동이다(윤병선, 2009). 이처럼 지역의 먹을거리를 중요하게 생각한다는 점에서 보면 슬로푸드나 푸드 마일리지도 로컬푸드운동에 포함될 수 있다. 미국의 백마일 다이어트 운동은 100마일 이내의 지역에서 생산된 것만 소비하는 운동이다. '농장에서 대학으로'라는 대학급식 프로그램에 참여하고 있는 120여 개의 유명 대학들은 대부분 인근에서 생산된 농산물을 급식에 사용하고 있다. 농산물 직거래 장터인 농민시장이 급증하고 있고, 공동체지원농업도 성행하고 있다. 그러나 지역의 식문화를 보전하는 것을 중요한 목적으로 하는 슬로푸드나 먹을거리의 장거리 이동으로 배출되는 이산화탄소로 인한 지구온난화 문제와 같은 환경 문제만을 강조하는 푸드마일리지와는 달리 로컬푸드운동은 먹을거리의 생산과 소비가 광역화되고 세계화된 푸드시스템에서 잃어가고 있는 가치를 재평가하는 데 초점을 둔다는 점에서 차이가 있다(김자경, 2010).

일본의 지역생산-지역소비를 의미하는 지산지소운동은 정부 차원의 식육농업농촌기본계획에 따라 지역산 먹을거리운동을 전국적으로 추진하고 있다. 2005년부터는 푸드마일리지와 이산화탄소 배출을 억제하는 국내산과 지역산 먹을거리를 선택하자는 '푸드마일리지 캠페인'을 전개하고 있다(조완형, 2008). 영국의 런던에서는 건강한 식단을 통하여 지역경제, 환경, 건강, 문화를 살리기 위하여 '런던 푸드'라는 먹을거리위원회를 운영하고 있다. 이 위원회의 지원으로 주말마다 지역농민과 소비자를 연결해 주는 직거래 농민장이 15곳에서 정기적으로 열리고, 병원 급식에도 활용하고 있다. 우리나라는 농민과 도시 소비자 간의 유기농산물 직거래운동을 펼쳐온 생활협동조합운동이나 학교급식개선운동, 각종 도농교류 등이 이루어지고 있다. 그러나 외국처럼 지방자치단체 수준에서 대안적 먹을거리 네트워크는 아직은 시작단계에 머물러 있는 실정이다. 최근에 학교급식조례 제정 운동을 기점으로 하여 농업과 소농을 회생시키고 도시 소비자의 건강을 증진시키는 것을 목적으로 로컬푸드운동에 대한 인식이 제고되고 있다(허남혁, 2006).

로컬소비는 지역의 생산기반을 발전시키고, 제품의 생산부터 소비에 이르는 전

과정이 지역에서 이루어지기 때문에 지역의 유통업체가 많이 참여할수록 고용 창출과 지역자원의 활용을 촉진함으로써 지역경제를 활성화시키는 데 크게 기여할 수 있다. 영국의 New Economics Foundation(2002)에 의하면 로컬푸드 10파운드어치는 지역 내에서 25파운드의 소득을 추가적으로 창출하지만 같은 금액의 다른 지역의 먹을거리를 슈퍼마켓에서 사서 사용하면 14파운드의 소득만을 창출할 수 있다고 한다. 또한 지역에서 생산된 로컬푸드를 지역의 소비자가 소유하고 있는 상점에서 구매할 경우 구매한 금액의 45%가 다시 지역에 재투자되지만 다른 지역의 생산물인 경우 단지 15%만이 지역에 재투자된다고 한다(김영신 외, 2012).

울산의 현대중공업, 현대자동차, SK 등과 같은 대기업에서는 울산 지역의 농촌소득을 안정화시킴으로써 지역 농민들을 보호하기 위해 구내식당에서 울산 지역에서 생산된 쌀을 구매하기도 하였다. 특히 과잉생산된 신선한 농산품이나 등외품을 가공하는 과정에서 여성이나 고령자를 활용할 수 있고, 친환경 농산물의 생산과 소비를 촉진하여 고부가가치 농업을 활성화시킬 수도 있다. 품질이 좋은 배 생산지로 유명한 울산에서는 농협에서 배 잼과 배 주스를 개발하여 판매하는 등 배 농가의 소득을 향상시키기 위하여 노력하고 있다(서정희, 2012). 로컬푸드는 환경친화적이기도 하다. 충남 천안에서 생산한 오이 1kg을 이마트 천안점에서 팔기 위해 기존 시스템으로 유통하면 300km 이상 이동해야 한다. 이때 최소 40g의 온실가스가 배출된다. 하지만 로컬푸드 방식은 이동거리가 20km에 불과하고 온실가스도 3g 미만이 배출된다(뉴시스, 2011년 3월 21일).

우리나라는 2000년대 초반 아토피의 증가로 인한 웰빙붐과 더불어 친환경농산물에 대한 수요가 빠르게 증가하였고, 2008년 멜라민 파동과 미국산 쇠고기 사태를 겪으면서 지역에서 생산된 안전한 먹을거리에 대한 관심이 높아졌다. 이러한 시민들의 웰빙과 건강에 대한 관심으로 로컬푸드를 발전시킬 수 있는 사회적 여건이 만들어졌다(김철규, 2009). 이를 계기로 로컬푸드의 개념이 확산되어 알려지면서, 로컬푸드를 구체화하기 위한 지역사회운동이 다양한 지역에서 다양한 방식으로 하나둘씩 사례가 나타나기 시작하였다. 농민장터, 도시농업, 학교급식, CSA(공동체지원형농업), 지역 레스토랑 운영 등의 다양한 형태로 원주, 청주, 완주, 평택, 서천, 대구 등 다양한 지역에서 추진되고 있다(김자경, 2010).

원주에서는 1970년대부터 지역에서 뿌리를 내려 온 다양한 형태의 협동조합운동이 결집되어 원주협동조합운동협의회가 구성되어 있다. 원주협동조합운동협의회를 주축으로 지자체가 결합하여 원주푸드 조례 제정, 원주푸드 인증시스템 도입, 원주푸드 종합센터의 건립 등, '원주푸드'라는 이름으로 로컬푸드운동을 활성화하고 있다(윤병선, 2010). 원주푸드는 원주거버넌스를 통해 원주 지역의 지속가능한 식량자립계획을 세우고 집행하며, 이를 통해 농촌과 농민의 지속가능성을 보장하고 지역시민들에게 안전하고 신선한 농산물을 공급해서 건강한 지역공동체사회를 지향하는 식량체계이다(노윤배, 2010). 원주 지역에서 친환경 로컬푸드 붐이 일면서 납품을 희망하는 농가도 급증하고 있는 것으로 나타났다. 원주시와 원주푸드종합센터에 따르면 2014년에 54개 농가가 센터에 농산물을 납품한 것과 비교해 2015년의 경우 2배가 넘는 100여 개 농가가 계약재배를 신청했다. 농가들의 개별 납품 불편을 해소하기 위해 원거리 지역인 신림·부론·호저면 지역에 저온저장창고와 저온수송차량을 지원하는 것을 비롯해 품질에 따른 납품가 차등화, 농산물 납품 시 가격 재조정을 통한 농가 피해 예방 등을 실시한 결과이다. 또한 센터는 안전한 상품 공급을 위한 HACCP 인증[1]과 센터 증축 등 시설 개선을 실시하였다.

---

1  HACCP은 위해요소분석(Hazard Analysis)과 중요관리점(Critical Control Point)의 영문 약자로, 식품안전관리인증기준이라고 한다. 위해요소 분석이란 '어떤 위해를 미리 예측하여 그 위해요인을 사전에 파악하는 것'을 의미하며, 중요관리점이란 '반드시 필수적으로 관리하여야 할 항목'이란 뜻을 내포하고 있다. HACCP은 위해 방지를 위한 사전 예방적 식품안전관리체계를 말한다. HACCP 제도는 식품을 만드는 과정에서 생물학적, 화학적, 물리적 위해요인들이 발생할 수 있는 상황을 과학적으로 분석하고 사전에 위해요인의 발생 여건들을 차단하여 소비자에게 안전하고 깨끗한 제품을 공급하기 위한 시스템적인 규정을 말한다.

HACCP이란 식품의 원재료부터 제조, 가공, 보존, 유통, 조리단계를 거쳐 최종 소비자가 섭취하기 전까지의 각 단계에서 발생할 우려가 있는 위해요소를 규명하고, 이를 중점적으로 관리하기 위한 중요관리점을 결정하여 자율적이며 체계적이고 효율적인 관리로 식품의 안전성을 확보하기 위한 과학적인 위생관리체계라고 할 수 있다. HACCP은 전 세계적으로 가장 효과적이고 효율적인 식품 안전 관리 체계로 인정받고 있으며, 미국, 일본, 유럽연합, 국제기구(Codex, WHO, FAO) 등에서도 모든 식품에 적용할 것을 적극 권장하고 있다.

HACCP을 적용하고자 하는 업체의 영업자는 식품위생법 등 관련 법적 요구사항을 준수하면서 위생적으로 식품을 제조·가공·조리하기 위한 기본시스템을 갖추기 위하여 작업기준 및 위생관리기준을 포함하는 선행요건 프로그램을 먼저 개발하여 시행하여야 한다.

2014년에 강원도에 첫 독립매장으로 원주원예농협이 오픈한 '로컬푸드 직매장' 도 참여 농가가 지속적으로 늘고 있는 것으로 집계됐다. 오픈 당시 56개 농가에서 이달 현재 102개 농가로 증가했다. 2015년 4월에 실시되는 로컬푸드 공급자격 취득 농업인 교육에 99개 농가가 신청함으로써, 2015년 안으로 200개 납품 농가 돌파도 기대되고 있다. 납품에 참여하는 농가가 늘면서 2015년 매출은 2014년의 7억, 3,800만 원보다 5배가 증가한 36억 원이 될 것으로 예측됐다. 원주원예농협은 납품 희망농가 증가와 소비자 접근성 향상을 위해 구곡택지 내에 로컬푸드 직매장 2호점을 개장할 예정이다(강원도민일보, 2015년 3월 27일).

청주의 로컬푸드 운동은 시민사회단체 주도의 농민시장, CSA(Community Supported Agriculture, 공동체지원농업) 형태의 채소꾸러미사업, 사회적 일자리 형태의 농산가공조직을 형성하여 가공, 판매사업을 하는 등의 형태로 전개되고 있다. 완주는 지역농업정책과의 연계성과 통합성을 강화하기 위하여 로컬푸드 지원센터를 구심점으로 하는 지자체 주도의 로컬푸드 운동을 추진하고 있다. 로컬푸드 지원센터는 로컬푸드 생산지원을 위하여 기획생산, 경축순환시스템, 안전성 확보를 위한 이력 관리 등을 시행하고, 로컬푸드 시장 개척을 위하여 통합적 마케팅 지원을 강화하여 소비자의 조직화 및 커뮤니케이션 활성화를 꾀하고 있다(윤병선, 우장명, 박대호, 2010).

완주군은 2010년 5월에 완주 로컬푸드 농업법인을 설립하여 CSA의 유형인 건강밥상 꾸러미사업을 2010년 10월부터 시작하였고, 2013년 3월 현재 회원 수 3,000명이 월 8,000꾸러미(연 30억 원)를 구매하고 있다. 건강밥상꾸러미 사업을 통해 소농을 중심으로 생산농가를 조직화하고 계약재배를 통한 농산물을 확보하였으나, 건강밥상꾸러미 단일 사업만으로 계약물량을 소진하기에는 한계가 있었다. 계약재배에 참여하려는 농가가 확산되고, 기획생산이 가능하도록 하기 위해서는 소비처를 다변

_____

선행요건프로그램에 포함되어야 할 사항은 영업장·종업원·제조시설·냉동설비·용수·보관·검사·회수관리 등 영업장을 위생적으로 관리하기 위해 기본적이고도 필수적인 위생관리 내용이다. 영업자는 이들 분야별로 작업담당자, 작업내용, 실시빈도, 실시상황의 점검 및 기록방법을 정하여 구체적인 관리기준서를 작성하여 종업원이 준수하도록 시행하고 이에 대한 기록을 보관·유지하여야 한다(한국식품안전관리인증원).

화해야 할 필요성이 제기되어 로컬푸드 방문매장을 개설하게 되었다. 완주군 로컬푸드 직매장은 2012년 4월 완주군 용진면에 개장하여 운영하고 있다. 설립자본 5억 원은 완주군과 용진농협이 각각 50%씩 부담하였고, 용진농협이 운영을 하고, 생산과 출하는 교육을 이수한 농가들이 작목반을 조직하여 이루어지며, 매출가격은 농가가 자율적으로 결정한다. 설립 초기에 150여 명의 생산농가가 참여하였으나 2014년 현재는 300여 명으로 증가하였고, 참여를 희망하는 농가가 계속 증가하는 추세에 있다. 매출품목은 채소류가 주를 이루고 있으며, 육류, 곡류, 가공식품 등 200여 품목을 취급하고 있는데, 생산자가 생산한 농산물을 직매장에 납품하는 형태의 생산자 실명제로 운영하여 소비자 신뢰도를 높이고 있다. 주 이용객은 완주군과 인근의 시민들이며, 개인소비자뿐 아니라 인근 지역의 식당 등 소매업체에서도 이용하고 있다. 로컬푸드 직매장의 매출현황은 개장 시기인 2012년 4월에는 주일 평균 1,500만 원에서 2012년 12월에는 주일 평균 2,000만 원, 주말 평균 3,000만 원으로 외형적인 성공을 거두고 있으며, 이용객도 큰 폭으로 증가한 것으로 나타났다(이보순, 박기홍, 2014).

울산에서는 태화강 에코마켓이 "제대로 된 먹거리, 제값 내고 사 먹자"라는 타이틀로 자연을 지키는 건강하고 착한 소비를 기반으로 "대화하는 시장, 즐거움과 믿음을 파는 시장, 도시농부와 요리사가 만드는 장터"라는 구호를 가지고, 울산시민이 직접 재배한 로컬푸드를 소개하고 판매하도록 하고 있다. 태화강 에코마켓은 푸드마일리지 제로를 실천하며 자연, 지역, 사람, 나눔이 있는 시민참여형 친환경 오픈마켓을 운영한다.

제주에서는 로컬푸드운동이 다양한 형태로 시도되고 있다. 한살림제주의 경우 로컬의 범주를 국내로 삼아 해외산 농산물에 대비되는 '가까운 먹을거리'라는 이름으로 추진하고 있다. 이와 더불어 각 지역 매장 내에 그 지역산 농산물 취급에 대한 자율적인 권한이 어느 정도 존재하고 있다. 아이쿱제주생협의 경우도 지역의 범주를 국내로 정해 놓고 생산자와의 직거래계약을 통한 로컬푸드운동을 추진하고 있다. 즉, 생협에서 추진하는 로컬푸드 운동은 굉장히 탄력적인 로컬의 개념으로 추진되고 있는 것으로 파악된다. 2009년에는 여성농민회를 중심으로 구성된 우리텃밭 제주공동체 운영에서 CSA 형태의 먹을거리 꾸러미 사업이 시작되었다. 먹을거리 꾸러미 사업이란 소비자가 꾸러미 회원이 되어 매월 회비를 내면, 여성농민들이 텃밭을 가꾸며 다양한 제주토종 및 제철농산물과 그 가공품(두부, 된장, 쨈 등)을 꾸러미에 넣어서 주 1회 가정으로 배달하는 사업이다(김자경, 2010).

한편, 기업이 지역특산물을 제품에 적극 활용하는 것에서 나아가 주재료의 원산지와 특산물의 이름을 제품명에 명기하는 방식이 하나의 트렌드이자 성공공식으로 자리매김하고 있다. 기업과 지자체 협력의 대표적인 성공사례로는 대상의 순창고추장과 롯데햄의 의성마늘햄, 농심의 제주 삼다수 등이 있다. 주 고객이 젊은 층이어서 트렌드에 가장 민감한 외식음료업계에서는 스무디킹의 고창 복분자 스무디, 배스킨라빈스의 경북 청도 반시로 만든 엄마와 홍시 셰이크, 오리온의 비타민을 좋아하는 해남 단호박쿠키, 뼈가 좋아하는 남해통멸치크래커 등이 있다.

이러한 제품의 출시와 성공은 재료의 안전성과 고급화를 선호하는 소비자들의 트렌드와 맞아떨어지면서 가능했던 것으로 보인다. 소비자들은 깨끗하고 자연친화적인 제품에 흔쾌히 더 많은 금액을 지불하는데, 제품명으로 명기되어 있는 특산물의 원산지와 이름은 재료의 안전성을 보증해 주는 품질보증의 역할을 한다. 기업과 지자체의 협력모델인 로컬푸드가 기업과 지역의 윈윈전략으로 각광받고 있으며 소비자들에게는 믿을 수 있는 식품을 제공해줘 호응을 얻고 있다(연합뉴스, 2011년 2월 7일).

일본의 가나가와현 후지사와시에 소재하고 있는 JA사가미 파머스마켓 와이와이 시장 후지사와점은 지역의 우수농산물을 지역민에게 제공하기 위하여 직매장을 개설하였다. 인근 슈퍼마켓과 비교하여 가장 큰 장점은 신선함을 들 수 있으며 가격은 큰 매력으로 작용하고 있지 않다고 점장은 강조하고 있다(송춘호, 백승우, 2014).

이와 같이 로컬푸드에 대한 국내 소비자들의 호응이 크게 늘면서 대형유통업체들도 각 지역의 점포에 취급하는 로컬푸드를 늘려나가는 동시에 로컬푸드를 공급하는 농장을 선점하기 위한 국내 유통업체 간의 경쟁도 시작되고 있다. 신세계백화점은 서울 내 일부 점포에 서울 강동구에서 생산한 무농약 쌈채소 '아침야채'를 당일 수확, 판매하고 있다. 롯데백화점 식품관에서는 해당 점포가 속한 지역의 한우 브랜드를 만날 수 있다. 현대백화점은 2년 전 '42.195km'라는 로컬푸드 전용브랜드를 론칭했다. 이마트와 롯데마트는 올해 로컬푸드 취급 점포를 80개로 확장, 매출 목표를 각각 470억 원, 400억 원으로 잡고 로컬푸드 강화에 열을 올리고 있다.

지역 농가의 자립을 돕고 환경을 보호하며, 소비자에게 더 신선한 식재를 공급한다는 로컬푸드의 구호가 소비자의 '착한 소비'와 맞물리면서 로컬 푸드의 수요가 증가하고 있다. 착한 소비란 친환경 상품 혹은 공정무역 상품 등 사회에 공헌할 수 있는 상품을 구매하고자 하는 소비 형태를 말한다. 한 대형 유통업체 관계자는 윤리적인 소비를 하면서도 동시에 믿을 수 있는 먹을거리를 구할 수 있다는 점에서 로컬푸드는 유통업체와 소비자 모두에게 매력적인 키워드라고 설명했다. 또한 좋은 먹을거리를 합리적인 가격에 제공할 수 있다는 점도 유통업체들이 로컬푸드에 집중하는 이유다. 기존 생산농가 → 중간 수집상 → 유통업체 → 소비자로 이어지는 4단계 유통과정이 생산농가·유통업체 → 소비자의 2단계로 단축되고 중간 물류비가 일정 정도 절감된다. 덕분에 믿을 수 있는 먹을거리에 대한 소비자 문턱도 낮아졌다. 좋은것은 '비싸다'는 일반적인 고정관념이 무너진 것이다.

농가 입장에서는 믿을 수 있는 판로가 생겨 안정적인 소득을 보장받을 수 있게 됐다. 기존 유통업체 납품은 전점 물량을 소화해야 하는 어려움이 있었다. 하지만 로컬푸드 방식을 도입함으로써 해당 농가는 지역 인근 점포에만 일정 가격으로 납품하면 된다. 안정적 판로 확보로 농가는 매월 생산량을 정확하게 예측할 수 있기 때문에 시세에 대한 고민없이 품질 향상에만 신경 쓸 수 있다. 포항과 대구지역 이마트에 '포항 새송이'를 납품하고 있는 박호대 사장은 "상품을 비축하지 않고 바로바로 뺄 수 있어 신선도가 좋아졌고, 덕분에 가격 고민을 하지 않아도 돼 시중 시세도 모르고 산다"며 "고정단가를 받으면서 마음 놓고 품질에만 신경 쓸 수 있게 됐다"고 했다.

로컬푸드 취급을 통해 지역농가와의 상생과 착한 소비를 견인한다는 이미지 제고 효과가 있다. 갑질 논란, 골목 상권 보호 등에 대한 사회적 민감도가 높아진 요즘, 윤리적 소비를 도모한다는 상생의 이미지는 중요한 부분이다. 여기에 좋은 먹을거리를 합리적인 가격으로 판매함으로써 최근 수익성에 위협을 받고 있는 신선식품의 매출을 제고할 수 있어, 유통업체 입장에서는 일석이조의 효과를 볼 수 있다(헤럴드경제,

2015년 3월 11일).

무엇보다 기업이 소비자에게 로컬푸드의 선택을 제고하기 위해서는 품질과 가치를 우선적으로 제공해야 할 필요가 있다.

홍성현, 황성혁, 정준호(2013)의 연구에서 로컬푸드 직매장 이용만족도에 영향을 미치는 요인은 구매처의 상품 및 서비스였고, 향후 구매 계획에 영향을 미치는 요인은 상품의 품질과 구매처의 상품 및 서비스로 나타났다. 또한 소비자 선택속성의 중요도와 만족도를 분석한 결과 신선도, 안전성, 건강/기능성 등의 품질적인 측면이 로컬푸드 직매장의 강점으로 나타나 로컬푸드 직매장에서 판매하는 상품의 체계적인 품질관리와 생산 노력이 필요하며, 주차장 등 이용편리성의 확보와 상품의 안정적인 공급을 통한 구색 갖춤 등의 노력이 필요하다고 하였다.

박예슬, 이성림, 황혜선(2015)은 로컬푸드 시장장애, 경제 및 편의성 동기 등과 같은 로컬푸드 구매 저해 요인 수준이 높을수록 로컬푸드를 적게 구매하였다고 하였다. 그러므로 제철에 수확되는 여러 가지 로컬푸드를 꾸러미로 만들어서 소비자에게 배송해 주는 꾸러미 사업, 에코마일리지 제도를 확대하여 푸드마일리지를 감축한 만큼 소비자에게 일정 부분 인센티브를 주는 방안 등을 마련해야 한다. 또한 이타적 동기가 로컬푸드를 구매하는 중요한 동기로 밝혀졌기 때문에 소비자교육을 통하여 이타적 동기를 자극할 수 있는 방안 등을 마련함으로써 로컬푸드의 소비가 확산될 수 있다고 하였다.

로컬푸드운동이 소비자바이콧으로 정착하기 위해서는 지역농산물을 매개로 한 대안적 지역발전이라는 지역사회의 개혁적 비전을 소비자들의 먹을거리 안전과 소비자 선택권 확대 및 윤리적 소비주의와 유기적으로 결합하여야 한다(정동일, 2009). 부정, 불량 식품에 대한 소비자운동이 활발해지고 먹을거리에 대한 지속가능성을 고려하는 등, 식품에 대한 권리와 책임을 가지고 사회에 참여하는 먹을거리 시민(food citizen)으로서의 소비자역할이 부각되고 있기 때문이다(이해진, 2012).

식품의 생산과 유통이 기업화되면서 소수의 농산물 생산기업과 식품유통업체에 의하여 식품시장이 좌우하여(우장명, 홍기운, 2011) 식량주권이 전세계적으로 중요한 사회문제가 되고 있으나, 식량주권에 대한 의미가 이해관계자에 따라 다양하게 해석되고 있으며(강양구, 강이현, 2009; 류은숙, 2009; 전혜경, 2010), 로컬푸드운동은 식량주권을 지키기 위한 중요한 도구로 인식되고 있다. 소비자들은 아직도 로컬푸드 매장 및 로컬푸드에 대한 정보를 접하기 쉽지 않으며 이러한 정보의 부족을 해소할 때 로컬푸드에 대한 인식이 개선될 것이다. 이를 위해서는 소비자들이 쉽게 이해할 수 있는 로컬푸드에 대한 개념과 기능에 대한 명확한 정의를 바탕으로 로컬푸드의 사회적·경제적 역할에 대한 지속적인 홍보와 교육의 기회를 제공해야 할 필요가 있다(백승우, 김수현, 2013).

## 3) 캐롯몹

최근에 **캐롯몹**(Carrotmob) 운동이 새로운 긍정적 구매운동의 하나로 진화하고 있다. 캐롯몹에서 캐롯은 동물을 훈련시키기 위한 전략인 '당근과 채찍'에서 차용하였다. 조련사가 동물을 훈련할 때 원하는 행동을 하면 당근을 주고, 원하지 않는 행동을 하면 채찍으로 때리는 것을 의미한다. 몹은 플래시몹(flashmob)에서 차용한 것으로, 군중을 의미한다. 그러므로 캐롯몹은 보이콧운동과 시위, 소송 같은 공격적 방법 대신 좋은 기업의 물건을 몰아서 사 주고 홍보해 주는 방식으로 진행하는 소비자운동으로 대표적인 소비자바이콧이라고 할 수 있다.

〈그림 4-1〉에는 캐롯몹운동의 행위과정이 제시되어 있다. 캐롯몹의 이해관계자는 기업, 활동가 및 소비자이고, 이중에서 핵심은 활동가들이다. 활동가들은 제안, 조직 및 홍보활동을 하고, 운동의 대상이 되는 기업의 운영에 영향을 주면서, 매체에 알리고, 소비자들의 지지를 끌어낸다(Baron 2001; Feddersen & Gilligan 2001; Stern et al. 1995). 준비단계에서 활동가들은 운동에 동참할 기업들을 선정한 후에 캐롯몹 경매에 참여할 것인지를 묻는다.

두 번째 단계는 캐롯몹 경매에 동참하기로 한 기업들을 대상으로 하여 사회를 바람직한 방향으로 개선하는 일에 어느 정도 투자할 수 있는지를 입찰하도록 한다. 이때 기업은 특정 문제를 개선하기 위하여 직접 자금을 제공하는 것뿐 아니라, 레스토랑이나 카페 등의 경우 앞으로 공정무역 원료를 어느 정도로 사용하겠다, 또는 활동

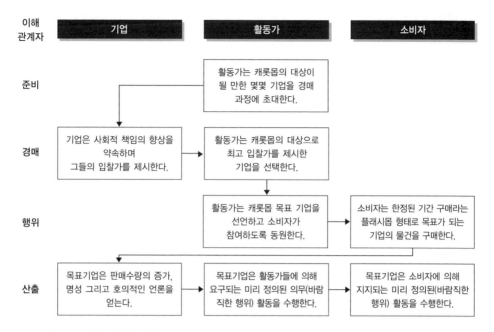

| 이해<br>관계자 | 기업 | 활동가 | 소비자 |
|---|---|---|---|
| 준비 | | 활동가는 캐롯몹의 대상이<br>될 만한 몇몇 기업을 경매<br>과정에 초대한다. | |
| 경매 | 기업은 사회적 책임의 향상을<br>약속하며<br>그들의 입찰가를 제시한다. | 활동가는 캐롯몹의 대상으로<br>최고 입찰가를 제시한<br>기업을 선택한다. | |
| 행위 | | 활동가는 캐롯몹 목표 기업을<br>선언하고 소비자가<br>참여하도록 동원한다. | 소비자는 한정된 기간 구매라는<br>플래시몹 형태로 목표가 되는<br>기업의 물건을 구매한다. |
| 산출 | 목표기업은 판매수량의 증가,<br>명성 그리고 호의적인 언론을<br>얻는다. | 목표기업은 활동가들에 의해<br>요구되는 미리 정의된 의무(바람<br>직한 행위) 활동을 수행한다. | 목표기업은 소비자에 의해<br>지지되는 미리 정의된(바람직한<br>행위) 활동을 수행한다. |

■ **그림 4-1** 캐롯몹 행위 과정

출처 : Hoffman & Hutter (2011).

가가 요청하는 문제를 어느 정도로 개선하겠다는 등과 같은 내용도 포함될 수 있다. 활동가는 가장 많이 투자하겠다고 입찰한 기업을 선정하고, 기업과 활동가는 구두 또는 서면 계약을 통해서 그들 간의 협약을 수정한다.

　세 번째 단계는 행동을 계획하고 실천하는 것이다. 캐롯몹의 행동단계에서는 두 가지 면에서 전통적인 적극적 구매와 뚜렷한 차이가 있다. 첫째, 대상이 되는 기업은 캐롯몹의 일정 및 조직과 같은 다양한 활동에 직접적으로 참여한다. 둘째, 활동가들에 의해 초대된 소비자들은 집단적으로 정해진 짧은 기간 동안 대상 기업의 물건을 집단으로 구입한다는 점에서 캐롯몹은 플래시몹의 형태로 이루어진다.

　캐롯몹의 마지막 단계는 산출이다. 대상이 된 기업은 매출을 늘릴 수 있고, 경매에서 약속한 의무를 이행한다. 이를 통하여 활동가들과 소비자들은 특별한 비용을 들이지 않고도 사회나 환경을 개선시키는 일을 할 수 있다.

　캐롯몹운동은 2008년 3월 29일에 샌프란시스코에서 시작되었다. 샌프란시스코의 한 동네에 있는 23개의 상점을 대상으로 소비자가 물건을 사면 매출의 몇 %를 친환경 조명기구로 바꾸는 데 사용할 것인가를 경매에 부쳤다. 매출의 22%를 친환경 조명 등 시설에 투자하겠다고 제안한 K&D 마트가 입찰되었고, 이러한 사실을 홍보하였다. 친환경에 관심을 가지고 있던 인근의 소비자들이 그 마트로 몰려가 9,200달러의 물건을 대량으로 구매했고, 약속한 대로 K&D 마트는 그날 수입의 22%를 친환경 조명기구로 바꾸는 데 사용했다. 이렇게 작은 동네에서 시작된 운동은 2009년에 미국의 10개 도시와 핀란드, 프랑스 등 해외까지 확산됐다. 수백 명의 캐롯몹 활동가들이 필라델피아에 모여 이 운동의 전략을 논의했다. 참가자들은 캐롯몹 활동을 알리는 스티커를 붙인 당근을 나눠 주는 행사를 열었다. 2011년까지 북미와 남미, 유럽과 아시아, 오스트레일리아에서 100개 이상으로 확대될 정도로 급속도로 확산되었으며, 지지자들도 계속 증가해서 2015년 현재는 20개 이상의 국가에서 250개 이상으로 확대되었고, 100,000 캐롯몹 활동가들이 활동하고 있다(carrotmob.org). 〈표 4-1〉에는 캐롯몹 운동의 몇몇 예가 제시되어 있다(Hoffman & Hutter, 2011).

창시자인 브렌트 셜킨 씨는 "캐롯몹 활동의 장점은 적을 만들 필요가 없다는 것이라며, 일반 소비자의 작은 구매력을 모아 협동을 통한 긍정적 에너지를 행사할 수 있다"고 말했다. 주로 에너지 절약과 친환경 투자에 앞장서는 기업들이 주요 대상이다. 캐롯몹 활동가들은 홈페이지(carrotmob.org)를 비롯한 각종 인터넷 사이트와 트위터, 동영상 공유사이트인 유튜브를 통해 활동을 적극적으로 홍보하고 있다. 이러한 SNS 서비스가 활성화되면서 캐롯몹의 홍보도 더 순식간에 확산되고, 오프라인과 온라인을 통하여 운동의 효과도 더 커질 것이라고 전망할 수 있다. 예를 들면 초기에는 작은 지역에서 이루어졌으나 지역과 국가를 초월하여 운동 범위를 확산시킬 수도 있다. 캐롯몹 조직가인 토이 몬테그네로 씨는 "캐롯몹의 개념이 굉장히 빠른 속도로 확산되고 있다"며 "65세 이상의 장년층에서 의외로 빠르고 적극적으로 동참해 주는 것이 놀랍다"고 말했다(동아닷컴, 2009년 9월 22일).

캐롯몹은 2012년 9월 10일에 처음으로 미국 캘리포니아 주 북부에서 가장 큰 커피 로스트 기업인 땡스기빙 커피(Thanksgiving Coffee)와 함께 온라인으로 글로벌 캠페인을 시작하였다. 가족기업인 이 회사는 전 세계의 작은 농장과 협동조합에서 커피를 구입함으로써 이미 지속가능 활동을 하고 있었지만, 다른 커피회사들이 하는

| 점포 | 도시(국가) | 날짜 | 목표기업 | 약속(경매) | 투자금액 | 투자 |
|------|-----------|------|----------|-----------|----------|------|
| 음식점 | 함부르크 (독일) | 2010/10 | EDEKA 소매점 | 전체수익 15% | US $9,870 | 에너지효율성 향상 |
| 비음식점 | 브뤼셀 (벨기에) | 2009/12 | GB Express-Arenbergstraat Brussel | 추가수익 15% | US $9,870 | 에너지효율성 향상 |
| 미식 | 헬싱키 (필란드) | 2008/09 | Story House 레스토랑 | 전체수익 15% | US $9,870 | 에너지효율성 향상 |
| 오락 | 뉴욕 (미국) | 2010/01 | Peoples Improve Theater | 전체수익의 15% | US $9,870 | 에너지효율성 향상 |

출처 : Hoffman & Hutter (2011).

것 이상으로 최대한으로 추진하기를 원했다. 그 회사는 오늘날에 자신이 로스팅하는 커피가 석유운반선 대신에 풍력선으로 수송되는 첫 번째 커피회사가 되기를 원했다. 땡스기빙 커피 회사 소비자들이 캐롯몹 웹사이트에서 150,000 달러에 해당되는 커피를 사면 풍력선 수송을 시작하겠다고 하였다. 캠페인으로부터 모금한 기금은 회사가 실현 가능한 풍력선 수송 방법을 정확하게 결정하고 대중과 공유할 수 있는 비즈니스 모델을 개발하기 위한 연구자들을 고용하는 데 사용될 것이다. 남은 기금으로는 커다란 범선을 구입할 것이다. 글로벌 항해는 매년 1조 톤의 이산화탄소를 배출하고 있고, 커피는 전 세계에서 광범위하게 거래되는 농작물이기 때문에 그 효과는 매우 크다고 볼 수 있다.

캐롯몹운동은 다음과 같은 이유로 미래의 정치적 소비운동을 이끌 매우 영향력 있는 전략이 될 것이다. 첫째, 소비자들은 캐롯몹이 매우 짜릿하고 고무적이라고 생각하기 때문에 다른 운동전략보다 더 선호하는 경향이 있다(Heiskanen et al., 2010; Pezzu-llo, 2011). 둘째, 이 운동에 참여하는 소비자들은 자신들의 과거 소비패턴을 바꿀 필요가 없다는 점이다(Klein et al., 2002; Sen et al., 2011). 마지막으로 이 운동은 참여하는 기업에게 매출을 올릴 수 있는 기회를 주고 명성도 높여 줌으로써 다시 매출 확대로 이어지는 선순환구조를 만들어 준다는 점에서 기업의 참여 동기를 높일 수 있다는 점이다. 보이콧이나 바이콧과 마찬가지로 캐롯몹도 목표가 되는 기업의 행동을 바꾸기 위한 목적으로 활동가들이 조직하여 집단적으로 윤리적 소비를 실천하는 운동이라는 공통점을 가지고 있다.

〈표 4-2〉에는 호프만과 후터(Hoffman & Hutter, 2011)가 운동의 전략, 의도 및 범위의 세 가지 측면에서 보이콧, 바이콧, 캐롯몹을 비교한 내용이 제시되어 있다. 먼저 전략을 살펴보면 보이콧은 처벌을 하는 데 반하여 바이콧과 캐롯몹은 보상을 한다는 점에서 가장 큰 차이가 있다. 보이콧과 바이콧은 대상 기업이 관여하지 않으나, 캐롯몹은 관여한다. 의사결정자의 전달 형태가 보이콧은 직접적인 형태와 간접적인 형태 모두이나, 바이콧과 캐롯몹은 직접적이다. 영향력을 미치기 위한 수단이 보이콧은 시장을 통해서, 매체를 통해서, 시장과 매체 모두를 통해서 이루어지는 데 비하여, 바이콧과 캐롯몹은 시장을 통해서 또는 시장과 매체를 동시에 통해서만 이루어지고, 매체만 통해서는 이루어지지 않는다.

두 번째로 의도를 보면, 목적이 보이콧과 바이콧은 경제와 시장정책뿐 아니라 정치적, 사회적, 윤리적 의도가 다 포함되나, 캐롯몹은 정치적, 사회적, 윤리적 의도만 포함된다. 보이콧과 바이콧의 동기는 이익도 추구하고 양심도 관련되나, 캐롯몹은 양심만 관련된다. 보이콧은 수단, 촉매, 표현, 처벌의 기능을 하지만, 바이콧과 캐롯몹은 수단과 촉매의 기능만을 한다.

마지막으로 범위를 비교해 보자. 경제적 완전성에서 보이콧은 상품, 제품/브랜드, 단일 회사가 관련되나, 바이콧은 제품/브랜드와 단일 회사, 캐롯몹은 단일 회사만 관련된다. 지리학적 범위는 보이콧과 바이콧은 지역, 지방, 국가, 국가 간에 걸쳐서 이루어지나, 캐롯몹은 지역에서만 가능하다. 적용 시간도 보이콧과 바이콧은 단기, 중기, 장기 모두 가능하나, 캐롯몹은 단기만 가능하다.

**■ 표 4-2** 보이콧, 바이콧, 캐롯몹의 비교

| 기준 | 특성 | 보이콧 | 바이콧 | 캐롯몹 |
|---|---|:---:|:---:|:---:|
| **전략** | | | | |
| 행동 유형 | • 처벌 | ● | | |
| | • 보상 | | ● | ● |
| 대상기업의 관여 여부 | • 관여 | | | ● |
| | • 비관여 | ● | ● | |
| 의사결정자의 전달형태 | • 직접적 | ● | ● | ● |
| | • 간접적 | ● | | |
| 영향력 수단 | • 단지 시장을 통해서 | ● | ● | ● |
| | • 단지 매체를 통해서 | ● | ● | |
| | • 시장과 매체 동시에 | ● | ● | ● |
| **의도** | | | | |
| 목적 | • 경제/시장정책 | ● | ● | |
| | • 정치적/사회적/윤리적 | ● | ● | ● |
| 동기 | • 이익추구 | ● | ● | |
| | • 양심 | ● | ● | ● |
| 기능 | • 수단적 | ● | ● | ● |
| | • 촉매 | ● | ● | ● |
| | • 표현 | ● | | |
| | • 처벌 | ● | | |
| **범위** | | | | |
| 경제적 완전성 | • 상품 | ● | ● | ● |
| | • 제품/브랜드 | ● | ● | |
| | • 단일회사 | ● | ● | ● |
| 지리학적 범위 | • 지역 | ● | ● | ● |
| | • 지방 | ● | ● | |
| | • 국가 | ● | ● | |
| | • 국가 간 | ● | ● | |
| 작용시간 | • 단기 | ● | ● | ● |
| | • 중기 | ● | ● | |
| | • 장기 | ● | ● | |

출처 : Hoffman & Hutter (2011).

# 제 5 장

# 관련연구의
# 고찰

정보기술이 발달하면서 소비자의 정보 활용 능력이 향상되고, 경제적 수준이 높아짐에 따라 사회적 가치를 추구하는 소비자가 증가하면서 CSR(corporate social responsibility, 기업의 사회적 책임)과 경제윤리에 대한 관심이 증가하고 있다. 경제윤리의 중요한 축을 이루고 있는 소비윤리에 대한 관심도 증가하면서 소비윤리를 실현하기 위한 중요한 수단의 하나인 소비자보이콧이 주목을 받고 있다. 소비자보이콧에 관한 연구는 소비자 행동연구에서 중요한 주제임에도, 기업이 자사 제품에 대한 고객들의 충성도를 끌어내야 한다는 점에 초점을 맞추는 일반적인 마케팅 개념과는 달라 연구자들의 관심을 받지 못했다(이주희, 2005; Klein et al., 2004). 소비자 주권의식과 경제윤리에 관한 관심이 소비자보이콧과 결부되어 기업에 대한 평판과 고객의 구매행동에 영향을 미친다는 측면에서 2000년대 이후 이와 관련한 논의들이 활발해지고 있다.

소비자보이콧에 관한 이론적 모델이 성립되지 않은 상황에서 연구자들은 각기 다른 관점을 가지고 자신의 논거를 뒷받침할 수 있는 이론과 모델을 채택하고 있다. 선행연구들을 소비자보이콧을 해석하는 관점에 따라서 크게 세 가지로 나누어 살펴보면, 첫째, 소비자 행동모델에 근거를 두고 소비자보이콧 참여 동기와 구매 후 행동

등에 초점을 맞춰 소비자보이콧을 분석한 연구, 둘째, 소비자운동의 시각에서 소비자 참여와 주권 행사의 행태로 소비자보이콧을 다룬 연구, 셋째, 반소비주의 및 윤리적 소비와 같이 소비사회의 부정적인 면에 대한 반성에 초점을 둔 연구들로 구분할 수 있다.

이 장에서는 소비자보이콧에 관한 관점에 따라 연구의 흐름을 살펴보고, 소비자보이콧이 윤리적 소비로서 어떻게 연구되고 있는지를 알아보고, 선행연구들이 다루고 있는 소비자보이콧에 영향을 미치는 주요 변수를 고찰하였다. 이 장은 전향란 (2013)의 박사학위논문을 바탕으로 하여 소비자보이콧과 관련된 선행연구를 보다 광범위하고 자세하게 설명을 하였고, 박사학위를 받은 후에 이루어진 연구성과도 추가하여 저술하였다.

##  1. 소비자행동과 소비자보이콧

기업의 사회적 책임에 대한 사회적 관심이나 브랜드, 기업 이미지의 중요성으로 소비자들의 구매의사 결정에 소비자보이콧이 중요한 변수로 작용하기 시작하면서, 센 등 (Sen et al., 2001)의 연구 이후 소비자보이콧에 대한 소비자행동 관련 연구들이 늘어나기 시작하였다.

### 1) 이성에 초점을 둔 소비자 의사결정과 소비자보이콧

소비자행동모델에 근거한 소비자보이콧 연구들(박재현, 최호규, 2010; 우정 외, 2007; 이주희, 2005; Balabanis, 2012; Farah & Newman, 2009; John & Klein, 2003; Klein et al., 2004; Sen et al. 2001)은 대부분 소비자보이콧에 참여하는 소비자들이 합리적으로 의사결정을 한다는 가정 아래 참여 동기와 구매 후 행동, 재구매 의도 등을 분석하였다. 이 연구들은 소비자보이콧을 비용−혜택 모델(personal costs and benefits) 및 계획된 행동이론(theory of planned behavior : TPB) 등을 통해 분석하였다.

셴 등(2001)은 소비자보이콧을 참여에 따른 개인의 혜택과 사회적 제약 간 사회적 딜레마로 개념화하여 준거집단의 영향력과 함께 개인의 비용과 혜택 간의 관계를 분석하였다. 대학생을 대상으로 두 차례의 실험을 통해 소비자보이콧의 성공 가능성 인지, 집단의 보이콧 참여 가능성, 대체재 여부, 보이콧의 효과성, 긍정적 메시지 프레임 등이 소비자보이콧 가능성에 미치는 영향을 분석하였다. 소비자보이콧의 성공에 대한 불확실성이 소비자보이콧 참여의 중요한 열쇠가 되었는데, 매개변수인 보이콧운동의 효과 인지, 이해관계자 전원의 보이콧운동 참여에 대한 기대, 긍정적 보이콧운동 메시지 프레임의 성공 가능성 인지는 소비자보이콧 가능성에 영향을 미쳤다. 보이콧운동에 대하여 반론을 제기하는 준거집단의 영향력은 보이콧운동 참여에 부정적인 영향을 미치는 것으로 밝혀져 소비자보이콧에서 무임승차자(free rider) 문제도 나타날 수 있다는 점을 명시하였다.

존과 클레인(John & Klein, 2003)은 구글 웹 검색을 통해 온라인상에서 포춘지와 인터브랜드 상위 50개 사에 대한 보이콧운동의 발생 비율을 조사하였다. 그리고 보이콧운동은 소비자들이 기업에 대한 부정적 감정에 의하여 촉발되므로, 기업의 사회적 공헌활동 여부, 기업 관계자의 비리 여부, 노동 및 인권 준수 여부 등에 대하여 소비자들의 공감이 이루어지는 경우에도 보이콧운동이 가능하다고 했다. 또한 보이콧운동도 사회적으로 약자에게 도움을 주려는 소비자들의 이타적 성향이 영향을 미치고 있다고 이 논문은 주장하였다.

클레인 등(2004), 셴 등(2001), 존과 클레인(2003)의 연구에서 사용한 도움 행위(helping behavior)와 관련된 사회적 행위로 보이콧운동을 규정하고 브레머(Bremmer)라는 가칭 공장의 비도덕적 행위를 시나리오로 제시하여 1,216명을 대상으로 전화설문을 하였다. 연구자들은 변화에 대한 신념, 자기강화, 보이콧운동에 대한 반론(counter arguments), 고착된 소비 등과 같은 비용-혜택 요인이 악의성 지각을 매개로 하여 소비자보이콧 참여에 어떠한 영향을 미치는지를 분석하였다. 악의성은 기업이 다양한 이해관계자들인 직원, 소비자, 사회 전체 등에게 해로운 결과를 가져올 가능성 또는 명백하게 잘못되고 부정된 행위와 관련되어 있다는 믿음으로, 도덕적이거나 윤리적인 위반이라고 인식하는 것으로 정의하였다(Chen, 2010). 악의성 지각이 소비자보이콧에 미치는 직접적인 영향력은 크지 않았으나, 자기 강화와 변화에 대한 신념과 같은 혜택 변수가 악의성 지각과 소비자보이콧 참여에 긍정적인 영향을 미쳤다. 인식(자각) — 악의성 — 보이콧운동 모델은 이후 관련 연구들의 토대가 되었을 뿐만 아니라, 윤리적 소비행동과 관련된 소비자보이콧을 밝히는 중요한 모델이 되었다.

이주희(2005)는 클레인 등(2004)의 연구모델을 그대로 인용해서 인터넷에서 소비자보이콧의 대상이 되고 있는 자동차와 식품회사에 대한 보이콧운동 참여 여부를 10대를 포함한 200명을 대상으로 조사를 하였다. 조사 대상자들은 소비자참여에 따른 효과인 변화에 대한 믿음과 자기 강화가 크다고 지각할수록, 보이콧운동에 관한 반론, 고착된 소비, 시간과 정보탐색 비용과 같은 비용이 적다고 지각할수록, 비도덕적이라는 악의성이 적다고 지각할수록 소비자보이콧 운동에 더 많이 참여하겠다고 하였다. 이러한 연구 결과는 클레인 등(2004)의 연구를 우리나라의 경험적 연구를 통하여 지지하였으나, 안티사이트의 성격과 집단구성원의 영향력을 통제하거나 배제하지 못했다는 한계가 있다.

발라바니스(Balabanis, 2012)는 세계화로 다국적 기업이 성장하면서 소비자보이콧의 행태가 다국적 기업의 이해관계자들에 대한 간접적인 보이콧운동의 성격을 띠게 된다고 보고 간접적 소비자보이콧을 조사하였다. 교토의정서 참여에 거부한 미국과 인권 탄압이 이루어지는 미얀마 정부, 이러한 미국과 미얀마 정부에 로비를 하는 미국, 프랑스, 일본 등의 4개의 기업에 대해서 영국 시민 232명으로 대상으로 소비자보이콧 이슈에 대한 관여, 해당 기업제품에 대한 선호도, 기업에 전가된 악의성, 대체상품 수월성(가능성), 보이콧운동 성공 가능성, 행동주의 등을 조사하였다. 다국적 기업에 대한 소비자보이콧 경향은 기업에 전가된 악의성이 가장 큰 영향을 미쳤고, 상품 대체가 어려운 제품과 소비자 선호가 높은 다국적 기업에 대한 소비자보이콧은 적었다. 소비자보이콧 이슈에 대한 관심이 행동주의 성향에 영향을 미친다는 점에서 다국적 기업은 여론과 논란에 대하여 초기 대응이 중요하다고 하였다.

브라운스베르거와 버클러(Braunsberger & Buckler, 2011)도 캐나다 해산물 보이콧운동에 참여하는 동기와 소비자의 참가를 독려하기 위해 글을 올리는 행위에 포함되는 비용을 네트노그래피[1](netnography)로 분석하였다. 보이콧운동 참가동기에 따라,

바다표범을 포획하는 악의적 행위에 대한 분노와 포획행위를 처벌해야 한다는 의사를 명백하게 표현하려는 운동 **주도세력(pledgees)**과 도덕적인 이유와 보이콧운동을 통해서 자아를 실현하고 강화하려는 **참여세력(signatories)**으로 나누어 분석하였다. 소비자보이콧의 동기에는 운동 대상의 악의적인 행위를 막을 수 있을 정도로 운동 대상의 순이익과 행위에 영향력을 행사할 수 있다는 믿음이 포함되었다. 그러나 참여세력은 보이콧운동 참여 비용에 대해서는 거의 언급하지 않았다. 이 연구는 실제 소비자보이콧 참여자들의 동기를 그들이 온라인에 직접 작성한 글에서 분석해 냈다는 점에서 의의가 있지만, 주도세력과 참여세력을 분명하게 분석하지 못하였다.

우정 등(2007)은 제품 품질 판단과 과시소비를 조절변수로 하여 **자국민중심주의적** 경향이 외국제품에 대한 소비자보이콧 의도에 미치는 영향을 분석하였다. 자국민 중심주의는 소비자보이콧 의도에 직접적으로 정적 영향을 미쳤다. 그러나 품질 판단과 과시소비성향이 조절변수로 소비자보이콧 의도에 부적 영향을 미쳐 자국민 중심주의가 소비자보이콧 의도에 미치는 정적 영향력을 감소시켰다. 이 연구는 소비자보이콧 의도를 구매의도와 동일 선상에서 살펴보고 있어 단순한 소비자의 선택 여부에 한정하고 있다.

박재현과 최호규(2010)는 인터넷에서 커지고 있는 소비자보이콧에 관한 소비자의 인식 또는 필요성이 기업의 이미지와 매출에 미치는 영향을 탐색적으로 분석하였다. 인터넷상에서 소비자보이콧에 대한 의식은 30~40대, 직장인, 남성 집단이 높고 인터넷 커뮤니티 활동 경험이 많고 소비자보이콧에 참여했던 경험이 있는 사람들이 소비자보이콧에 참여할 가능성이 더 높았다. 소비자보이콧은 중소기업보다 대기업의 이미지와 매출에 부정적 영향을 더 크게 미쳤다. 이 연구는 소비자보이콧의 필요성

---

1 인터넷 민속지학이라고도 하는 네트노그래피는 오프라인상의 민속지학과 인터넷의 net이 결합된 합성어이다. 네트노그래피라는 용어를 처음으로 사용한 로버트 코지넷(Robert Kozinets)은 네트노그래피가 사실주의, 몰입성, 묘사, 다중방법 및 방법론적 적용성이라는 다섯 가지 면에서 전통적 민속지학과 유사하다고 하였다. 네트노그래피는 상당한 시간을 소모해야 하는 전통적인 민속지학보다 빠르고 간단하며, 유형과 무형의 비용을 줄일 수 있다. 이 기법은 소비자의 소비에 대한 고정관념, 인식 및 가치관, 관행, 소비행위에 영향을 미치는 주변적 정보, 사회문화적 배경, 상황적 요인 등을 종합적으로 고려하고, 최근에 급격하게 부상하고 있는 소비맥락을 연구하기 위하여 많이 사용되고 있다(정보통신정책연구원, 2013).

과 인식을 구분하지 않았으며, 기업의 이미지와 매출관련 변수를 상세하게 제시하지 않았다.

**합리적 행동이론**은 개인이 하려고 하는 어떤 행동에 대하여 호의적인 태도를 가지고 있고, 준거집단이 그 행동을 지지할 것이라고 생각하면 그 행동을 하려고 하는 의도를 가지게 되고, 행동의도에 따라 행동을 한다고 본다. 그러나 실제로는 행동의도가 형성되지 않을 수 있고 행동의도는 있으나 행동을 하지 않을 수 있는 상황을 설명하지 못한다는 문제점을 가진다는 점에서, 소비자보이콧에 참여를 설명하는 명확한 이론적 모델이 될 수 없다는 주장이 제기되면서 계획된 행동이론을 적용한 연구들이 이루어졌다.

에이젠(Ajzen, 1988)이 제시한 **계획된 행동이론**은 행동에 대한 태도와 주관적 규범뿐 아니라 지각된 행동통제가 행동의도에 영향을 미친다고 본다. 지각된 행동 통제는 개인이 하려는 행동을 하는 것을 얼마나 쉽게 생각하고 있는가를 의미한다. 또한 개인이 하려는 행동을 실제로 할 수 있는 것을 의미하는 실제적 행동 통제도 행동에 영향을 미친다. 자원과 기회가 행동 통제를 결정하는 중요한 요인이 된다.

파라와 뉴먼(Farah & Newman, 2009)은 소비자보이콧 관련 연구들이 명확한 소비자 행동체계에 관한 이론적 근거 없이 이루어지고 있다는 문제를 지적하며, 계획적 행동이론을 확장하여 소비자보이콧 행동을 설명하였다. 레바논 종교분쟁을 주제로 하여 레바논에서 500명의 이슬람교도와 기독교도인 소비자들을 무작위추출을 하였다. 연구 결과, 주관적 규범과 소비자보이콧 참여의도는 레바논 사태에 직접적 당사자인 이슬람교도가 기독교도에 비해 더 높았다. 소비자보이콧을 통한 소비자의 정치적 분쟁에 대한 소비자의 소극적 저항행동과 그 구조를 설명한다는 점에서는 의의가 있으나, 특수한 사건과 특정한 변수에 국한되어 있어 일반적인 소비자보이콧이 가지는 의미를 포괄하지 못하고 있다.

제미경과 전향란(2013)은 소비자보이콧 참여행동을 유형화하고, 확장된 계획행동이론을 근거로 소비자보이콧 의도와 참여행동에 영향을 미치는 변수들의 인과관계를 분석하였다. 주관적 규범, 소비자 효능감, 준거집단이 소비자보이콧 의도에 상대적으로 영향력이 높은 변수로 나타났다. 소비자보이콧 행동유형은 **사적 참여행동**, 공적 참여행동, 온라인 참여행동의 세 가지 유형으로 나눌 수 있으며, 각 유형별 참여행동에 영향을 미치는 변수들의 상대적인 중요도는 차이가 있었다. 소비자보이콧에 대한 사적 참여행동은 소비자보이콧 의도가, 공적 참여행동과 온라인 참여행동은 준거집단이 상대적으로 영향력이 큰 변수로 나타났다. 사적 참여행동은 소비자 개인의 독립적인 행위이기 때문에 보이콧운동 의도가 중요한 영향변수로 나타난 반면, 공적 참여행동과 온라인 참여행동은 타인과의 관계 속에서 자신의 의견을 공론화하거나 운동의 형태로 표현하는 행위이기 때문에 준거집단이 중요한 영향변수로 나타났다. 소비자보이콧 참여행동은 구매 중지뿐 아니라 다양한 형태로 나타날 수 있다. 기업은 소비자보이콧이 가진 확산과 파급 효과를 고려해서 사적 참여행동보다 공적 참여행동과 온라인 참여행동을 하는 소비자에게 더 주목해야 한다고 연구자들은 주장하였다.

전향란, 염동문, 제미경(2014)은 소비자의 자기조절 성향과 보이콧에 대한 태도 및 소비자신념이 보이콧 참여행동에 어떠한 영향을 미치는가를 분석하였다. 그 결과 보이콧에 대한 신념이 강할수록 보이콧에 대하여 긍정적인 태도를 가지게 되고, 보이콧에 대하여 긍정적인 태도를 가질수록 보이콧에 더 많이 참여함으로써 매개효과를 가지는 것으로 밝혀졌다. 이러한 매개효과는 자기조절 성향의 크기가 커질수록 (조절효과) 더욱 크게 나타났다. 자기조절 성향이 강한 사람일수록 보이콧에 대한 소비자태도가 긍정적이고, 그러한 긍정적인 태도는 소비자보이콧 운동의 참여를 높이는 것으로 나타났다.

김미린, 홍은실(2015)은 윤리적 소비행동 중에서 보이콧운동과 절제와 간소만이 소비자 행복에 영향을 미친다고 하였다. 자기결정성이론은 긍정심리학, 철학, 경영학 등의 분야에서 연구가 이루어지고 있는데, 자기결정성이 인간행동에 영향을 미치는 중요한 요인으로 알려졌다. 하월과 힐(Howell & Hill, 2009)은 자기결정 변수가 소비자 행복에 중요한 요인이라고 하였고, 마틴과 힐(Martin & Hill, 2012)은 생활 만족과 적정 소비의 관계에서 자기결정성이 조절변수 역할을 한다고 하였다. 그러나 자기결정성은 보이콧운동과 절제와 간소가 소비자 행복에 미치는 영향에 조절효과를 보이지 않았다.

류미현(2015)은 20~30대 소비자들의 온라인 보이콧 중에서 문제가 되는 기업이나 제품에 공감을 표현하는 보이콧 의도는 높았으나, 안티사이트 등에 가입하고 적극적으로 활동하려는 보이콧은 아주 낮았다고 하였다. 온라인 보이콧에 영향을 미치는 변수로는 보이콧운동의 필요성, 보이콧운동 경험, 소비자역할 인식 등으로 나타났다. 소비자역할 인식의 하위차원 중에서 사회적 역할 인식과 참여적 역할 인식만이 온라인 보이콧 참여의도에 영향을 미쳤고, 개인적 역할 인식은 영향을 미치지 않았다. 소비자역할 인식은 보이콧 경험과 온라인 보이콧 참여의도의 관계에서 조절효과를 가지는 것으로 밝혀졌다.

## 2) 감성에 초점을 둔 의사결정과 소비자보이콧

소비자보이콧의 참여가 합리적 의사결정에 의하여 이루어진다는 연구들은 소비자가 다른 사람이나 약자를 돕는 이타적인 행위나 사회적으로 영향력이 강한 사람들의 비도덕적인 행위에 분노하는 것과 같은 소비자보이콧의 감성적인 면을 제대로 설명하지 못하고 있다. 이러한 제한점을 극복하기 위하여 개인의 감성에 초점을 둔 연구가 이루어지고 있다.

호프만과 뮐러(2009)는 개인적인 소비자보이콧 의사결정에 영향을 주는 다양한 변수들을 밝히는 연구가 폭넓게 진행되지 못하고 있다는 점을 지적하며, 다국적 기업이 독일의 공장을 스웨덴으로 이전하는 것에 반대하는 소비자보이콧에 참여하는 동기를 조사하였다. 본사와 현지공장의 명성에 대한 관여가 본사의 경영에 대한 신뢰에 영향을 미쳐 보이콧운동에 참여하는 과정을 분석하였다. 본사에 대한 부정적 인식이 소비자 개인의 신뢰에 부정적으로 영향을 미쳐 보이콧운동에 참여하려는 경향이 커지는 것으로 나타났다. 현지에 있는 지사에 대한 긍정적인 명성은 보이콧운동에 참여하려는 경향을 감소시키는 것으로 나타났다.

개인의 정서적 차원을 고려한 초기의 연구인 코지넷과 핸들먼(Kozinets & Handelman, 1998)의 연구는 소비자보이콧을 개인화된 행동으로 보고 온라인상에서 이를 분석하였다. 연구자들은 소비자보이콧 채팅방의 대화기록을 중심으로 네트로그래피

분석을 하여 도덕적 자기실현의 도구이자 복잡한 감정에 대한 개인적인 표현이 소비자보이콧 참여 동기라고 밝혔다. 그러나 구체적으로 어떠한 정서적 요인이 소비자보이콧을 유발하는지, 어떠한 구조를 통하여 소비자보이콧 행동이 발생하는지에 대해서는 자세하게 설명하지 못하였다(이한석, 주영혁, 2011 재인용).

이한석, 주영혁(2011)은 온라인의 보이콧운동 메시지에 의하여 보이콧운동 행동이 나타나게 되는 과정을 소비자의 정서적 관점에서 감성적으로 접근하여 살펴보았다. 보이콧운동 메시지에 의하여 유발된 부정적 정서와 보이콧운동 행동과의 관계에서 감정 이입이 매개적 역할을 하는 것으로 나타났다. 분노, 슬픔과 같은 다양한 유형의 부정적 정서는 개인적 고통 같은 감정 이입에 차별적 영향을 미치고 있었으며, 관점 취하기 등과 같은 감정이입도 소비자보이콧 참여행동과 구전행동에 차별적인 영향을 미치고 있었다. 부정적 정서가 소비자의 이타행동 또는 도움행동에 이르는 과정에서 분노와 슬픔이 감정 이입의 매개변수 역할을 하였다.

첸(Chen, 2010)과 클레인 등(2004)의 모델을 기초로 도덕적 위반에 대한 지각과 도덕적 감정이 소비자보이콧에 미치는 영향을 분석하였다. 그는 세 차례에 거친 실험과 설문 결과를 토대로 도덕적 위반에 대한 지각과 다른 사람들의 도덕적 감정(사회적 감정)과 자신의 도덕적 감정은 소비자보이콧 의도에 직접적 영향을 미친다고 하였다. 또한 소비자보이콧에 대한 비용-혜택에 대한 지각에서도 도덕적 감정이 도덕적 위반에 대한 지각에 매개적 역할을 하여 인식에 따른 감정지각이 행동을 이끄는 구조를 제시하였다.

이윤재, 강명수, 이한석(2013)은 자기익명성이라는 상황 자체가 기업에 대한 악의성 지각과 관련 없이 보이콧운동을 촉진시킨다고 하였다. 소비자는 기업의 행동과 보이콧운동을 촉구하는 메시지를 통해 자극을 받을 때 기업의 행동이 잘못되었는가의 여부와 상관없이 온라인 상황에서는 보이콧운동에 먼저 참여하고자 하려는 성향이 있는 것으로 나타났다. 온라인에서는 사실 여부와 관련 없이 오프라인보다 좀 더 빈번하게 보이콧운동에 참여하려는 의도가 나타날 수 있다. 오프라인에서는 자신에 대한 목소리, 얼굴, 글씨 등 구체적인 사회적 단서가 존재하지만 온라인에서는 보이지 않는 상황에서 자신을 드러내고 미지의 상대방과 커뮤니케이션을 하기 때문에 실제의 자신과 다른 모습을 보여 주고 표현할 수 있는 가능성을 갖고 있기 때문이다. 이러한 모습은 소비자가 보이콧운동에 참여할 때 옳고 그름에 관계없이 집단행동에 충동적으로 따르거나 상대방의 말이 옳은지를 고려하지 않고 받아들여 단지 보이콧 운동에 관한 메시지가 있다는 사실 자체만으로도 보이콧운동이 정당하다는 인식이 나타나고 있다.

이기심이나 자신에 대한 배려를 가장 근본적인 행동의 동인으로 규정했던 고전경제학이나 신고전경제학과는 다르게 행동경제학은 공정성과 같은 사회규범이나 타인의 행복에 대한 이타적 배려가 복합적으로 인간 행동에 작용하고 있다고 주장한다. 개인적 선호뿐만 아니라 사회적 선호도 특정 행동을 하게 하는 강력한 동기가 될 수 있다(Bowles & Gintis, 2011).

페어와 피쉬이바흐어(Fehr & Fischbacher, 2004)는 이기적 동기를 배제한 진정한 사회적 선호의 존재를 탐구하기 위해 제3자 처벌게임을 개발했다. 공여자, 수여자, 관찰자로 구성된 실험에서, 공여자는 실험자가 나눠준 금액의 일부를 수여자에게 제공하는데, 그 액수는 공여자가 자의적으로 결정한다. 그리고 실험자는 다수의 관찰자에게도 일정액을 나누어 준다. 관찰자는 공여자가 수여자에게 제공한 금액이 공평하지 못하다고 생각되면 공여자에게 처벌을 할 수 있다. 그런데 관찰자가 공여자에게 처벌을 할 때마다 관찰자에게도 실험자에게 받았던 금액의 일부가 공제된다. 제3자 처벌게임은 관찰자가 자신에게 손실이 발생함에도 불구하고 공여자의 불공정한 행동에 대해 처벌한다는 연구결과를 보여 주었다.

페어와 가처(Fehr & Gaächter, 2002)는 제3자 처벌 내지 이타적 처벌에 관한 실험이 사람들의 협력적 관계나 이해관계가 없는 낯선 타인과의 사이에서도 맺어질 수 있으며, 자신에게 상당한 손실이 생기거나 반대로 경제적 이득이나 명성의 보상이 없더라도 발생할 수 있다는 것을 보여 준다. 이러한 이타적 처벌이 함의하는 바는 인간의 협력 행위를 친족 선택이나 호혜적 이타성으로 설명할 수 없다고 주장하였다.

호프만(2000)은 공감을 자신의 상황보다는 다른 사람의 상황에 맞춘 정서 반응으로 정의하면서, 다음과 같이 발달심리학 단계로 서열화될 수 있다고 하였다.

- 1단계 : 아기가 다른 아기들이 우는 소리를 듣고 자신도 우는 것과 같은 전이
  현상이나 다른 사람의 표정을 따라하는 것과 같은 무의식적 모방
- 2단계 : 나와 타인이 현재 공통적으로 경험하는 것에 기초하여 타인의 감정을
  추론하는 고전적 조건화
- 3단계 : 나의 과거 경험에 비추어 현재 다른 사람의 감정을 추측하는 직접적 연상
- 4단계 : 언어나 상징을 매개로 다른 사람의 감정에 반응하는 매개적 연상
- 5단계 : 자신과 타인을 동일시하는 역할 채택

제3자에 의한 이타적 처벌은 네 번째 이상의 단계와 연결될 수 있다. 이타적 처벌은 이해당사자가 아닌 순수한 관찰자를 전제로 하기 때문에, 1~3단계의 공감단계에서 보이는 타인과의 공통된 경험을 필요조건으로 삼지 않는다. 진정한 의미에서 공감은 타인과 공유된 상황이나 경험이 아니라, 관찰자가 희생자를 상상할 때 발생할 수 있다.

아담 스미스는 자신의 저서 **도덕감정론**[2]에서 사람들은 이해 당사자가 아닌 제3자, 다시 말하면 불편부당한 관찰자임에도 불구하고 낯선 타인이 부당하게 겪는 불행이나 고통에 대하여 가지는 불편한 감정을 연민이라고 명명하였다(Broadie, 2006). 볼탕스키(Boltanski, 1999)는 아담스미스에 기초하여 원거리에서 고통받는 타인에 대한 공감은 상상이 매개하고, 원거리 고통에 대한 상상은 미디어가 제공하는 서사에 따라 구성된다고 하였다. 고통을 겪는 희생자에 대한 서사가 뉴스처럼 사실적인 장르인지 아니면 드라마처럼 허구적인 장르인지에 따라 사람들은 다른 감정 반응을 보일 수 있고, 희생자가 겪는 고통의 성격이나 원인 규명에 따라서도 다른 감정과 행동을

---

2  스미스는 도덕감정론에서 인간은 타인에 대해 관심을 갖는다는 대전제로부터 출발했다. 사람은 어떤 사람이 소리 내어 웃으며 즐거워할 때, 왜 그런지 관심을 갖는다. 그 결과 즐거워할 만한 이유가 있다고 공감을 하면 그 사람 역시 즐거워진다. 어떤 사람이 소리 내어 울며 슬퍼할 때, 왜 그런지 관심을 갖고 그럴만한 사연이라고 공감을 하면 그 사람 역시 슬퍼진다. 이렇게 어떤 사람의 행위와 감정 표현을 보고, 그것이 타당한 것인지 판단하고, 그 결과 함께 기뻐하고 슬퍼하는 인간의 행위를 가리켜 스미스는 공감이라고 하였다. 공감의 능력을 갖는 인간은 거꾸로 자신의 행동과 감정이 다른 사람에 의해 어떻게 판단되는지에 대해 관심을 갖는다. 타인이 공감을 표하면 기쁘고, 그렇지 않으면 불쾌하다(도메 다쿠오, 2010).

보일 수 있다는 것이다.

사람들은 허구 인물이 부당하게 고통당하는 장면을 보면 슬픔을 느끼는 데서 그치지만, 실제 인물이 그러한 고통을 겪는 것을 보면 슬픔과 같은 감정을 느끼는 데 그치지 않고 희생자를 돕기 위한 행동을 한다. 실제 사건에서 가해자가 불분명하거나 초자연적 존재인 경우, 사람들은 희생자를 위로하거나 구호활동에 참여하지만, 가해자가 분명하게 지목되는 경우 사람들은 시선을 피해자에서 가해자로 옮기고 가해자에 대해 분노를 표출한다. 분노는 가해자를 고발하는 언술적 행위나 가해자에 대해 복수하는 이타적 처벌행위에 참여하도록 만든다.

사람들이 이해관계를 초월하여 이타적 행위를 할 수 있으며, 사회감시시스템으로 기능하는 미디어는 서로 낯선 사람들 사이의 이타적 행위를 가능하게 하는 계기를 제공한다고 하였다. 특히 SNS를 통하여 급속도로 확산되는 현대사회에서 공정성과 같은 사회 규범을 위반한 힘 있는 기업이나 사람에게 가하는 처벌은 자신에게 아무런 경제적 보상을 주지 않고, 자신의 명예를 유지하는 것과 같은 이득과도 관련이 없으나, 사건을 공론화시킴으로써 미디어는 수용자들이 사건에 대해 도덕적 의무감을 갖도록 만들 수 있다(김선호, 성민규, 2014).

우리나라에서 2013년부터 현재에 이르기까지 언론과 온라인을 통해 사람들의 감성을 가장 많이 자극하고 있는 말의 하나가 갑을관계이다. 포스코 상무의 대한항공 승무원 폭행, 남양유업의 제품 강매와 폭언, 감옥에 수감 중이던 영남제분 회장 부인의 편법 외출, 청와대 대변인의 성추행 사건, 대한항공 조현아 부회장의 땅콩회항 사건 등에서 표출된 사회적 강자와 약자의 불평등 관계가 주요 뉴스로 부각되었다. 갑을관계란 계약서에 등장하는 계약 당사자를 '갑'과 '을'로 지칭한 데서 유래된 말이지만, 관용적으로는 계약 당사자들 사이에 존재하는 불평등한 관계를 의미한다. '갑'은 제도적 권위나 상대적으로 높은 지위를 바탕으로 상대방에게 부당한 압력을 행사할 수 있는 위치에 있는 강자를 의미하고, '을'은 생존을 위해 '갑'의 횡포에도 굴욕을 감수해야 하는 사회적 약자를 표상한다.

갑을관계가 사회적으로 이슈가 될 때, 관련자는 자의적으로 권력을 행사하는 '갑'과 고통을 감수하는 '을'로 한정되지 않는다. 미디어를 통해 갑을관계를 드러내는 사건에 관한 정보를 접한 미디어 수용자들이 분노를 표출하거나 보이콧운동과 같은 집단행동에 돌입함으로써, '갑'이 위기를 맞는 경우도 많다. 인터넷이나 SNS와 같은 실시간으로 상호작용이 가능한 미디어가 발달하면서 불공정한 갑을관계를 비난하는 여론은 매우 빠른 속도로 형성되고 보다 넓게 확산될 수 있기 때문이다(이한석, 주영혁, 2011). 이러한 이유로 앞에서 열거한 사건들의 당사자 기업들은 모두 소비자보이콧의 대상이 되었다.

장정헌, 김선호(2014)는 소비자들의 보이콧운동을 이타적 처벌의 하나로 보았다. 사람들이 직접 이해당사자가 아닌 제3자임에도 불구하고, 기업의 공정하지 못한 행위 때문에 사회적 약자가 고통을 받는다고 인식했을 때 보이콧운동에 참여하게 되는 동인을 공감과 책임귀인의 직접효과와 분노와 연민의 매개효과를 중심으로 분석하였다. 갑을관계에서 을의 입장에 있는 피해자를 공감하고, 갑의 입장에 있는 기업에 대한 책임귀인은 피해자인 대리점주에 대한 연민과 기업에 대한 분노를 유발시켰다. 공감과 책임귀인의 상호작용은 분노에만 영향을 주고 연민에는 영향을 주지 않는 것으로 나타났다. 개별 감정인 기업에 대한 분노와 피해자에 대한 연민은 모두 보이콧운동 참여의도에 의미 있는 영향을 미쳤다. 그러나 외생변수인 피해자에 대한 연민, 기업에 대한 책임귀인, 연민과 책임귀인의 상호작용 변수는 직접적으로 보이콧운동 참여의도에 영향을 미치지는 않으나 감정을 매개하여 간접적으로 영향을 주는 것으로 나타났다.

이와 같이 다른 사람들이 부당하게 겪는 고통에 관하여 자신은 제3자로서 아무런 관계가 없음에도 불구하고 공분하고 보이콧운동에 적극적으로 참여하고 있는 소비자가 늘고 있다는 사실은 소비자보이콧의 윤리적 특성을 잘 보여 주는 실증적 증거가 될 수 있다. 특히 사회적 강자인 갑과 약자인 을의 관계에서 을이 부당하게 당하는 고통이 사회문제가 되고 있고, 소비자들의 보이콧운동이 급속도로 확산되면서 이러한 현상을 학술적으로 검증하여 밝히고자 하는 경험적 연구들이 진행되고 있다.

## 2. 소비자권리 실현과 소비자보이콧

소비자보이콧은 특정 기업이나 상품에 대하여 집단적으로 구매를 거부하겠다는 의사를 밝힌다는 점에서 소비자가 화폐투표를 통하여 적극적으로 사회적 권리를 실현하는 행위로 개념화되고 있다. 이와 관련된 많은 연구들은 소비자운동과 정치 참여에 초점을 맞추고 있다(김재경, 2009; 김봉수, 2009; 김상훈, 2008; 박경신, 2010; 이득연, 1996; 이승선, 2009; 주승희, 2009; Beak, 2010; Cooper-Martin & Holbrook, 1993; Friedman, 1985; 1991; 1995; 1999; Neilson, 2010).

소비자보이콧의 개념과 유형, 실제로 미국에서 등장했던 소비자보이콧을 분석한 프리드먼(1999)은 1990년대 이후 세계 여러 나라에서 소비자들의 보이콧, 바이콧과 같은 소비자운동에 소비자-시민으로서 관여하는 수준이 높아지고 있다는 점에서, 경제적인 면보다는 윤리적인 관여가 소비자보이콧 참여를 결정하는 데 더 중요한 요소가 되고 있다고 하였다.

이득연(1996)은 프리드먼(1985; 1991; 1995)의 소비자보이콧에 관한 연구들을 우리나라에 소개하면서 1992년부터 1996년까지 주요 5대 일간지의 신문기사를 분석하여 국내 소비자보이콧의 현황을 분석하고 평가하였다. 소비자보이콧은 소비자와 관련된 경제적 이슈가 쟁점이 되어 주목을 받았으나 환경 및 정치 문제도 소비자보이콧의 중요한 쟁점이었다. 소비자보이콧을 이끄는 세력은 단일 소비자단체의 비중이 가장 컸으나, 소비자단체가 주도하지 않은 소비자보이콧이 더 활발하였다. 2/3 이상이 매체지향적 소비자보이콧이었고 표출적인 소비자보이콧 성격을 띠고 있었다. 양심적 소비자보이콧이 수혜적 소비자보이콧과 비슷한 비율로 나타나 소비자보이콧에 대한 윤리의식이 높아지고 있다는 점을 보여준다는 점에서 소비자보이콧을 기획하고 실행할 때보다 치밀하게 하여야 한다고는 점을 강조하였다.

쿠퍼-마틴과 홀브룩(Cooper-Martin & Holbrook, 1993)은 소비자는 화폐투표를 통하여 자신의 의견을 표출한다는 관점에서 소비자보이콧을 분석하였다. 적극적이고 윤리적인 소비경험과 수동적이고 윤리적인 소비경험을 구분하고, 적극적이고 윤리적인 소비경험은 소비자가 명백하게 참여하는 형태로 나타나야 한다고 강조하였다. 구매를 중지하는 소비자보이콧은 소극적인 소비경험으로 해로운 제품을 구매하지 않음으로써 선을 추구하는 반응이라고 보고, 소비자보이콧을 적극적이고 윤리적 소비 형태인 바이콧과 함께 펼쳐야 보다 효율적으로 소비사회를 변화시킬 수 있다고 하였다.

비크(Beak, 2010)는 2002년에 두 차례에 걸쳐 시행한 국가시민참여조사(National Civic Engagement Surveys : NCES)를 바탕으로 정치적 소비자가 소비자보이콧에 참여한다고 보았다. 이러한 관점에서 보이콧운동만 참여하는 유형, 바이콧운동만 참여하는 유형, 보이콧운동과 바이콧운동 모두 참여하는 유형, 두 유형 모두 참여하지 않는 유형으로 구분해서 그들의 정치적 성향과 참여 관련 변수를 분석하였다. 보이콧운동자는 주로 백인이 우세하고, 베이비부머 세대가 많았으며, 소득은 중간계급 수준이며, 민주주의 성향이 강하고 온건주의적인 정치적 경향을 가진 것으로 나타났다. 보이콧운동자는 바이콧운동자에 비해서는 매체지향적이지 못하였지만, 시민의 의무, 사회적 중용의식, 도덕적 상대주의 의식이 높은 것으로 나타났다.

닐슨(Neilson, 2010)은 2002/2003 유럽사회조사(European Social Survey : ESS) 자료를 이용하여 사회자본, 이타주의 및 성별이 보이콧운동과 바이콧운동에 미치는 영향을 비교하였다. 사회자본이라고 할 수 있는 공동체의 네트워크 속에서 보상과 신뢰 관계를 통하여 서로에게 정치적 소비자주의의 촉진 동기가 될 수 있는 정보와 자원에 접근한다고 가정하였다. 보이콧운동자는 준거집단의 영향과 같은 사회적 규범에 더 큰 영향을 받고 있었으며, 바이콧운동자에 비해 이타주의 성향이 상대적으로 적은 것으로 나타났으나 성별의 영향은 받지 않았다.

소비자권리 실현에 관한 국외 연구들은 소비자보이콧이 사회 · 정치적인 현안에 대하여 일상생활에서 소비자들이 구매라는 행위를 통해서 자신들의 의사를 반영한다는 화폐투표에 초점을 두고 있다. 소비자가 자신의 정당한 권리를 보장받고 행사하기 위해서 소비자보이콧을 이용한다는 관점에서 보이콧이나 바이콧의 의의를 고찰하고 있다. 국내에서는 2차 보이콧운동이 확산되면서, 2차 보이콧운동에 대한 합법성 여부가 중요한 관심으로 떠올랐다. 이에 따라 2차 보이콧운동이 소비자주권을 행사하는 데 정당한 수단이 될 수 있는가에 대한 법적 해석과 합법성에 초점을 둔 연구들이 이루어졌다.

주승희(2009)는 소비자주권을 정당하게 행사하기 위해서 소비자보이콧이 이루어지고 있으나, 진행하는 과정에서 일반 기업이나 단체, 특정 개인 등 직접적으로 관련이 없는 제3자의 인격이나 재산 등과 관련된 권익을 해치는 경우가 발생하여 보이콧운동의 위법성에 관한 법적 논의가 활발하게 이루어지고 있다고 하였다. 그는 마이클 잭슨의 내한공연에 대한 보이콧운동을 언론압박이라는 명분으로 민사책임이 있다는 판결은 소비자주권의 실현을 제한하는 판결이라고 지적하며, 소비자보이콧에 대한 합법성의 기준을 제시하였다.

주승희(2009)의 연구는 2008년 미국산 쇠고기에 대한 주요 언론사들의 보도에 항의하기 위하여 주요 광고주를 대상으로 한 간접적 소비자보이콧인 2차 소비자보이콧의 합법성 여부에 대한 논의와 연결된다. 소비자보이콧이 기업의 업무를 방해하고 강요하여 기업의 경영활동을 저해하는 요인으로 작용하는가 아니면 소비자의견을 반영할 권리와 단체를 조직하여 활동할 권리 등, 소비자권리를 실현하는 것이냐 또는 온라인과 오프라인에서 논쟁이 달라져야 하느냐 등의 논의로 확장하였다.

정연우(2010)는 조중동 광고기업불매운동이 언론운동으로서 어떠한 의미를 갖는지를 규명했다. 소비자, 수용자 그리고 시민의 개념을 이론적으로 정리하고 언론상품의 특성을 분석하여 광고기업 불매운동에 대한 정당성의 근거를 입증하기 위하여 운동의 목표와 운동 방식 그리고 기존 언론운동과의 차별성을 중심으로 논의를 전개하였다. 이 운동은 소비자운동을 표방하고 있지만 단순히 사적인 개인 간의 이해를 다루는 소비자의 범주를 넘어서서 민주적 시민으로서의 권리를 요구한다고 결론을 내렸다. 여론의 형성과 민주적 공론장이라는 공공재를 구축하는 토대로서 언론을 다루고 있기 때문에 사적 재화에 대한 소비자의 권리만으로는 이 운동의 의미를 이해할 수는 없다고 보았다. 따라서 이 운동의 방식과 수단은 일반 소비자운동보다는 훨씬 폭넓게 인정되어야 할 것이라고 주장하였다. 또한 조직화된 개인이나 집단이[3] 주

---

**3** 산업사회는 집중형의 권력구조와 이성의 합리성을 강조하는 시민의식, 조직과 동원에 의한 정치참여를 지향했다. 이와는 달리 후기산업사회에서는 소통과 교류를 중요하게 생각하고 거대담론이 아니라 생활의제에 관심을 가진다는 점에서 운동지도부의 역할이 크지 않다. 이념지향성이 낮고 현재 삶을 침해하

도한 것이 아니라 일반 시민들이[4] 주도하였고 자발적인 참여가 중심이었다는 점에서 유럽에서 전개된 **신사회운동적**[5] 성격이 강하고 이중적 시장을 가지고 있는 언론산업의 특성을 살린 운동이었다. 인터넷을 이용한 시민운동이 지니는 일반적 특성인 집단지성에 의한 새로운 참여방식이며 산업사회의 합리적인 시민에서 네트워크사회의 참여하는 시민으로 진화한 것이다.[6] 지도부가 주도하는 운동이 아니라 참여한 시민들이 운동의 방법이나 방향에 대한 의견을 내고 토론을 통해 지지를 받는 방식이 채택되면서 상황 변화에 유연하게 대처하는 가장 민주적인 운동이었다고 볼 수 있다. 기존의 언론 운동이 제도와 정책 과정에 대한 참여와 대안을 마련하는 데 많은 노력을 기울인 것과는 다르게 시장에서 직접적인 압박을 통해 운동의 목표를 달성하려고 하였다는 점도 이 운동의 특성이라고 주장하였다.

김상훈(2008)은 소비자운동이 생산자와 소비자의 직접적인 관계를 바탕으로 전개되어야 하고, 광고주 보이콧운동처럼 간접적 관계자까지 포함하면 그 범위가 무한대가 되며, 경제활동과 사회질서는 무너진다고 주장했다. 따라서 특정 매체에 광고를 게재해서는 안 된다고 광고주에게 직접 요구하는 2차 보이콧운동은 바람직하고 건

는 요소에 저항하는 운동이 활기를 띠게 된다(정연우, 2010).

**4** 2009년 1월 재판과정에서 피고인 24인 중 한 사람인 쭈니님의 최후진술서는 이렇게 밝히고 있다. "… 검찰은 마치 제가 평소에 불만을 품고 있다가 광고불매운동을 계획적으로 주도한 듯이 주장하고 있지만, 저는 금번 조중동의 광우병 관련 말 바꾸기 보도나 촛불집회에 대한 왜곡, 편파보도를 하기 전까지는 언론이나 시민운동에 대하여 전혀 관심이 없던 우리 사회의 평범한 일반시민이었으며 신문도 가리지 않고 보아 왔습니다." 그는 다음 아고라토론광장과 00쿡닷컴, 00클럽, S00클럽, DVD000, 레몬000 네이버카페, 우리아이 행복한 000 네이버카페 등에서 2008년 5월 중순경부터 진행중이던 조중동광고불매운동의 토론을 위한 열린 커뮤니티공간으로 카페를 만들었다(정연우, 2010).

**5** 하버마스는 신사회운동을 후기산업사회의 산물로 개인의 삶의 세계를 침해하는 경향에 대한 저항이라고 정의했다. 신사회운동은 운동의 이슈, 정치적 성격 및 전개방향과 전망이 탈중심적이고 분산적이며 가변적이다. 운동에 참여하는 사람들이 자율성과 자발성을 추구하고 참여자들의 관계가 평등적이다(박춘서, 2000). 그러므로 운동의 주체는 자발적으로 참여하는 시민이고, 목표와 이념은 반권위주의적이며 자주적인 공동체이고, 조직방식은 네트워크, 동원방식은 정체성에 기반을 둔 자율적 동원이다(정태석, 2004).

**6** 라인골드(Rheingold, 2003)는 네트워크 기술로 무장한 대중들이 대중문화에 휘둘리고 정치권력에 의하여 조종되는 수동적 대상에서 벗어나 역사와 정치를 움직일 수 있는 능동적 주체로 변화했다고 주장했다. 이들은 스마트폰과 같은 첨단기기로 무장하고 네트워크로 연결된 대중들은 사회 전반의 이슈에 적극적으로 개입하고 현실을 변화시키는 영리한 대중(smart mob)으로 진화했다.

전한 소비자운동이라고 볼 수 없다. 조선일보, 중앙일보, 동아일보의 신문광고가 광고주 보이콧운동이 시작되기 전해인 2007년에 비해서 2008년에는 60% 이상 하락했다는 점에서 기업활동을 침해했다고 주장했다.

김봉수(2009)는 제3자를 대상으로 한 보이콧운동은 표현의 자유만으로는 정당화될 수 없기 때문에 보다 엄격하게 법익 균형성과 비례성 원칙이 적용되어야 한다고 주장했다. 제3자를 대상으로 한 보이콧운동을 소비자표현의 자유가 갖는 우월성만으로 무조건 옹호하는 태도는, 충돌하는 권리와 자유 간의 균형을 깨뜨릴 수 있다는 점에서 바람직하지 않기 때문이다. 제3자를 대상으로 한 보이콧운동의 합법성을 판단할 때는 소비자권리와 보이콧운동의 목적이 갖는 정당성뿐 아니라 이와 상충될 수 있는 제3자의 법익과 권리에도 관심을 가져 균형을 찾아야 한다고 주장했다.

언론사의 논조가 마음에 들지 않는 경우, 독자들이 언론사에 영향력을 행사하기 위해 광고주를 압박하는 행위는 소비자주권운동 차원에서 미국에서는 일상적으로 이루어지고 있다. 소수민족에 대해 부정적인 기사가 문제가 되어 신문 절독 운동과 광고주에게 광고 철회 운동을 한 경우도 있고, 사측과 갈등관계에 있는 언론사의 노조가 자사의 광고주에게 광고를 철회하라는 요구도 했다. PTC(Parents Television Council, 부모방송위원회)라는 단체는 CBS 방송의 프로그램인 "덱스터"가 잔인하다는 이유로 광고주들에게 이 프로그램에 광고하는 것을 철회하라고 요구하였고, CBS 방송을 송출하는 지방의 협력방송국에도 이 프로그램의 방송을 중단하라고 요구하였다. 미국인들은 또한 보수 방송사인 폭스에 광고를 하는 베스트 바이와 P&G에 항의메일을 보내고 항의전화를 한다. 진보단체인 무브온은 CBS 방송에 대한 보이콧운동을 꾸준히 벌이고 있다. 극우 성향의 러시 림보가 진행하는 라디오방송의 광고주를 압박하기 위하여 결성한 Take Back the Media는 광고주 압박 운동을 시작한 지 12시간만에 주요 광고주들이 광고를 철회하게 했다. 미국의 블로거 그룹 Spocko는 부적절한 언어를 사용하는 샌프란시스코의 라디오 방송국을 대상으로 광고주 보이콧운동을 해서 비자카드와 마스터카드 등의 주요 광고주가 이 라디오 방송에 광고를 철회하게 만들었다. 언론의 자유와 표현의 자유를 추구하는 미국의 언론들은 소비자들의 표현의 자유도 인정함으로써 2차 보이콧운동에 대하여 우리나라보다는 훨씬 더 관대하고 허용적인 입장을 취하고 있다(전영우, 2008).

이승선(2009)과 박경신(2009) 등은 간접 소비자보이콧이 정당하다는 논지를 폈다. 언론은 미디어 제작물과 광고 제작물이라는 성격을 띠는 상품의 특성을 가지고 있다는 점을 감안한다면 소비자가 자유롭게 소비자주권을 행사하기 위하여 보이콧을 할 수 있고, 모든 간접적 소비자보이콧은 본질적으로 직접적 소비자보이콧의 성격을 가지고 있다고 보았다. 소비자가 기업으로 하여금 제품의 질을 높이도록 촉구하거나 이를 조건으로 보이콧 혹은 바이콧을 하는 것은 헌법에서 보호하는 표현의 자유이고, 소비자보호는 소비자의 고유한 권리이기 때문이다.

2013년 대법원은 2008년 광고주에 대한 광고 중단 압박운동을 한 소비자보이콧에 대하여 업무방해죄, 2009년 광고주의 상품에 대한 소비자보이콧에 대하여 강요죄와 공갈죄를 적용하여 유죄를 선고한 원심판결이 타당하다고 판결하였다. 인터넷 카페의 운영진인 피고인들이 카페 회원들과 공모하여, 특정 신문들에 광고를 게재하는 광고주들에게 보이콧운동의 일환으로 지속적이고 집단적으로 항의전화를 하거나 항의글을 게시하는 방법으로 광고중단을 압박함으로써 위력으로 광고주들 및 신문사들의 업무를 방해하였다고 판단했다. 대법원은 피고인들의 행위가 광고주들에 대하여는 업무방해죄의 위력에 해당하지만, 신문사들에 대하여는 직접적인 위력의 행사가 있었다고 보기에 부족하다고 판단하였다.

보이콧운동이 헌법적으로 보장되어 있는 한 대법원의 이 판례는 헌법적 지침을 신중하게 고려했어야 한다는 주장도 있다. 대법원 판례는 원심 판결 및 헌법재판소 결정과 달리 보이콧운동의 사회적 상당성 여부를 신중하게 검토해서 형법적 규제의 타당성과 위법성이 조각될 수 있는지도 살펴보았어야 했다. 헌법이 어떠한 행위를 기본권으로 보장한다는 것은, 그러한 기본권 행사에 불가피하게 수반되는 불이익은 감수되어야 한다는 것을 의미한다고 보았다. 법원의 태도처럼 2차 보이콧운동을 불법성을 전제로 위력업무방해죄로 해석해서 적용하는 것은 타당하지 않다.

소비자보이콧은 소비자보호운동의 한 수단으로 헌법이 보장하는 소비자권리라고 본다면 소비자보이콧의 정당성은 그 불매행위의 상대방이 직접적이냐 아니면 간접적이냐에 대한 이분법적 기준에 의하여 단순하게 평가될 수는 없다. 소비자보이콧의 정당성은 헌법 제124조의 소비자보호운동 및 제21조의 표현의 자유와 소비자기본법 제4조 7호의 소비자단체조직 및 활동권리에 근거를 두고 있다. 소비자기본법 제4조는 소비자의 기본적 권리로서 8대 권리를 규정하고, 이러한 권리를 제5조에 따라 정당하게 행사할 것을 요구하고 있다(우희숙, 2011).

소비자보이콧이 위법하다고 보기보다는 보이콧운동을 행사하는 소비자나 소비자단체의 사회적 책임을 신뢰하는 것이 현실적으로 더 바람직할 수 있다. 보이콧운동의 목적이 다른 소비자들이나 소비자단체의 이해나 동의를 구하지 못하는 경우는 대법원 판례가 염려하는 기업의 손실로 이어지지 못할 것이기 때문이다. 따라서 소비자보이콧의 실력 행사에 형벌 구성요건인 위력과 협박을 무분별하게 적용하기보다는 사회적으로 보이콧운동이 초래하는 긍정적 효과를 신뢰하는 것이 더 바람직하다(우희숙, 2014).

미국 연방대법원의 NAAP 대 클레어본 판결은 유색인종 인권단체인 NAACP(National Association for the Advancement of Colored People) 회원들이 인종차별 관행을 철폐하기 위해 미시시피 주 클레어본 카운티 정부에 청원서를 제출했으나 받아들여지지 않자 이를 강제하기 위해 그 지역의 백인 상인들에 대해 보이콧을 하자 백인 상인들이 손해배상과 보이콧 중지 청구를 한 사건이다. 이 보이콧은 연설 또는 비폭력적인 피케팅의 방법으로 진행되었고, 참여자들은 지속적으로 공개 연설이나 개인적인 설득을 통해 시민들을 보이콧에 동참시키려고 하였다. 보이콧에 동참시키기 위한 방법으로 보이콧 위반자의 이름을 회의에서 공개적으로 호명하고 지역 신문에 실었으며, 사회적으로 압력을 가했고 배척하겠다고 위협을 한 사실도 인정되었다.

미국 연방대법원은 연설 또는 비폭력적인 피케팅은 표현의 자유를 규정한 수정헌법 제1조와 적법절차를 보장하는 수정헌법 제14조의 보호를 받고, 비록 그 내용이 사람들을 강제적으로 행동에 동참시키려는 것이라 할지라도 표현의 자유로서 보호받는다고 판시하였다. 미국은 판례법상 위헌심사 기준과 관련하여 표현의 자유 등 정신적 자유권을 제한하는 입법의 합헌성을 엄격하게 심사하고, 경제적 기본권에 대한 제한입법에 대해서는 입법부의 광범위한 재량을 허용하여 그 제한입법에 합리적 이유만 있으면 합헌성을 인정하는 이중기준의 원칙을 가지고 있다.

어떤 행위가 수정헌법 제1조의 표현의 자유로서 보호를 받는다는 것은 그러한 행위를 제한하는 국가의 공권력 행사가 엄격한 요건을 갖춘 경우에만 합헌적인 것으로 인정받을 수 있다는 것을 의미한다. 이 보이콧의 과정에서는 벽돌을 던져 백인 상점의 유리창을 깬다든지 차량을 손괴하는 등의 폭력사태도 있었다. 연방대법원은 폭력 또는 폭력의 위협은 표현의 자유에 의해 보호되지 않는다는 점을 명확히 하면서도 이러한 행위가 헌법적으로 보호받는 행위의 과정에서 일어난 경우에는 정밀하게 규제되어야 한다고 하였다. 폭력행위의 결과에 대하여는 손해배상 책임을 인정할 수 있으나, 비폭력적인 행위로서 헌법상 표현의 자유로서 보호받는 행위에 대해서는 손해배상책임을 지울 수 없기 때문에 배상이 인정되기 위해서는 불법행위의 발생 및 불법행위와 손해 사이에 근접한 인과관계가 입증되어야 한다. 따라서 이러한 점이 정밀하게 입증되지 않는 한 보이콧운동 자체를 이유로 손해배상책임을 지울 수 없다고 보았다(김태선, 유충호, 2014 : 115-116).

한 인터넷 카페 회원들이 조선일보 등 언론사의 왜곡보도를 시정하기 위하여 광고주에 대해 보이콧운동을 고지하고 보이콧운동 철회 조건으로 타 신문사들에 대한 동등한 광고 게재 및 자사 인터넷 홈페이지 팝업창 게시를 요구한 것이 문제가 되어 항소심에서 강요죄 및 공갈죄로 유죄판결을 받았다. 보이콧운동은 소비자가 상품의 청약을 거절할 수 있는 자유를 행사한 것이고, 판매자가 소비자의 청약에 대해 갖는 기대는 법적 보호를 받을 계약 이전의 단계에 있으므로 소비자가 불매의 권리를 집단적으로 행사한 것이 판매자의 영업의 자유나 의사결정의 자유를 침해했다고 할 수 없다. 따라서 보이콧운동은 구성요건적 의미의 협박이 될 수 없다는 점에서 강요죄나 공갈죄는 성립할 수 없다. 보이콧운동이라는 세기적 사회현상을 협박이나 강요와 같은 전통적 범죄로 보고 정당행위이론과 같은 기본권에 대한 감수성이 떨어지는 범죄이론으로 진압하려고 하면 법의 보수적 폭력성을 확인시켜 주고 스스로 무기력하게 되는 결과를 초래할 우려가 있다는 견해도 있다(박지현, 2010).

문재완(2008)도 광고기업 보이콧운동은 특정 언론사의 존재 자체를 부인하는 것이기 때문에 언론자유의 보호범위에 안에 들어가지 않는다는 점에서 언론의 자유가 아닌 소비자운동의 관점에서만 파악하여야 한다고 주장했다. 이승선, 박경신(2009)

도 광고캠페인은 특정 채널이나 매체를 통하여 실행될 때 효력을 가진다는 점을 감안한다면 특정 신문의 광고주에 대한 보이콧운동이나 광고 소비자운동은 2차 보이콧운동이 아니라 직접적인 1차적 소비자운동이라고 할 수 있다고 주장하였다. 소비자보이콧 운동은 헌법에서 보호하고 있는 표현의 자유로 소비자의 고유한 권리이며 구매 여부를 결정하는 조건에는 제품이나 용역의 질뿐 아니라 그 기업의 투자행위, 고용행위, 환경정책 등을 포함한 광고정책도 당연히 포함될 수 있기 때문이다(정연우, 2010). 황성기(2008)도 소비자운동은 경제적 면에만 머무는 것이 아니라 사회적·경제적·정치적 면까지 모두 포함한다고 보았다. 사회운동으로서의 소비자운동은 경제적 이익만을 추구하는 것이 아니라 사회적으로 인간의 기본권을 보호하고 신장시키기 위한 인권보호운동이고 정치·사회적으로 부정부패를 제거하려는 사회개혁운동이며 문화적으로 소비자의 생활의 질을 높이기 위한 생활개혁운동이라고 주장하였다. 그러므로 현대사회에서 추구하는 소비자권리는 정치·윤리적 소비자운동까지 포함한다.

이상에서 고찰한 소비자보이콧을 소비자권리를 행사하기 위한 수단으로 본 연구들은 우리가 살고 있는 소비사회가 다양한 사회, 정치, 문화적인 현안들과 관련이 있고, 소비자가 화폐투표를 통하여 이러한 문제에 직접 또는 간접적으로 참여해서 보다 바람직하게 공동체를 이끌 수 있다는 점을 밝히고 있다는 것에서 유용하다. 특히 특정한 사건을 두고 학자들 간에 소비자보이콧이 가지는 개념적 의의와 정당성에 관한 법적 논쟁을 통하여 소비자보이콧의 개념을 보다 구체적으로 명확하게 했다는 점에서 학문적 가치가 있다. 그러나 이들 연구들은 현행법의 테두리 안에서 법을 구체적으로 어떻게 해석하고 적용해야 하는가에 대한 논의는 이루어졌으나, 현실 사회에서 소비자가 실제로 인식하는 소비자보이콧에 관한 실체적 개념과 논의가 빠져 있다. 주로 2차 자료 및 이론적 개념을 적용하여 해석한 것으로 구체적인 소비자의 인식과 행동에 대한 실증적 분석이 뒷받침되지 못하다는 한계가 있다.

### 3. 윤리적 소비자주의와 소비자보이콧

끊임없는 경쟁, 물질만능주의에 따른 환경오염, 소비자 소외[7]가 심각해지면서 나 혼자만이 아니라 내가 속한 공동체 나아가 지구의 모든 사람들이 함께 삶의 질을 제고시킬 수 있는 대안적 소비생활 양식에 관심을 가지는 소비자들이 증가하기 시작하였다. 소비자들이 물건을 구매하거나 소비를 할 때 자신의 욕구를 가장 경제적으로 충족시키는 차원을 넘어 사회적, 환경적 또는 동물복지 등과 관련되어 윤리적인 소비를 함께 고려하게 되었다(Harrison et al., 2005) 재화를 획득, 사용, 처분하는 소비의 모든 과정에서 사회에 대한 부정적인 효과를 최소화하거나 제한하고 긍정적인 영향을 극대화하기 위한 윤리적 소비가 중요한 트렌드로 자리잡게 되었다. 1970년대 친환경 소비자 연구에 초점을 둔 연구들은 대안적 소비운동을 촉발시켰고, 1990년대 이후 사회의 복지와 관련된 사회학, 윤리학, 사회심리학, 인류학, 인문지리학 그리고 경제학 등의 기여로 윤리적 소비자 행동의 변화 현상과 관련된 다차원적인 연구들이 증가하였다(Papaoikonomou et al., 2012).

김재현(2009)은 소비자가 사회구성원으로 공익에 일조해야 한다고 느끼고, 개개인의 행동이 사회변화를 가져올 수 있다고 믿고, 의식적으로 소비하고, 인간관계를 중시하는 가치관과 박애주의 성향을 가지고 있고, 윤리적 소비를 통해 긍정적인 감정을 느끼고, 윤리적 소비를 하지 못했을 때 죄책감을 느끼면 윤리적 소비를 더 하게 된다고 하였다.

이지현, 이주현(2013)은 패션기업의 CSR의 여러 차원들이 소비자의 구매의도에 대해 어떻게 영향을 미치는가를 분석하였다. 패션기업의 CSR의 모든 차원이 윤리적 소비주의의 매개를 통해서만 구매의도에 유의한 긍정적 영향을 미쳤다. 패션기업의

---

7  소비자 소외(consumer alienation)는 소비자가 소비생활 영역에서 경험하는 소외를 의미하며, 소비시장의 구조와 소비자 자신이 원하는 것이 양립될 수 없을 때 느끼는 상황(Seeman, 1971)으로, 소비자의 소비 행위가 소비자 개인의 복지 증진(만족, 행복)을 위한 수단으로 기능하지 못하고, 사회의 경제적·기술적 구조를 위한 수단으로 사용하게 되어 소비자가 타율적이고 도구화될 때 느끼는 현상이라 할 수 있다(예: 일단 구매한 제품은 상점에 가서 바꿔 달라고 하기가 어렵다. 상품에 대한 허위 광고는 일상적이다. 상품 수가 너무 많아 어떤 상품을 선택해야 할지 모르겠다(허경옥 외, 2015).

CSR은 그 자체만으로는 구매의도에 긍정적인 영향을 줄 수 없으며 반드시 소비자의 윤리적 소비주의의 매개를 거쳐야 함을 알 수 있다. 구매경험의 조절효과를 검증한 결과, 조절효과는 유의하지 않았지만 두 집단의 경로 차이가 확인되었다. 구매경험이 있는 소비자의 경우, CSR 각 차원의 직접효과가 유의하지 않았으나 구매경험이 없는 소비자는 법적 책임이 구매의도에 직접 영향을 미치는 경로가 유의했다.

하버드대학에서 행복학 강의를 한 탈 벤 샤하르(Tal Ben Shahar, 2007)는 다른 사람을 도울수록 인간은 더 행복해지고, 더 행복해질수록 다른 사람을 더 돕고 싶어진다고 하였다. 현재와 미래의 이익, 의미와 즐거움, 자기 자신을 돕는 것과 다른 사람을 돕는 것이 조화를 이루는 삶에서 인간은 진정한 행복을 얻을 수 있다. 이성림 등(2011)도 중산층 주부들은 개인의 이익을 넘어 이웃과 사회환경을 돌아보며 나누고 더불어 살 때 행복을 경험한다고 하였다.

성영신 등(2013)도 소비자들은 사회지향적인 윤리적 소비를 할 때 자신에 대하여 뿌듯하게 생각하고 행복감을 더 느낄 수 있다고 하였다. 윤리적 소비자들은 나만 좋은 것이 아니라 주위 사람들과 나누는 공동체적 삶, 본인이 의미 있다고 생각하는 일을 하는 삶, 내적으로 충만하고 소신 있는 삶을 행복한 삶이라고 생각하였다. 윤리적인 소비자들은 단기적이고 미시적인 소비보다는 장기적이고 거시적인 소비를 더 많이 하고 있었다(송인숙, 천경의, 홍연금, 2013). Strong(1996)은 윤리적 소비주의는 서구 세계의 소비자에게 저렴한 가격으로 제품을 공급하고 다국적 기업의 이익을 위해 매우 낮은 임금으로 제품이 생산되는 제 세계의 문제를 해결하기 위한 소비자행동을 윤리적 소비주의라고 정의했다.

소비자보이콧은 지나친 소비주의문화가 가질 있는 문제를 보다 적극적으로 해결하기 위한 중요한 방안의 하나라는 면에서 윤리적 소비의 유형으로 개념화가 이루어지고 있다. 해리슨 등(2005)은 소비자보이콧이 소비자가 상품을 구매하지 않거나 반사회적인 특정 행위를 하지 않음으로써 사회적으로 바람직하게 관여하는 행위로서 기업을 대상으로 하기도 하지만, 지속 가능하지 못한 삶에 대한 저항으로 상품이나 특정 기관, 그리고 정부를 대상으로 하기도 한다고 하였다.

호프만(2010)은 소비자보이콧이 소비자 저항과 반소비주의를 포함한다고 보고 온라인에 게시된 콘텐츠의 의미를 분석하고 참여동기를 분석하였다. 소비자저항은 지배세력에 항거하기 위한 것이고, 반소비주의는 자신이 가진 소비 수준을 자발적으로 감소하는 것이며, 이 두 개념을 포괄하는 것이 소비자보이콧이라 하였다. 소비자보이콧은 보이콧운동이 갖는 효과에 대한 믿음, 집단적 효과, 개인적(자아) 효과, 보이콧운동 참여에 대한 사회환경적 요인, 기여도, 청원의 기능, 보이콧운동 선도자 등과 관련되었다.

브르루라크(Brdulak, 2007)은 소비자가 다소 급진적인 형태로 소비를 절감하면서 제품의 생산과정과 성과를 평가할 때 자신의 사회적 · 윤리적인 성향에 부합되는 것만을 구매하는 소비생활 양식을 윤리적 소비자주의라고 하였다. 소비자가 동물보호, 환경보호, 인권 및 노동권 보장과 같은 사회적인 운동을 실천하는 행위를 윤리적 소비자주의의 표현으로 보았다. 클라크와 운테르베르게르(Clark & Unterberger, 2007)는 윤리적 구매의 유형으로 지속가능한 소비와 소비감소행동, 공정무역 상품 구매행동, 비윤리적 상품과 기업에 대한 보이콧운동, 윤리적 상품만을 구매하는 선택적 구매, 로컬구매를 제시하였다. 천경희(2011)는 윤리적 소비의 실천영역으로 윤리적 상거래, 구매운동, 보이콧운동, 녹색소비, 로컬소비, 공정무역 제품 소비, 공동체 화폐운동, 절제와 간소한 삶, 기부와 나눔을 들고 있다.

선행연구들은 소비자보이콧이 대안적 소비의 형태로 윤리적 소비행위가 될 수 있는 이유를 다음과 같이 제시하였다(Klein et al., 2004; Sen et al., 2001; Brinkmann & Peattie, 2008). 첫째, 기업은 사회를 구성하는 세 주체 중 하나로서 사회를 바람직한 방향으로 변화시키는 데 선구적인 역할을 해야 한다는 점에서 윤리적 책임을 면할 수 없다. 기업이 윤리적 책임을 다하지 못한 경우에 소비자는 항의를 할 수 있는 정당한 권리를 가진다. 둘째, 자본주의 시장경제체제가 제 기능을 다하고 기업의 이윤을 극대화하기 위해서는 소비자의 선택이 필수적이다. 기업이 이익을 창출하고자 한다면 고객 만족뿐만 아니라 기업에 대한 윤리적 성찰을 요구하는 소비자의 욕구도 충족시켜야 한다. 셋째, 소비자는 보이콧운동을 통해서 '올바른 소비자', '윤리적 소비자', '착한 소비자', '소비자시민으로서 사회적 책임을 다하는 소비자'라는 보상을 받게 되고, 이러한 보상은 소비자가 스스로 소비자주권을 실현하기 위해 행동해야 한다는 의지를 갖추게 한다. 이상의 이유에서 홍연금(2009), 천경희 등(2010)은 윤리적 소비를 실천하는 중요한 소비행위의 하나로 소비자보이콧을 규정하였다.

최근에 대안적 성격을 가진 소비자보이콧에 관한 의의와 관련 척도에 관한 개발의 필요성이 언급되고 있으며, 대부분 기업의 사회적 책임과 윤리경영에 대한 소비자 행동적 측면에서 접근하고 있다. 특히 국내의 연구 중 윤리적 소비 및 대안적 소비로서 보이콧운동에 관한 논의는 천경희 등(2010)이 유일하게 하였고, 실증적 분석을 한 연구들이 이루어지고 있는 실정이다.

이은미, 윤성준, 문지현(2015)은 소비자가 긍정적인 구전과 추천활동을 하면서 개인의 이익을 넘어 조직의 이익에 공헌하는 활동을 고객참여와 고객협조로 구성되는 '고객시민행동'이라는 개념으로 명명하고 윤리적 소비자의 사회심리적 특성과 고객시민행동과의 관계를 밝히는 실증연구를 하였다. 윤리적 정체성, 이타주의, 지각된 소비자 효과성이 고객참여에 의미 있는 영향을 미쳤으나, 윤리적 정체성과 이타주의는 고객협조에 의미있는 영향을 미치지 않았다. 윤리적 정체성과 이타주의는 고객참여를 매개로 하여 윤리적 상품이나 기업에 대한 고객충성도에 영향을 미치는 것으로 밝혀졌다.

할브룩(Halbrook, 2006)은 소비자가 속한 문화와 생활의 단편을 예증하고 연구자가 기호학적 해석과 해석학적 이해를 적용해서 소비의 상징성을 검증하는 데 가장 적합한 기법이 SPI(Subjective Personal Introspection)에 기반한 IPE(Illustrative Photographic Essay)라고 하였다. 이 기법은 응답자로 하여금 반구조화 질문지를 이용해서 가치의 개념을 서술하게 하고, 서술한 가치에 해당하는 상황과 제품을 사용하는 모습을 묘사할 수 있는 사진이나 그림을 함께 제시하게 한다. 이렇게 수집된 에세이와 이미지를 분석해서 소비의 주관적 표상과 상징성을 밝힌다.

황미진(2014)은 이 기법을 활용해서 한국 소비자의 이타적 가치 개념을 대표하는 단어와 정의를 경험적으로 도출하였다. 한국형 이타적 가치는 사회구성원으로서 책임을 다하기 위하여 이해관계가 없는 타인에게 도움을 주는 것을 실천하는 행동으로, 사회구성원으로 기여할 수 있는 기회 제공, 제품을 매개로 한 기부활동 참여, 타인에게 대가 없는 도움 제공 실현 등과 같은 3차원으로 구성되어 있다. 이타적 가치는 감동을 창출하는 것으로 밝혀졌다.

이타적 가치를 가지고 있는 소비자들은 소비자보이콧을 비롯한 윤리적 소비를 더 많이 할 것이라고 가정할 수 있다. 2010년에 LVMH 그룹은 전통적인 방식으로 이루어지고 있던 사회기여 방식을 버리고 윤리적 패션기업인 EDUN에 투자했다. 윤리적 패션을 표방한 패션 브랜드 EDUN은 환경보호 등의 사회참여 활동으로 주목받아 온 아일랜드 록 밴드 유투(U2)의 리드 싱어인 보노와 그의 부인인 앨리 휴슨이 유명 디자이너 로건 그레고리와 함께 세운 사회적 기업이다. EDUN은 설립 초기엔 어려움도 많았지만 6년 만에 청바지, 스커트, 드레스, 남성 재킷 등 다양한 컬렉션을 만드는 기업이 됐다. 설립 초기만 해도 윤리적 패션을 인식하는 패션 관계자는 극히 드물었고, 윤리적이란 말은 좋지만, 굳이 안 해도 된다고 생각하는 사람들이 대부분이었다. EDUN 덕분에 많은 사람들이 윤리와 패션이 양립할 수 있다고 받아들이게 되었다.

저개발국 의류 노동자에게는 가장 이롭게, 의류 생산 과정은 환경 피해가 가장 적은 방식을 선택하는 윤리적 패션은 지속가능한 패션을 추구한다는 점이 소비자들에게 주목을 받기 시작하면서 2009년부터 전 세계 패션 시장에서 주목받고 있다. EDUN은 2010년 9월에 미국 뉴욕 패션위크 무대에도 공식적으로 데뷔했고, 2011년 9월엔 한국, 일본, 홍콩 등 아시아에 진출했다. 국내에는 롯데와 신세계백화점 편집매장, 패션 편집숍 꼬르소꼬모를 통해 선보이고 있다(한겨레신문, 2011년 7월 13일).

EDUN은 아프리카를 돕기 위해 지속가능한 거래를 하기 위하여 전체 상품 가운데 평균 20~25%를 아프리카에서 공정무역을 통해 생산한다. 이렇게 생산한 옷이 아름답고 매력적이어야 소비자들의 관심을 받을 수 있다는 점에서 LVMH와 협력했다. LVMH가 EDUN 지분의 49%를 사주면서 EDUN 제품은 루이뷔통의 전문성을 업고 전 세계 300여 곳에 진출할 수 있었다. LVMH는 이타적 가치의 표상이 높은 EDUN과 협력해서 자사브랜드의 이타적 가치를 제고시킬 수 있었고, EDUN 브랜드를 만든 보노 부부를 모델로 삼아 감성적 체험행사를 제공해서 이타적 가치를 극대화할 수 있었다(황미진, 2014).

# 4. 소비자보이콧 관련 변수 고찰

소비자보이콧에 관한 선행연구들은 대부분 탐색적 연구에 그치고 있어 경험적 연구가 필요함을 강조하고 있다. 소비자보이콧이 윤리적 소비로서 실제 소비생활 속에서 어떻게 발현되고 있는지를 살펴보기 위해서는 국내외 선행연구에서 제시된 윤리적 소비자주의와 소비자보이콧과의 관계를 살펴볼 수 있는 다양한 변수들 간의 관계를 고찰할 필요가 있다.

많은 선행연구들이 소비자보이콧의 참여에 영향을 미치는 변수들을 살펴보고 있지만 연구결과가 일관되지 못했으며, 소비자보이콧을 윤리적 소비로서 접근하여 살펴본 연구도 부족한 상황이다. 국내 연구들은 소비자의 구매행동과 소비자보이콧의 적법성에 관한 쟁점에 집중하고 있으나 그 수가 적고, 소비자보이콧의 인식이나 현황, 실태 등을 살펴본 연구도 매우 적다.

## 1) 윤리적 소비자주의

윤리적 소비자주의는 소비자가 구매과정에서 제품의 생산과정과 성과를 평가할 때 자신의 사회적·윤리적인 관점이 중요한 구매의 기준이 되고, 실제 구매로 표출될 때 나타난다(Brdulak, 2007). 윤리적 목적을 달성시킬 수 있는 하나의 수단이 보이콧운동이라 본다면(Newholm & Show, 2007), 윤리적 소비자주의 성향이 강한 소비자일수록 소비자보이콧 운동에 보다 적극적인 의식과 태도를 가지고 있고, 참여도 더 많이 할 것이라고 가정할 수 있다.

윤리적 소비자주의가 소비자보이콧에 미치는 영향은 과정상의 윤리를 중시할 것이냐, 아니면 결과상의 윤리를 중시할 것이냐에 따라 다르게 나타날 수 있다. 소비자보이콧을 구매행동을 통해 살펴 본 센 등(2001), 클레인 등(2004), 브라운스베르거와 버클러(2011)의 연구 등을 분석한 결과, 소비자는 과정상의 윤리보다는 결과상의 윤리에 더 익숙하며 그 영향력에 대하여 더 긍정적으로 기대할 때 소비자보이콧에 더 많이 참여할 것이라고 가정할 수 있다.

## 2) 소비자보이콧 태도

에이젠(1991)의 계획된 행동이론에 의하면, 특정 대상에 대한 긍정적 또는 부정적인 평가를 하는 태도는 개인의 행동에 영향을 미칠 수 있다. 소비자가 어떤 대상에 대해 우호적인 태도를 가지면 그 태도를 유지하기 위하여 일관된 행동을 하기 때문이다.

소비자보이콧과 관련하여 아직 이론적인 모델이 정립되지는 않은 상황이나, 클레인 등(2004)과 첸(2010)의 연구에서 소비자보이콧과 관련한 행동모델을 고찰한 바있다. 이들이 발표한 바에 따르면 소비자에게 소비자보이콧이 긍정적 변화와 긍정적 혜택을 주는 결과라고 생각할 때 소비자보이콧의 참여의도가 높은 것으로 나타났다. 파라와 뉴먼(2010)의 연구에서도 소비자보이콧에 대한 긍정적인 태도가 소비자보이콧 참여의도에 영향을 미치는 것으로 나타났다.

계획행동이론을 적용한 제미경, 전향란의 연구(2013)에서도 보이콧에 대한 태도는 보이콧 의도를 매개해서 보이콧에 대한 사적, 공적, 온라인 참여행동에 영향을 미쳤다. 전향란, 염동문, 제미경(2014)은 보이콧에 대한 신념이 커지면 보이콧에 대하여 더 긍정적인 태도가 형성되고, 보이콧에 대하여 긍정적인 태도가 형성될수록 보이콧에 더 많이 참여하게 된다고 하였다.

## 3) 소비자 참여형태

소비자보이콧에 대한 소비자 참여형태는 소비자보이콧에 어떠한 방법으로 참여할 수 있을 것이냐 하는 문제와 관련이 있다(Chen, 2010). 소비자보이콧의 참여형태는 소비자가 문제를 인식하고 해결하기 위한 대처행동을 통하여 유추할 수 있다. 일반적인 소비자의 대처행동은 **무행동, 사적행동, 공적행동** 등의 세 가지로 구분될 수 있다(김영신 외, 2012). 소비자보이콧의 참여형태도 문제를 해결하기 위해 본인이 구매를 중지하거나 다른 사람들에게 알리는 것 등과 같은 **사적 참여행동**과 공론화하여 보다 공식적으로 많은 사람들에게 알리고 보다 효율적이고 사회적으로 해결하기 위해서 단체에 가입하거나 법적인 대응을 하는 **공적 참여행동**으로 구분될 수 있다.

소비자보이콧의 참여형태를 결정짓는 요인으로는 소비자보이콧에 참가하였을 때 다른 사람들에게 자신이 어떠한 모습으로 보이는가, 다른 사람들이 어떻게 인식하고 있는가, 다른 사람들이 보이콧에 참여하도록 또는 참여하지 못하도록 압력을 가하는가(Friedman, 1985, 1991, 1995, 1995; Garrett, 1987; John & Klein, 2003; Sen et al., 2001; Witkowski, 1982) 등이 관계가 있는 것으로 나타났다.

소비자행동 의도가 소비자행동에 가장 큰 영향을 미친다는 에이젠(1991)의 이론과는 달리 윤리적 소비행동의 특성을 가지고 있는 소비자보이콧의 경우는 준거집단의 영향력도 클 수 있다. 센 등(2001)에 의하면 준거집단의 규범적 영향을 받기 쉬운 소비자가, 잠재적인 소비자보이콧 참여자로 보이콧에 참여하려는 의도가 높은 것으로 나타났다. 제미경, 전향란(2013)의 연구에 따르면, 소비자보이콧 참여형태에 따라 영향을 받는 변수들의 영향력이 다르게 나타났다. 사적 참여행동에서는 보이콧 의도의 영향력이 컸으나, 공적 참여행동과 온라인 참여행동에서는 보이콧 의도의 영향력이 준거집단의 영향력 비하여 작게 나타났다.

## 4) 소비자보이콧의 영향력

많은 소비자는 소비자보이콧의 대상을 처벌하기 위해서(Friedman, 1999), 또는 그 대상의 정책 또는 행위가 바람직한 방향으로 변화하게 하고 제어할 좋은 기회라고 기대할 경우 기꺼이 보이콧에 참여한다(John & Klein, 2003; Sen et al., 2001). 따라서 소비자보이콧의 성공 가능성 또는 변화에 관한 가능성이 클 때 소비자보이콧에 참여하게 된다(Sen et al., 2001).

소비자보이콧의 동기가 경제적 합리성에 국한한다면 주로 제품과 특정한 회사에 국한되겠지만, 윤리적 이성측면을 강조하는 윤리적 소비와 관련된다면 그 대상은 나와 이해관계를 갖고 있는 동료집단, 기관, 기업, 그리고 정부와 전 세계 등으로 범위가 확장된다. 다국적기업이 출현하고, 다국적기업이 전 세계의 국가들을 대상으로 다방면에 걸쳐 영향력이 확대됨에 따라 간접적 보이콧운동이 커지고 있어(Braunsberger & Buckler, 2011), 소비자보이콧이 영향을 미치는 대상과 범위는 점점 더 커지고 있다. 소비자보이콧을 통하여 과거에는 기대할 수 없었던 영역이나 지역, 국가의 문제, 나아가 지구의 문제도 해결할 수 있을 정도로 소비자보이콧의 영향력이 크다고 생각하고 인식하는 소비자일수록 광범위한 형태, 주제, 문제를 해결하기 위하여 직접 또는 간접적으로 운동에 참여할 가능성이 높다고 볼 수 있다.

## 5) 사회인구학적 변수

선행연구들은 소비자보이콧과 성별, 연령, 인종, 교육 수준, 경제적 수준 등과 같은 인구사회학적 특성들이 관련이 있다고 밝혔다(박재현, 최호규, 2010; Friedman, 1981, 1995, 1999; Gardgerg & Newburry, 2009; Klein et al., 2004; Koku, 2012; Neilson, 2010).

사회인구학적 변수가 소비자보이콧 운동 행태에 미치는 영향을 밝힌 연구결과는 일치하지 않았다. 남성이 여성보다, 나이가 많을수록, 가계소득이 높을수록 소비자보이콧에 참여의도가 높다는 연구들이 있었다(박재현, 최호규, 2010; Friedman, 1999; Gardgerg & Newburry, 2009). 그러나 클레인 등(2004)은 소비자보이콧에 대한 참여의도는 연령과 관련이 없다고 하였고, 남성보다 여성의 참여도가 더 높다는 연구도 있었다(Gardgerg & Newburry, 2009; Neilson, 2010). 교육수준과 가계소득의 경우에도 대학교 이상의 학력을 가진 소비자가 소비자보이콧에 더 많이 참여한다는 연구결과도 있는 반면(Friedman, 1999) 학력 수준이 낮을 때 소비자보이콧에 더 많이 참여한다는 정반대의 연구결과가 나타나기도 했다(Gardgerg & Newburry, 2009). 따라서 사회인구학적 변수에 따라서 소비자보이콧에 대한 인식, 태도 및 참여의도 등이 차이가 날 것이라는 것을 경험적으로 검증하는 연구의 의미가 크다고 본다.

2

.......................

소비자보이콧의
실제

2부에서는 우리나라 소비자를 대상으로 조사한 자료를 분석한 결과를 제시하였다. 6장에서는 부산과 경남지역의 대학생 소비자를 대상으로 조사한 자료를 분석한 결과를 제시하였고, 7, 8, 9장에서는 국내 성인소비자를 대상으로 하여 전국적으로 조사한 자료를 분석한 결과를 제시하였다.

# 제 6 장

# 대학생 소비자의
# 소비자보이콧

이 장에서는 부산과 경남지역의 대학생을 대상으로 소비자보이콧 운동의 인식, 자아일치성, 소비자보이콧 의도, 자국민중심주의에 대하여 조사, 분석하였다.

 ## 1. 나이키와 탐스

### 1) 나이키

국제노동기구(International Labour Organization : ILO)는 1999년 6월 17일 제네바 연례총회에서 18세 미만 미성년자의 가혹한 노동과 매춘, 강제징병 등을 금지하는 협정 182조로 알려진 '최악의 아동노동금지 협정(Convention Concerning the Prohibition and Immediate Actions Toward the Elimination of the Worst Forms of Child Labour)'을 만장일치로 채택했다. 174개 회원국 대표들이 전원 찬성한 이 협약은 모든 서명국들에 대해 법을 어긴 고용주의 처벌을 비롯해 최악의 형태의 어린이 노동을 금지할 수 있도록 '즉각적이고 효과적인 조치'들을 취할 것을 촉구하고 있다.

국제노동기구와 국제사면위(앰네스티 인터내셔널)에 따르면 현재 전 세계에서 5~14살의 어린이 2억 5,000만 명이 노동에 종사하고 있으며 이 중 5,000~6,000만 명이 위험한 일에 종사하고 있는 것으로 나타났다. 또 18세 미만 어린이 30만명 이상이 전세계 분쟁지에서 위험한 전투에 참여하고 있는 것으로 추산되고 있다(박문각, 2014).

나이키는 오리건 주의 본사에 근무하는 8천 500여 명은 좋은 보수를 받으며 디자인과 조사, 마케팅 업무를 담당하고, 베트남 등 7개국의 개발도상국 하청 공장에서 제품을 생산하고 있다. 100만 명이 넘는 외국 하청 업체 노동자의 90%는 아시아 지역에 있고, 특히 저임금의 베트남에 가장 많다(연합뉴스, 2015년 5월 8일).

1996년 *Life* 6월호에 파키스탄 어린이들이 형편없는 공장에서 축구공에 나이키의 로고인 'Swoosh'를 박음질하는 모습과 기사가 실렸다. 월드컵에서 골목 축구에 이르기까지 전 세계 청소년들에게 꿈을 심어 주던 나이키의 축구공이 아동들의 노동력을 착취해 만들어진다는 사실에 사람들은 큰 충격을 받았다. 그 후 나이키 공장의 노동조건에 대한 분노의 물결이 거세게 일어났다. 소비자들의 반응은 생각보다 심각해서 나이키의 유명한 광고문구인 'Just Do It'을 'Just Boycott It'으로 바꿔 사용하는가 하면, 나이키의 주 고객이었던 청소년들도 상품을 외면하기 시작했다.

1997년 사회노동가 마이크 기텔슨은 청소년들에게 인도네시아 노동자들은 하루 종일 고생해서 고작 2달러밖에 못 받는데, 나이키는 이를 5달러에 사서 우리들에게 100~180달러에 팔고 있고, 게다가 나이키 신발은 미국에서는 단 한 켤레도 생산되지 않는다는 사실을 소비자들에게 폭로하였다.

나이키는 인도네시아 공장에서 어린 소녀에게 시간당 15센트만 주고 하루 11시간의 노동을 시켰고, 베트남에서도 8시간 노동에 1.6달러만 지급했다. 하루 세 끼를 해결하려면 적어도 2달러가 있어야 하는 베트남에서 1.6달러는 세 끼 식사도 해결 못하는 돈이었다.

11~13세의 청소년 200여 명이 뉴욕에 있는 나이키 판촉 체험 매장인 나이키 타운 앞으로 집결했다. 아이들은 소리 지르며 야유를 퍼부었고, 수많은 미디어가 보는 한가운데서 쓰레기봉지에 가득 담겨 있던 고린내 나는 헌 운동화를 안전요원들의 발치

에 쏟아 부었다. 참가자 중 한 13세의 흑인여자 아이가 텔레비전 방송국 카메라를 똑바로 바라보며 이렇게 말했다.

"Nike. We made you. We will break you!"
(나이키. 우리가 만든 나이키. 우리는 너희를 무너뜨릴 수도 있어!)"

그러나 나이키는 아무 말도 할 수 없었다. 청소년들이 주장하는 말에 반박할 여지가 없었기 때문이다. 소비자단체들과 노동조합을 중심으로 나이키 보이콧이 벌어졌고 나이키의 매출은 하락했으며, 주가는 폭락했다. 나이키는 책임 회피와 변명으로 일관하여 위기를 키웠다. 아동들에게 노동을 시킨 것은 파키스탄의 하청업체들이기 때문에 자신들에게는 아무런 책임이 없다는 것이 나이키가 내놓은 공식입장이었다. 그러나 소비자들과 투자자들은 나이키의 궁색한 해명을 받아들이지 않았다. 부정적인 보도가 늘었고, 시장은 더 싸늘하게 반응하자 나이키는 두 손을 들었다. 노동과 인권을 중시하는 기업 문화를 진작시키고 사회적 책임을 다하겠다고 선언한 후 조직을 대대적으로 개편했다. 전 세계에 퍼져 있는 수많은 공장에 소방시설과 비상구 같은 안전시설을 갖췄고, 작업장 환경도 개선했으며, 아동노동을 금하는 규칙도 만들어 한층 엄격하게 생산시설을 통제하기 시작했다(손주희 역, 2008; 한국일보, 2014년 12월 10일).

## 2) 탐스

탐스는 신발 및 아이웨어를 제작·판매하는 기업으로 2006년 여름에 블레이크 마이코스키에 의해 창립되었다. 아르헨티나를 여행하던 블레이크 마이코스키는 많은 아이들이 맨발로 수 킬로미터를 걸어다니는 현실을 목격하였고, 이들에게 도움을 줄 수 있는 방법을 구상했다. 그 결과 아르헨티나의 알파르가타(Alpargata, 바닥은 인도산 황마로 만들고 발등은 천이나 끈으로 만든 에스파냐의 토속적인 신발)의 모양과 편안한 착화감을 모티브로 하여 '내일을 위한 신발(Shoes for Tomorrow)'이라는 뜻을 담은 탐스슈즈를 탄생시켰다. 탐스는 한 켤레가 팔릴 때마다 한 켤레를 도움이 필요한 아이들에게 기부하는 'Oner For One(일대일 기부 공식)'이라는 브랜드 철학으로 '착한 패션'의 유행을 주도했다.

일대일 기부공식을 현실화시킨 탐스의 브랜드 철학에 사람들은 열광했고, 탐스는 전 세계적인 관심과 지지 속에 론칭 6개월 만에 1만 켤레의 신발이 판매되며 세계적인 브랜드로 이름을 알리게 되었다. 탐스는 2006년 10월, 판매량과 동일한 1만 켤레의 신발을 아르헨티나의 아이들에게 전달하여 일대일 기부공식의 약속을 착실히 지켜나갔다. 탐스는 첫해 매출이었던 1만 켤레에서 멈추지 않고 전 세계 다양한 나라에 진출하였고, 2010년에는 1백만 켤레 판매를 돌파했다.

탐스는 그동안 신발이 필요한 아이들에게 1천만 켤레의 신발을 전달했으며, 이러한 성공을 바탕으로 신발뿐만이 아니라 생존에 필요한 다양한 문제에 관심을 가졌다. 그 중에서도 탐스가 주목한 부분은 시력이었다. 2011년에 탐스는 아이웨어를 론칭하였고 신발과 마찬가지로 'One for One' 슬로건을 적용했다. 아이웨어 사업의 경우, 탐스 아이웨어 하나를 구입하면 제3세계 어린이들에게 시력 교정용 안경을 처방하거나 시력 보존을 위한 수술 등의 의학적 서비스를 제공한다. 시력 보존을 위해 백내장 수술도 이루어진다. 탐스와 함께 시력 장애 문제 해결을 위한 노력에 동참했던 첫 번째 협력단체는 SEVA 재단이다. 이 재단은 지난 30년 동안 시력 회복 프로그램 운영과 예방 활동을 지속적으로 진행해 왔으며, 전 세계 3백만 명 이상의 사람들이 혜택을 받았다. 탐스는 시력 장애를 겪고 있는 많은 사람들이 보다 실질적인 도움을 받을 수 있도록 이 재단과 협력하여 현재까지 총 15만 명의 사람들이 시력을 찾는 데 도움을 주었다.

탐스는 제품을 판매하기 위한 광고활동을 하지 않고, 공식 홈페이지와 개인블로그는 물론 트위터, 페이스북, 유튜브, 핀터레스트(Pinterest), 마이스페이스(Myspace) 등과같은 다양한 소셜 네트워크 사이트에서 활발히 활동하고 있으며 고객들의 자발적인 참여율이 높다. 대형 포털 사이트에서 탐스를 검색하면 웹페이지 이외에도 탐스의 제품부터 탐스를 신는 연예인, 일대일 기부공식까지 꼼꼼하게 설명이 되어 있는 블로그나 카페 게시글을 어렵지 않게 찾아볼 수 있다. 탐스 공식 페이스북(www.

facebook.com/toms)에는 팬들이 보낸 사진들이 매달 선정되어 전시되는데, 매일 탐스슈즈를 착용한 수많의 탐스 팬들의 사진이 전송되고 있다.

탐스가 기부를 실현하는 행보에 할리우드 스타를 비롯한 유명인들이 탐스 신발을 협찬이 아닌, 직접 구입해 신고 다니는 모습이 파파라치 사진을 통해 미디어에 보도되며 탐스는 소비자들에게 빠르게 알려질 수 있었다. 각종 패션 매거진은 물론 *Times*, *People* 등 주간지에서도 탐스를 소개하였고, ABC, CNN 및 MSNBC에서도 일대일 기부공식에 대한 스토리를 방영했다. 할리우드 스타들을 통해 자연스럽게 미디어에 노출되었던 탐스는 지구 환경을 해치지 않고 주변의 이웃에게도 관심을 기울이는 '착하고 아름다운 패션'을 유행시키기도 했다.

탐스슈즈는 2008년부터 Shoe Drop 캠페인을 기획하고 운영하기 위해 Friends of TOMS라는 비영리단체를 설립하여 본격적으로 세계 NGO, 인권단체, 사회단체 등의 기구와 함께 캠페인을 진행하고 있다. Shoe Drop은 기부지역을 선정하고 파트너를 선정하여 기부하는 캠페인을 의미한다. 창립 당시인 2006년 초에는 200켤레의 신발을 기부하는 것이 목표였지만, 이 아이디어에 공감한 많은 사람들의 동참으로 2013년 6월, 창립 8년 만에 1천만 켤레째 신발을 맨발의 아이들에게 기부했다. 탐스슈즈는 초기에 이 캠페인을 아르헨티나에서만 진행했지만, 대상 국가를 점차적으로 확장시켜 아프리카, 남아메리카, 아시아의 20여 개국에 기부하고 있다. 아프리카에는 남아프리카 공화국, 니제르, 레소토, 르완다, 말라위, 말리, 스와질란드, 에티오피아, 우간다, 잠비아, 짐바브웨 등이 포함되어 있다. 아메리카에는 과테말라, 니카라과, 미국, 아르헨티나, 아이티, 엘살바도르, 온두라스, 우루과이, 페루 등이, 아시아에는 몽골, 아르메니아, 중국, 캄보디아 등이 포함되어 있다.

탐스 설립 후 초창기에는 기부되는 신발을 판매용과 동일한 형태로 만들었다. 하지만 아이들이 학교에 가려면 교복에 어울리는 검은색의 신발이 필요했다. 그리고 울퉁불퉁한 길을 걷기 위해서는 고무창이 조금 더 단단하고 높은 신발이 필요했다. 그래서 현재 기부되는 신발을 그 지역에 적합한 형태로 따로 제작하고 있다. 에티오피아의 경우, 상피병 감염을 예방하기 위해 그 지역의 환경에 적합한 형태의 신발이 개발되어 기부되고 있다(세계브랜드백과, 인터브랜드).

일대일 기부공식을 실천하는 탐스는 2008년부터 '신발 없는 하루(One Day With-out Shoes)' 행사를 전 세계적으로 진행해 왔다. '신발 없는 하루'란 가난으로 인해 신발 없이 생활하는 수백만 명의 아이들이 얼마나 힘들게 살아가는지 직접 경험해 보자는 취지로 시작되었다. 참가자들은 신발을 벗고 하루를 보내게 되며, 이 경험을 통해 신발 한 켤레가 아이들의 삶에 얼마나 큰 변화를 일으킬 수 있는지 느끼게 된다. 미국에서 처음 시작한 이 캠페인은 빠르게 확산되어 세계 곳곳에서 진행되었다. 2010년에는 지역 사회 단체, 대학교 캠퍼스 또는 회사에서 개개인들이 모여 기획한 1,600여 개의 행사가 전 세계에서 열렸으며, 25만여 명의 사람들이 참여해 신발을 벗고 하루를 보냈다.

'신발 없는 하루' 캠페인은 AOL(America On Line), 플리커, 디스커버리 채널 등 온라인과 방송을 통해 보도되면서 널리 알려졌다. 국내에서도 '신발 없는 하루' 캠페인을 맞이하여 탐스와 서울특별시가 협력하여 서울광장에서 행사를 진행하며 2015년 현재 8회 째를 맞이하였다.

 ## 2. 연구방법

### 1) 조사방법

부산·경남 지역의 대학생 400명을 대상으로 설문을 배포하여 부실기재 등 연구에 부적합한 설문지를 제외하고 최종 314부를 분석하였다. 연구를 설계할 때 클레인 등(2004)의 선행연구를 참고하여 제품의 사진과 함께 '비윤리적인 아동노동착취'의 메시지를 담은 나이키슈즈와 '윤리적인 제3세계 신발기부'의 메시지를 담은 탐스슈즈를 각각 보여 주고 설문에 관한 답을 하도록 하였다.

## 2) 조사도구

설문의 주요 척도는 소비자보이콧 문항 35문항, 브랜드 자아일치성 4문항(본인-타인 비교), 경제/윤리/사회적책임/원산지 및 자국민중심주의에 따른 구매의도 및 보이콧 운동 참여의도에 관한 8문항 등으로 구성되었다.

## 3) 조사대상자의 특성

조사대상자의 일반적 특성을 간략히 살펴보면, 남성 55.7%, 여성 44.3%였으며, 남성 중 군대를 다녀온 사람은 94.3%로 나타났다. 1학년은 8.3%, 2학년은 34.3%, 3학년 28.2%, 4학년 29.2%으로 고학년이 많은 편이었으며, 인문대학은 39.0%, 공과대학은 28.9%, 자연생활대는 29.8%, 기타 12.3%로 전공은 비교적 고르게 분포되었다. 종교가 있는 자는 43.9%였으며, 종교가 없는 자는 56.1%로 나타났다.

 ## 3. 대학생 소비자의 소비자보이콧 운동 인식

〈표 6-1〉에는 소비자보이콧 인식 문항에 대한 탐색적 요인 분석 및 신뢰도를 검정한 결과가 제시되어 있다. 전체 35문항 중에서 아이겐 값 1 이상의 주성분 분석을 기초로 하여 직교회전 방식을 실시한 요인 분석을 진행하여, 최종적으로 9문항만이 남았다. 전체 71%를 설명하는 문항들로 네 가지 요인으로 나뉘었다.

　요인 1은 총 3문항으로 전체의 22%를 설명하고 있었으며, 소비자보이콧의 변화를 이끌고 소비자 문제를 해결하는 동력으로 여기는 문항으로 '변화를 이끄는 동력'으로 명명하였다. 요인 2의 경우 총 3문항으로 20.1%를 설명하며, 보이콧운동에 참여하지 않아도 되는 이유 또는 참여하지 못하는 이유에 대한 제약요인에 대한 설명으로 '불필요한 행위'라고 명명하였다. 요인 3은 소비자 이외에 다른 소비자 또는 사회의 공익을 실현하기 위한 소비자보이콧에 관한 설명으로 총 2문항으로 16%를 설

| 측정항목                                                                      | 요인 | 요인 1 | 요인 2 | 요인 3 | 요인 4 |
|---------------------------------------------------------------------------|------|-------|-------|-------|-------|
| 1. 보이콧을 통해서 기업의 결정을 바꿀 수 있다.                              |      | .867  | −.120 | −.023 | −.054 |
| 2. 제품을 쓸 때 생기는 죄책감이나 불쾌감을 해결할 수 있다.                  |      | .738  | −.092 | .203  | .198  |
| 3. 소비자문제를 해결할 수 있는 방법이다.                                     |      | .723  | −.256 | .288  | −.079 |
| 4. 굳이 나까지 보이콧을 할 필요는 없다.                                      |      | −.234 | .789  | −.152 | .108  |
| 5. 보이콧까지 하면서 굳이 다른 제품이나 회사를 바꿀 필요가 없다.            |      | −.231 | .758  | −.117 | .097  |
| 6. 보이콧을 하기에는 시간이나 비용이 많이 든다.                             |      | .015  | .755  | .075  | −.171 |
| 7. 소비자가 사회경제적인 문제를 윤리적 측면에서 구매 중지를 통해 의사를 표시하는 행위다. |      | .054  | −.042 | .855  | .065  |
| 8. 보이콧은 나 이외에 다른 소비자들의 문제해결에도 이익을 줄 수 있는 공익적인 행위다. |      | .246  | −.081 | .789  | −.010 |
| 9. 주위 사람들이 보이콧에 참여하기를 원한다고 한다면, 어쩔 수 없이 참여해야 한다. |      | .043  | .008  | .049  | .965  |
| 아이겐값                                                                    |      | 1.992 | 1.865 | 1.522 | 1.034 |
| 분산(%)                                                                     |      | 22.137 | 20.718 | 16.909 | 11.490 |
| 누적분산(%)                                                                 |      | 22.137 | 42.855 | 59.764 | 71.254 |
| 신뢰도 계수                                                                 |      | .753  | .691  | .600  | −     |
| 요인명                                                                      |      | 변화를 이끄는 동력 | 불필요한 행위 | 사회적 책임 행위 | 동조 행위 |

명하는 요인으로 '사회적 책임행위'라고 명명하였다.

　마지막으로 요인 4는 1문항으로 이루어졌음에도 불구하고 11.5%를 설명하고 있었으며, 주위 사람에 의해서 소비자보이콧에 참여하지 않으면 안 된다는 문항이므로 '동조행위'라고 명명하였다.

　소비자보이콧의 행태를 설명하기 위한 문항의 경우 클레인 등(2004)의 연구와 같이 동기적 성향을 나타내는 문항에 관한 요인이 성립됨을 알 수 있다. 크게 소비자보이콧을 하는 이유와 소비자보이콧을 제한하는 이유로 나뉘어짐을 알 수 있었다. 다만 소비자보이콧의 행위자와 소비자보이콧의 실천단계에 관한 부분이 타당성을 잃은 문항들로 나와 이들 문항에 대한 재검토를 통해서 수정할 문항과 삭제할 문항을 구분해야 했다.

 ## 4. 자아일치성, 이타주의, 자국민중심주의

### 1) 자아일치성

소비자의 자아 이미지는 자기 스스로 바라고 추구하는 이상적 자아 이미지와 자신의 실제 모습을 의미하는 실제적 자아 이미지로 구분할 수 있다. 이 점에서 자아일치성도 이상적 자아일치성과 실제적 자아일치성으로 구분할 수 있다. 이상적 자아 이미지가 소비자의 자아 향상 욕구를 충족시키는 결정요인이고, 소비자는 개인의 자아 이미지와 부합하는 제품 및 서비스에 대하여 긍정적 태도와 높은 선호도를 형성한다(Sirgy, 1982; Jamal & Al-Marri, 2007).

외식업체를 대상으로 한 손재근과 이정은(2014)의 연구에서 심리적 관계혜택, 경제적 관계혜택 및 고객화 관계혜택은 이상적 자아일치성에 영향을 미쳤으나, 사회적 관계혜택은 이상적 자아일치성에 영향을 미치지 않았다. 심리적 관계혜택, 사회적 관계혜택 및 고객화 관계혜택은 실제적 자아일치성에 영향을 미쳤으나, 경제적 관계혜택은 실제적 자아일치성에 영향을 미치지 않았다. 또한 이상적 자아일치성과 실제적 자아일치성 모두 해당 외식업체를 이용한 후 만족, 재방문, 권유 등과 같은 행동을 할 의도에 의미 있는 영향을 미쳤다.

유순근과 김근배(2012)의 연구에 의하면, 실제적 자아일치성과 이상적 자아일치성은 브랜드 태도와 정서적 브랜드 애착에 강한 긍정적 영향을 미치는 것으로 나타났다. 소비자는 자아일관성 동기에 의하여 자아개념을 유지하거나 강화할 수 있는 브랜드 이미지와 자아존중감 동기에 의하여 자아를 향상하고 자아정체성을 증진시킬 수 있는 브랜드 이미지에 긍정적인 태도와 정서적 애착을 형성한다. 실제적 자아일치성과 이성적 자아일치성이 브랜드 충성도에 미치는 영향에서 브랜드 태도는 부분적 매개변수로 작용하나 정서적 브랜드 애착은 완전 매개변수의 역할을 하였다.

장혜원과 최명길(2012)은 제주에서 공연되고 있는 '난타'를 관람한 관광객을 대상으로 공연에 대한 자아일치성과 만족, 그리고 충성도에 관한 구조적인 영향관계를 규명하였다. 공연에 관한 실제적 자아는 사회적 자아에 긍정적인 영향을 미치고 있는 것으로 나타났다. 공연에 대한 개인의 실제 자아는 사회 자아에 영향을 주는 선행변수가 될 수 있다. 관객들은 사회적 준거로서 공연 관람을 하기에 앞서 실제적인 자아를 우선으로 고려하여 공연 소비를 결정한다고 볼 수 있다. 실제 자아일치성만이 공연 만족에 유의한 영향을 미치고 있고, 사회 자아일치성은 공연 만족에 영향을 미치지 않았다. 사회 자아는 일상에서 공연 관람 만족에 영향을 줄 수 있지만, 관광활동의 일환으로 관람을 할 경우에는 타인의 시선보다 자신의 이미지와 일치하는 공연을 통해 관광의 전반적인 만족도를 상승시키고 싶어 한다고 볼 수 있다.

## 2) 이타주의

사회학자인 콩트(A. Comte)는 이타주의라는 용어를 처음으로 사용하면서 다른 사람들의 복지를 증진시키기 위한 것이라고 정의하였다(이지연, 2001). 이타주의를 이론적으로 접근할 때는 사회규범적 접근과 공감적 접근으로 구분된다. 사회규범적 접근은 이타주의가 사회규범에 의해 나타난다는 관점으로 사회적 책임의 규범, 상보성 규범, 형평의 세 가지 규범이 있다. **사회적 책임의 규범**은 자신에게 의존하고 있는 사람들을 도와주어야 한다는 것이고, **상보성 규범**은 도움을 받아온 사람은 도움을 준 사람을 도와줄 의무를 느껴야 한다는 것을 의미한다. **형평 규범**은 사람들이 자신이 노력한 만큼 보상을 받아야 하며 부당하게 벌을 받거나 고통을 받아서는 안 된다는 것을 의미한다. 공감적 접근은 다른 사람들의 고통에 대한 공감적 정서가 일어나면 다른 사람들의 처지와 감정을 느끼게 되어 이타주의를 유발한다는 관점이다(김선우, 2013).

이타주의는 자발적이고, 행동 목표가 타인을 이롭게 하는 데 있으며, 보상을 기대하지 않고 수행된다는 특징을 갖는다. 이타주의는 다양한 요인에 의해 영향을 받지만 비교적 안정적인 성격적 특질을 갖고 있다. 이타주의는 개인이 속해 있는 또래집단, 집단 구성원으로부터 얼마나 인정받고 존경받으며 수용되는가를 결정하는 요인이며, 한 개인이 속해 있는 집단의 안정과 행복의 정도를 결정하는 중요한 요소이기도 하다. 이타주의가 집단 구성원 혹은 사회 일원으로서 행동으로 나타날 때 친사회적 행동이 된다. 이타주의는 기부의도에 정적인 영향을 미치는데, 특히 기부 경험이 적은 사람들은 정서적 관여가 이타주의에 영향을 미치고 이타주의는 기부의도에 영향을 미쳤다(김봉설, 최명일, 김유미, 2012).

미국 조지타운대학 연구진은 장기기증 경험이 있는 실험참가자 19명과 해당 경험이 전혀 없는 일반 실험참가자 20명을 대상으로 각자 분노, 공포, 무표정한 사람 이미지를 관찰하게 했다. 참고로 실험이 진행되는 동한 연구진은 MRI를 통해서 실험참가자들의 뇌가 어떻게 변하고 차이가 나타나는지를 비교했다. 장기기증 경험이 있는 참가자들은 그렇지 못한 참가자들보다 감정과 학습 등을 담당하는 뇌의 오른쪽 편도체가 더욱 활성화되는 것으로 나타났다. 특히 이들은 공포에 질린 사람 표정 이미지를 볼 때 더 큰 감정 변화를 보였고, MRI에서 이들의 오른쪽 편도체 부분이 다른 사람보다 용량이 더욱 큰 것으로 확인됐다(나우뉴스, 2014년 10월 3일).

허은정(2011)에 의하면 이타주의는 윤리적 상품태도에 윤리적 상품구매의도에 직접 영향을 미칠 뿐 아니라 윤리적 상품태도를 매개하여 윤리적 상품구매의도에 간접적인 영향도 미친다고 하였다. 즉, 이타주의가 강할수록 긍정적인 윤리적 상품태도를 가지고 있었고, 윤리적 상품을 구매할 의도도 높았다. 허은정과 김우성(2012)의 연구에서도 이타주의가 강할수록 보이콧운동을 잘 실천하고 있었다. 고애란(2009)도 이타적인 자기이미지 추구가 윤리적 소비의 기본적인 결정요인이라고 하였다.

김선우(2013)도 사회문화적 제도가 서로 다른 한국, 미국, 스웨덴에서 공통적으로 이타적 책무감이 윤리적 기업의 제품 구매성향에 의미 있는 영향을 미쳤다. 미국과 스웨덴에서는 이타적 책무감이 윤리적 소비성향에 가장 큰 영향을 미치는 변수였으나, 한국에서는 이타적 책무감과 자원봉사/활동의 영향력이 동일하게 나타났다.

그러므로 윤리적 소비를 확산시키기 위해서는 이타적 책무감을 주지시킬 수 있는 자기주도적 참여방식의 액션러닝을 활용해서 실천과 행동의지를 높일 필요가 있다. 루레이루와 로테이드(Loureiro & Lotade, 2004)는 이타주의는 자신과 가족의 복지에만 관심을 가지는 것이 아니라 미래세대와 다른 나라에 살고 있는 사람들의 복지에도 관심을 갖는 것이라고 정의하였다. 그리고 이타주의 성향이 높은 소비자일수록 공정무역 커피를 구매할 의사가 더 많았다고 하였다.

공감능력이 높은 사람일수록 이타성향이 강했고, 공감의 속성 중에서는 이타적 측면이라고 볼 수 있는 개인적 관심이 이기적 측면이라고 할 수 있는 개인적 고통보다 이타성향을 더 잘 설명해 준다는 실증연구 결과도 있다(조효진, 2006). 그러므로 다른 사람들의 고통에 대하여 관심이 많고, 공감할 수 있는 능력이 뛰어난 소비자일수록 불의에 의하여 고통을 당하는 약자들에게 관심을 기울이고 그들을 도우려는 이타주의 성향이 강하고, 이를 실천하기 위한 방안의 하나로 윤리적 소비자보이콧에 참여한다고 볼 수 있다.

### 3) 자국민중심주의

쉼프와 샤르마(Shimp & Sharma, 1987)는 자국민중심주의를 일반 소비자가 외국제품을 구매하는 행위가 타당하지 못하고 도덕적이지 못하다는 믿음으로 정의하였다. 한(Han, 1988)은 자민족중심주의라는 용어를 사용했는데, 자민족중심주의를 국산품을 구매함으로써 기꺼이 감수하려는 소비자의 희생심이라고 정의하였다. 그는 자민족중심주의를 자극하는 TV광고가 국산품에 대한 호의적인 반응을 이끌어 낼 수 있다고 하였다. 죄책감을 유발하는 광고는 비효과적이지만, 국산품 애용에 대한 의무감이나 소비자들의 국가경제에 대한 두려움을 자극하는 광고는 효과적이라고 하였다.

손영석(2010)은 자민족중심주의는 자기 나라를 사랑하는 마음에서 소비자가 수입품보다 국산품을 구매하는 것이라고 정의하였다. 그의 연구는 다른 연구와는 달리 소비자들의 자민족중심주의가 높거나 낮은 것에 관계없이, 스폰서쉽 제공에 대한 소비자태도에 영향을 미치지 않았다. 샤르마 등(1995)은 소비자 민족주의가 강한 소비자일수록 자민족중심주의 및 보수주의 성향은 강하나, 문화개방성은 낮다고 하였다.

우리 역사에서 일본 제품에 대한 보이콧운동은 일제 강점기인 1920년 물산 장려운동으로 시작되었다. 이 운동은 국산 제품을 이용함으로써 민족 자본을 만들고 그 자본을 바탕으로 독립을 하자는 취지에서 전개한 민족경제 자립운동이었다. 평양에서 조선 물산 장려회 발기인 대회가 열려 '내 살림 내 것으로'라는 구호로 일본 제품을 쓰지 말고 국산품을 애용하자는 운동이 시작됐다. 우리 음식물과 토산물을 사용하자는 운동을 전개한 덕에 큰 호응을 얻었으나 일제의 탄압으로 오래가지는 못했다.

해방 후에는 정부 주도의 국산품 애용운동이 종종 있었으나 민간 차원의 보이콧은 거의 없었다. 2000년대 들어서는 일본 정부의 독도와 역사 왜곡 발언 등에 항의하는 보이콧이 간헐적으로 이어졌다. 2001년 4월에는 일본의 역사교과서 왜곡을 항의하기 위하여 YMCA 등, 40개 종교·사회단체로 구성된 과소비추방 범국민운동본부가 일본 제품 보이콧 캠페인을 벌였다. 2005년 3월에는 서울흥사단과 재경 독도향우회 등의 시민단체가 일본의 다케시마의 날 조례 제정과 왜곡된 일본 교과서 편찬에 항의해 후쇼사 교과서와 일본 제품 사진에 불매 스티커를 붙이는 행사를 하기도 했다.

2008년부터는 온라인 중심의 일본 제품 보이콧이 일었다. 2008년 7월에 일본 정부의 교과서 독도 영유권 표기결정으로 반일 감정이 치솟으면서 네이버와 다음 등 포털사이트의 토론방 게시판과 카페, 블로그에 일본 제품 보이콧을 촉구하는 글이 쇄도했다. 2008년 8월에는 부산주부클럽과 부산여성NGO연합회, 부산시민단체협의회 등이 일본수입차 판매점 앞에 모여 독도침탈 야욕을 규탄했다. 2011년 8월에는 일본의 독도 영유권 주장이 불거지면서 한국담배판매인회중앙회가 일본 담배를 피우지 말자는 운동을 벌였다. 2013년에는 자영업자 600만 명이 '다케시마(독도의 일본식 명칭) 날' 행사에 반발해서 일본 제품 보이콧을 결의했다(연합뉴스, 2013년 2월 25일).

최근에는 롯데그룹의 경영권 갈등이 형제간 다툼을 넘어 아버지와 친척들까지 가세한 집안싸움으로 번지면서 전근대적 경영방식과 일본기업이라는 부정적 여론이 확산되어 소비자단체와 인터넷을 중심으로 불매운동이 번지고 있다. 신격호 총괄회장과 신동주 전 부회장이 일본어로 대화하는 모습과 일본롯데홀딩스 이사진의 해임 등에 대한 내용을 담은 신격호 총괄회장의 지시서 또한 일본어로 작성된 사실이 드러나면서 무늬만 한국 기업이라는 지적을 받았다. 롯데그룹의 지분 구조 정점에 일본에 있는 광윤사(光潤社)와 일본 롯데홀딩스가 있다는 사실이 새롭게 조명을 받으면서 한국에서 번 돈을 일본으로 가져간다는 비판이 확산되고 있다(데일리한국, 2015년 8월 3일).

한편, 한 영화배우는 저축은행, 캐피털 등의 사업을 하는 일본계 금융기업인 J트러스트그룹과 광고 계약을 맺고 2015년 9월부터 모델로 활동했다. 이 사실이 알려지자 스타가 서민에게 고통을 주는 일본계 대부업 광고를 하는 것이 적절하냐는 논란이 일면서 네티즌들의 비난을 받았다. 해당 배우는 롯데사태에 맞물려 일본계 기업이라는 점도 상황을 더 악화시키자 사과문을 발표하고 모델계약을 해지하였다(한국경제, 2015년 9월 25일).

다른 나라에서도 자국민중심주의의 영향을 받은 소비자보이콧이 펼쳐지고 있다. 우크라이나와 친 러시아계 반군 간 분쟁이 격화되면서 우크라이나인들 사이에선 메이드 인 러시아 제품에 대한 보이콧에 나서는 소비자들이 조금씩 늘고 있다. 보이콧 목록에 올라온 대상은 러시아 석유기업 루크오의 휘발유, 로트프론트의 사탕, 러시아 유니레버가 제조한 화장품 브랜드 크리스타야 리나 등이다. 러시아 공장에서 생산되는 미국 생활용품 기업 P&G의 기저귀를 쓰지 않으려는 소비자들도 있다(헤럴드경제, 2014년 8월 1일).

영국에서는 미국을 본사로 둔 기업들이 영국에서 활동하면서 법인세를 내지 않고자 법인세를 부과하지 않는 나라에 법인을 세워서 세금을 회피하는 행위에 대해 보이콧하는 움직임이 커지고 있다.

영국 의회도 아마존이 막대한 매출을 세율이 낮은 국외로 이전하는 수법으로 세금 납부를 회피하고 있다며 소비자보이콧을 촉구했다. 영국이 아마존에게 세 번째로 큰 시장임에도 불구하고 영국의 매출액을 세율이 낮은 룩셈부르크로 이전해 세금을 회피한다는 비판을 받아왔다. 아마존 영국법인은 2014년에 매출액이 43억 파운드였으나 법인세는 0.2% 수준인 970만 파운드만 낸 것으로 드러나 비난을 받게 되었다

(뉴욕타임스, 2015년 5월 24일).

페이스북 영국법인은 2014년에 1억 500만 파운드(1,844억 원)의 매출을 올렸다고 신고하면서 법인세는 고작 4,327파운드(760만 원)를 내는 데 그쳐 논란이 되었다. 이 법인세 액수는 영국 근로자 1인당 평균 소득세(558만 원)와 건강보험료(388만 원)를 합친 액수보다도 적은 것이다. 페이스북 영국법인은 세금은 아주 적게 냈지만 362명의 직원에게 1인당 평균 3억 7000만 원의 급여·성과급을 지급했다. 페이스북이 법인세가 낮은 아일랜드나 사실상 세금을 내지 않는 카리브해 케이먼군도 같은 조세피난처로 대부분의 매출과 수익을 이전시킨 것으로 알려졌다.

유럽 언론은 페이스북의 조세 회피 행위가 가칭 구글세 도입의 필요성을 보여 주는 사례라고 지적했다. G20(주요 20개국)은 2015년 10월 9일에 페루 리마에서 다국적 기업이 조세 피난처로 매출을 이전하는 편법 행위를 적발해 물리는 과징금을 뜻하는 구글세를 도입하기로 합의했다. OECD(경제협력개발기구)는 구글세 징수가 정착되면 다국적 기업들로부터 거둬들이는 세수가 연간 2,500억 달러(290조 원)가량 늘어날 것으로 전망했다(조선일보, 2015년 10월 13일).

 ## 5. 나이키와 탐스 구매의도에 따른 자아일치성, 소비자보이콧 의도, 자국민중심주의

〈표 6-2〉에는 대학생 소비자들의 자아일치성, 소비자보이콧 의도 및 자국민중심주의가 나이키와 탐스슈즈 구매의도에 따라 차이가 나는지를 검증한 결과가 제시되어 있다. 대학생 소비자들은 탐스슈즈가 나이키보다 실제적 자아 및 이상적 자아와 더 잘 일치하고 있다고 생각하고 있었다. 대학생 소비자는 탐스슈즈가 나이키보다 자신을 더 잘 표현하고, 타인이 가지는 자아이미지도 더 잘 표현하고 있다고 생각하고 있었다. 대학생 소비자는 비윤리적으로 표현된 나이키보다는 윤리적으로 표현된 탐스슈즈의 이미지가 자신의 실제 그리고 이상적인 자아이미지와 더 많이 일치한다고 하였다.

■ **표 6-2** 자아일치성, 소비자보이콧 의도, 자국민중심주의에 대한 브랜드별 t검정

| 구분 | | 탐스 M(SD) | 나이키 M(SD) | t값 |
|---|---|---|---|---|
| 실제적 자아 일치성 | 1. 내가 표현하고 싶은 자아이미지를 잘 반영하고 있다. | 3.14(.92) | 2.74(.98) | 5.698*** |
| | 2. 이 신발을 사용하는 사람들은 나의 자아이미지와 일치한다. | 2.91(.94) | 2.59(.95) | 4.659*** |
| 이상적 자아 일치성 | 3. 내가 표현하고 싶은 이상적인 나를 잘 반영하고 있다. | 2.98(.95) | 2.64(.97) | 4.556*** |
| | 4. 이 신발을 구매하는 사람들은 내가 이상적으로 생각하는 자아이미지와 일치한다. | 2.91(.99) | 2.54(.93) | 5.303*** |
| 소비자 보이콧 의도 | 5. 만약 이 신발이나 회사의 정책으로 소비자 문제나 피해를 겪게 되신다면, 그래도 계속 이용하시겠습니까? | 2.22(.99) | 2.40(1.04) | −2.613 |
| | 5-1. 소비자 문제 및 피해에 대한 보이콧을 하시겠습니까? | 3.16(.98) | 3.20(1.05) | −.695 |
| | 6. 만약 이 회사나 경영자가 비윤리적인 행동을 통해서 사회적 물의를 일으켰다면, 그래도 계속 이용하시겠습니까? | 1.88(.93) | 2.33(1.05) | −7.355*** |
| | 6-1. 비윤리적인 행동을 보고 이에 대한 보이콧을 하시겠습니까? | 3.33(1.04) | 3.14(1.01) | 3.639*** |
| | 7. 만약 이 회사가 사회적 책임(환경, 인권, 노동, 지역사회 등)을 충분히 행하지 못하고 있다면, 그래도 계속 이용하시겠습니까? | 1.98(.90) | 2.36(1.05) | −6.260*** |
| | 7-1. 사회적 책임을 도외시한 행동을 보고 이에 대한 보이콧에 참여하시겠습니까? | 3.24(.96) | 3.10(1.01) | 2.478* |
| 자국민 중심 주의 | 8. 이 제품의 원산지를 고려할 때, 국산품 대신 이 제품을 산다면 죄책감이 들 것이다. | 2.09(.85) | 2.08(.93) | .256 |
| | 9. 수입품을 구매하는 것은 한국의 경제에 나쁜 영향을 줄 수 있으므로 구입은 피해야 한다. | 2.04(.84) | 2.02(.86) | .503 |

* p < .05 *** p < .001

| 변수 | N(%) |
| --- | --- |
| 나이키 | 205(67.0) |
| 탐스슈즈 | 101(33.0) |
| 전체 | 306(100.0) |

소비자보이콧과 관련한 문항에서는 소비자 경제 측면에 대한 보이콧운동은 유의한 차이가 없었지만, 기업의 비윤리적 행위와 사회적 책임에 대한 비준수에 대해서는 유의한 차이가 있었다. 기업이 비윤리적 행위를 하거나 사회적 책임에 대해서 등한시하더라도 탐스슈즈보다 나이키슈즈를 더 이용할 것으로 나타났으며(p < .001), 나이키보다는 탐스슈즈가 그러한 비윤리적 행위를 하거나 사회적 책임을 한다면 소비자보이콧에 참여하겠다는 경향이 더 높게 나타났다. 비윤리적인 메시지를 담은 나이키에 대해서는 관대한 경향이 있었지만, 윤리적이라는 메시지를 담은 탐스슈즈에 대해서는 보이콧운동에 참여하겠다하여 덜 관대해지는 것을 알 수 있었다. 자국민중심주의는 비윤리적 메시지를 담은 나이키와 윤리적 메시지를 담은 탐스의 구매의도에 차이를 보이지 않았다.

〈표 6-3〉에는 기업의 비윤리적인 행태가 나타난다면 어떤 브랜드를 선택하겠느냐는 질문에서 나이키를 이용하겠다는 응답이 67.0%로 나타났다. 대학생 소비자들이 착한 기업에서 생산하는 탐스에 관심을 가지고 있으나, 거대 다국적 기업이 가지고 있는 나이키 브랜드에 대한 충성도가 아직은 더 크게 영향 미치고 있음을 알 수 있었다.

이 연구에서 브랜드가 가지고 있는 인지도를 상쇄하지 못하고 실험을 실시하였다는 한계점은 있지만, 윤리적이라고 판단된 기업에 대한 소비자의 보이콧운동의 참여의사가 높았다는 점은 기업에 있어 사회적 책임경영이나 윤리경영에 대한 지속적인 준수가 요구됨을 시사한다고 하겠다.

## 6. 윤리적 상품구매 여부에 미치는 변수들의 영향력

〈표 6-4〉에는 윤리적 기업이라는 메시지를 담은 탐스슈즈에 대한 구매의도가 소비자보이콧을 어느 정도로 예측하고 있는지를 분석한 결과가 제시되어 있다. 탐스슈즈를 구매하지 않을 사람을 구매한다고 하는 1종 오류보다 탐스슈즈를 구매할 사람이 구매하지 않는다는 2종 오류가 높게 나타나서 소비자보이콧에 대한 예측률이 68.5%이지만 비교적 보이콧운동을 제대로 예측하고 있는 것으로 나타났다.

〈표 6-5〉에는 탐스슈즈를 구매할 소비자, 즉 윤리적 소비를 행할 소비자에게 영향을 미치는 요인을 분석한 결과가 제시되어 있다. 이타주의와 소비자보이콧 태도 중에서 불필요한 행위만 소비자보이콧 여부에 영향을 미치고 일반적 특성은 영향을 미치지 않는 것으로 나타났다. 구체적으로 살펴보면 다른 사람을 배려하고 고려하는 이타주의가 한 단위 증가할 때 탐스슈즈를 구입할 확률이 1.093배 증가하는 것으로 나타났으며, 소비자보이콧이 불필요한 행위라고 인식하는 경우 0.819배로 나타나 탐스슈즈를 구입할 확률이 줄어드는 것을 알 수 있었다.

따라서 이타주의 성향이 강한 소비자일수록 소비자보이콧이 필요하다고 강하게 인식을 할 때, 다시 말하면 소비자보이콧이 갖는 제약요인을 중요하지 않다고 생각하는 인식이 강할수록 윤리적 상품을 더 많이 구매하려는 의도가 강하다고 볼 수 있다. 윤리적 상품구매에 이타주의의 영향력이 소비자보이콧 인식보다 더 크다는 이 논문의 결과는 많은 시사점을 준다. 이타주의 성향이 강한 성숙한 시민의식을 가진 소비자가 윤리적 소비를 실천하는 강한 동기가 되고 있다고 볼 수 있다. 공정무역

■ **표 6-4** 집단의 분류표(탐스슈즈 구매 여부)

| 실제 집단 | 예측 집단 | | |
|---|---|---|---|
| | 구매 안 함 | 구매함 | 적중률(%) |
| 구매 안 함(193) | 173 | 20 | 89.6 |
| 구매함(96) | 71 | 25 | 26.0 |
| 전체(298) | 244 | 45 | 68.5 |

| 변수 | | B | S.E. | Wald | 유의확률 | Exp(B) |
|---|---|---|---|---|---|---|
| 일반적 특성 | 성별(남 = 1) | −.411 | .282 | 2.129 | .145 | .663 |
| | 학년 1학년 | | | 1.306 | .728 | |
| | 학년 2학년 | −.291 | .515 | .320 | .571 | .747 |
| | 학년 3학년 | −.132 | .352 | .141 | .707 | .876 |
| | 학년 4학년 | .198 | .354 | .312 | .576 | 1.219 |
| | 인문사회대(아님 = 1) | −.062 | .292 | .045 | .832 | .940 |
| | 종교여부(없음 = 1) | .343 | .279 | 1.510 | .219 | 1.409 |
| | **이타주의** | **.089** | **.034** | **6.840** | **.009** | **1.093** |
| 보이콧 태도 | 변화를 이끄는 동력 | −.130 | .067 | 3.762 | .052 | .878 |
| | **불필요한 행위** | **−.199** | **.060** | **11.174** | **.001** | **.819** |
| | 사회윤리적 행위 | .226 | .121 | 3.457 | .063 | 1.253 |
| | 동조 행위 | −.105 | .141 | .554 | .457 | .900 |
| | 상수 | −2.336 | 1.642 | 2.024 | .155 | .097 |
| 우도비 : −2 Log Likelihood($X^2$) 적합도 검정 : Goodness of Fit($X^2$) 설명력 : $R^2$ | | | | 333.017 34.424*** .156 | | |

*** $p < .001$

운동에 참여하거나 공정무역 제품을 구매하는 소비자들을 심층면접한 자료들도 이 타주의 성향의 중요성을 강조하고 있다. 이러한 결과는 프리드먼(1999), 클레인 등 (2004), 닐슨(2010) 등의 선행연구 결과를 부분적으로 지지하였다.

# 제7장

# 국내 소비자의 소비자보이콧
# 연구방법

이 장에서는 국내 소비자의 소비자보이콧 실태와 윤리적 소비자주의의 실태, 소비자보이콧의 인식 유형을 파악하기 위한 조사대상자의 특성과 자료수집, 척도의 구성, 타당도와 신뢰도에 관하여 설명한다.

 ## 1. 조사대상자의 특성과 자료수집

### 1) 조사대상자의 특성

이 연구는 국내 소비자들의 소비자보이콧 인식의 일반적 경향과 인식에 따른 유형별 특성을 비교하기 위하여 국내에 거주하는 20대 이상의 성인 남녀 1,000명을 대상으로 조사를 실시하였다. 조사대상자의 일반적 특성은 〈표 7-1〉과 같다.

남자가 51.7%로 남자가 여자에 비하여 약간 많이 표집되었다. 연령은 평균 38.14세로 젊은 편이었으나 20대와 30대는 27%, 40대는 25%, 50대는 20%로 고른 분포를 보였다. 학력은 대졸이 50%를 차지하여 가장 많았고, 고졸 이하가 26%로 두 번째로

| 구분 | | N(%) | 구분 | | N(%) |
|---|---|---|---|---|---|
| 성별 | 남자 | 517(51.7) | 기혼 여부 | 기혼 | 585(58.5) |
| | 여자 | 483(48.3) | | 미혼 | 415(41.5) |
| 연령대 | 20대 | 270(27.0) | 직업 | 전업주부 | 149(14.9) |
| | 30대 | 275(27.5) | | 전문가 | 90(9.0) |
| | 40대 | 255(25.5) | | 사무직 종사자 | 409(40.9) |
| | 50대 이상 | 200(20.0) | | 서비스 종사자 | 72(7.2) |
| | M(SD) | 38.14(10.9) | | 판매 종사자 | 58(5.8) |
| 학력 | 고졸이하 | 262(26.2) | | 농/임/어업/노무 | 52(5.2) |
| | 전문대졸 | 155(15.5) | | 단순노무 | 40(4.0) |
| | 대졸 | 503(50.3) | | 학생 | 119(11.9) |
| | 대학원 이상 | 80(8.0) | | 무직 | 19(1.9) |
| 지역 | 서울 | 324(32.4) | 월평균 용돈 | 20만 원 미만 | 133(13.3) |
| | 인천/경기 | 276(27.6) | | 20~30만 원 미만 | 148(14.8) |
| | 부산/경남 | 125(12.5) | | 30~50만 원 미만 | 283(28.3) |
| | 대구/경북 | 80(8.0) | | 50~100만 원 미만 | 305(30.5) |
| | 광주/전남 | 61(6.1) | | 100만 원 이상 | 131(13.1) |
| | 울산 | 19(1.9) | | M(SD) | 53.83(75.9) |
| | 대전/충청 | 89(8.9) | 월평균 가계 소득 | 200만 원 미만 | 134(13.4) |
| | 강원/제주 | 26(2.6) | | 200~300만 원 미만 | 179(17.9) |
| 지역 구분 | 서울/수도권 | 580(58.0) | | 300~400만 원 미만 | 218(21.8) |
| | 기타 지역 | 420(42.2) | | 400~500만 원 미만 | 204(20.4) |
| 종교 | 무교 | 511(51.1) | | 500~600만 원 미만 | 111(11.1) |
| | 기독교 | 231(23.1) | | 600~700만 원 미만 | 154(15.4) |
| | 불교 | 143(14.3) | | M(SD) | 409.57 |
| | 천주교/기타 | 115(11.5) | | | (171.70) |

(N = 1,000)

많았다. 온라인 설문조사를 했기 때문에 교육수준이 약간 높게 표집되었다. 지역별로는 서울 32%, 인천/경기가 28%로 서울 및 수도권에 거주하는 사람이 58%로 나타나 절반이 약간 넘었다. 종교의 경우 무교가 51%로 절반을 넘어 가장 많았고, 종교인 중에서는 기독교가 23%로 가장 많았으며, 불교는 14%로 두 번째로 많은 것으로 나타났다. 미혼인 사람도 42%로 기혼자가 거의 2/3이었다. 직업은 사무직 종사자가 40%가 넘어 가장 많았으며, 주부 15%, 학생 12%의 순으로 나타났다. 월평균 가계소득은 평균 약 417만 원으로 비교적 높은 편인데, 300~400만 원 미만이 22%로 가장 많았고, 500~600만 원 미만이 11%로 가장 적었다. 용돈은 평균은 58.83만 원으로 나타났는데, 50~100만 원 미만이 31%로 가장 많았고, 100만 원 이상과 20만 원 미만이 각각 13%로 가장 적었다.

## 2) 자료수집

국내 소비자의 소비자보이콧 인식을 측정하고자 선행연구를 토대로 1차 질문지를 구성하였고, 소비자학을 전공하는 교수 2인과 석박사 과정의 대학원생 5명이 모여서 내용타당도를 검증하였다. 1차 질문지로 예비조사를 실시하였으며, 예비조사의 신뢰도와 타당도를 검증하여 문항을 수정 및 제거하였다. 수정된 2차 질문지를 가지고 본조사를 실시하였다.

### (1) 예비조사

본 조사에 앞서 질문지의 문항내용과 척도의 신뢰도 및 타당도를 살펴보기 위하여 2011년 11월 3일부터 10일까지 약 일주일에 거쳐 부산·경남 지역 대학에 거주하는 만 20세 이상의 대학에 재학하고 있는 학생 400명을 대상으로 질문지법을 활용한 예비조사를 실시하였다. 예비조사에 앞서 소비자보이콧 인식 문항의 타당성을 소비자학 전공 교수 2인과 석박사 과정의 5명의 대학원생에게 검증받아 내용타당도를 확보하였고, 최종 30문항을 추출하여 질문지에 첨가하였다. 예비조사 결과 부실 기재 및 불성실 답변에 해당하는 질문지를 빼고 총 341부가 최종분석에 사용되었으며, 각 척도의 신뢰도를 떨어뜨리는 문항과 요인에서 탈락되어 묶이지 않은 문항들은 제거하여 25문항으로 구성되는 2차 질문지를 작성하였다.

## (2) 본 조사

본 조사는 예비조사에서 수정된 2차 질문지를 최종 질문지로 하여 2011년 11월 21일부터 27일까지 약 일주일에 걸쳐서 전국 만 20세 이상의 성인 남녀를 표본으로 하여 온라인 설문조사를 실시하였다.

 ## 2. 측정도구

### 1) 소비자보이콧 인식

소비자보이콧에 관한 정의는 소비자 또는 소비자 단체가 기업 또는 국가의 비윤리적인 행위에 대해 영향력을 행사하고자 특정 제품이나 브랜드에 대해서 구매중지 혹은 소비를 중지하는 행위를 말한다(Chen, 2010; Friedman, 1999; Sen et al., 2001 et al). 과거에는 보이콧운동의 대상이 되는 비윤리적인 행위가 제품이나 서비스의 가격문제나 안전문제와 같은 경제적 문제가 대부분이었으나(Friedman, 1987), 최근에는 기업의 CSR(사회적 책임) 및 윤리경영을 준수하지 않는 것과 같은 비윤리적 행위가 포함된다(Chen, 2010). 소비자보이콧은 개인적인 차원이 아니라 타인의 참여를 촉구하고 그들과의 집단을 형성하여 운동의 차원에서 이루어지므로(Friedman, 1995; Klein et al., 2004), 소비자 개인의 구매중지 행위뿐만 아니라 불만과 항의를 공론화하고 타인의 참여를 촉구하는 행위까지 포괄적으로 살펴볼 필요가 있다.

이 연구에서는 소비자보이콧을 소비자가 시장경제 체제에서 경제적 · 윤리적으로 문제가 되는 기업과 정부 등에 영향력을 행사하기 위하여 특정 제품 및 서비스의 사용과 구매를 거부하고 중지하는 소비자운동에 능동적으로 참여하는 소비윤리를 실천하는 행위라고 정의하였다. 그러므로 소비자보이콧 인식은 소비자가 소비자보이콧 운동의 개념에 따라 실천하는 행위를 인식하는 정도를 의미한다.

소비자보이콧에 대한 인식 척도는 앞서 살펴본 확장된 소비자보이콧 개념구성을 토대로 소비자보이콧의 행위주체(이득연, 1999; 주승희, 2009; Friedman, 1985; 1996; 1999 등), 소비자보이콧의 동기 및 목적(이득연, 1999; Chen, 2010; Hoffmann, 2010; John & Klein, 2003; Klein et al., 2004; Neilson, 2010 등), 그리고 소비자보이콧 행위요소 등(Chen, 2010; Hoffmann, 2010; John & Klein, 2003; Klein et al., 2004)을 내용으로 하여 문항을 구성하였다. 클레인 등 (2004)에서 살펴보고 있는 소비자보이콧에 대한 부정적 인식, 즉 소비자보이콧의 비용적인 측면에 관한 문항은 소비자보이콧 인식에서 중요하다 판단하여 추가하였다. 초기 문항은 총 30개 문항, 5점 리커트 척도로 '전혀 그러하지 않다', 1점에서 '매우 그렇다' 5점으로 측정하였으며, 점수가 높을수록 문항에서 설명하는 소비자보이콧에 대한 인식 수준이 높은 것을 의미한다.

〈표 7-2〉에는 보이콧 행위자, 동기 및 목적, 행위요소 및 보이콧 제약요인으로 구성된 문항과 참고연구가 제시되어 있고, 척도를 정교화하는 과정에서 두 차례에 걸쳐 삭제된 문항들이 제시되어 있다. 보이콧 행위자 요소에서는 3문항이, 동기 및 목적 요소에서는 7문항이, 행위요소와 보이콧 제약요인에서는 각각 1문항이 삭제되었다.

관련 문헌을 기초로 하여 소비자보이콧 인식에 관한 문항을 구성하였기 때문에

■ **표 7-2** 소비자보이콧 인식에 관한 초기 척도

| 구분 | 문항 | 참고연구 |
|---|---|---|
| 보이콧<br>행위자 | 1. 소비자의 참여나 관심이 없이는 이루어지기 힘들다.<br>2. 개별 소비자도 적극적으로 참여할 수 있는 일이다.<br>3. 소비자 단체나 시민단체만 나서서 하는 일이다. (2차 삭제)<br>4. 이러한 활동을 위한 자금력(경제적 지원)이 동원되지 않고는 지속하기 힘들다. (2차 삭제)<br>5. 내가 사는 곳과 가까운 지역에서 일어나는 행위이다.<br>6. 시간을 정해서 일시적으로 하는 행위이다<br>7. 목표하는 바를 이루기까지 지속적으로 펼쳐야 한다.<br>8. 전국적으로나 전 세계적으로 펼쳐지는 운동이다. (1차 삭제) | 이득연(1996),<br>주승희(2009),<br>Friedman<br>(1985; 1991;<br>1995; 1999) |

| 구분 | 문항 | 참고연구 |
|------|------|----------|
| 행위<br>요소 | 9. 대상이 되는 상품이나 브랜드, 회사 등이 꼭 변화할 수 있도록 직접적으로 관여해야 한다.<br><br>10. 무조건 보이콧운동을 직접 실행에 옮겨야 목표를 달성한다.<br><br>11. 여론화뿐만 아니라 직접 보이콧운동 대상을 겨냥해서 실질적인 압박을 취해야 한다.<br><br>12. 다른 소비자들에게 참여를 지속적으로 촉구하면서 목표를 달성할 수 있다.<br><br>13. 다른 소비자들에게 참여를 촉구하는 것뿐만 아니라 체계적인 운동준비를 위해서 조직을 만들어야 목표를 달성할 수 있다.<br><br>14. 자신이 좋아하는 연예인이나 유명인 또는 연극, 영화와 같은 예술작품 등에 대한 선호를 나타내는 수단으로도 사용할 수 있다.<br><br>15. 직접 실행에 옮기기보다는 운동의 상징성에 주목해서 매체를 통한 여론화를 시키는 것만으로 충분하다.<br><br>16. 뚜렷한 목표가 없더라도 현재 소비자의 불만이나 부정적인 감정을 분출하거나 여론화시키는 것도 중요하다. (1차 삭제)<br><br>17. (보이콧운동을) 전개하겠다고 하는 발언으로도 목표를 달성할 수 있다. | 이득연<br>(1996),<br>Chen(2010),<br>Friedman<br>(1999), Klein<br>et al. (2004),<br>Sen et<br>al. (2001),<br>Smith(1990) |
| 동기<br>및<br>목적 | 18. 작게는 기업, 크게는 정부의 정책들을 변화하게 만드는 동인이다. (1차 삭제)<br><br>19. 상품의 가격이나 품질, 안전성과 관련된 차원에서 소비자 이익을 실현하고자 하는 것이다.<br><br>20. 나에게 돌아오는 이득이 없다 하더라도 보편적인 차원에서 행해야 한다. (2차 삭제)<br><br>21. 사회의 정의를 실현했다는 자신감과 기쁨을 준다. (1차 삭제)<br><br>22. 소비자 불만이나 문제가 발생했을 시에 펼쳐야 하는 운동이다.<br><br>23. 환경, 노동, 인권 등과 같은 다양한 사회적·정치적 문제에 얽힌 의견을 표출하는 운동이다. (1차 삭제)<br><br>24. 일단 실행을 해야 한다면 나에게 돌아오는 이익이 있어야 한다.<br><br>25. 전체 상품이나 같은 산업군에 속하는 회사를 목표로 하는 운동이다. (2차 삭제)<br><br>26. 특정한 상품이나 회사, 브랜드를 목표로만 펼쳐야 하는 운동이다. (2차 삭제) | 이득연<br>(1996),<br>Chen(2010),<br>Friedman<br>(1999),<br>Klein et<br>al. (2004),<br>Neilson<br>(2010),<br>Sen et<br>al. (2001),<br>Smith(1990) |
| 보이콧<br>제약<br>요인 | 27. 다른 사람들이 보이콧운동을 한다면 굳이 내가 참여할 필요가 없다. (2차 삭제)<br><br>28. 대상이 되는 기업이나 정부에서 일을 하는 사람들의 일자리를 빼앗을 수 있다.<br><br>29. 기업의 영업활동을 방해해서 오히려 경제발전에 역효과를 가져올 수 있다.<br><br>30. 다른 브랜드나 회사로 바꾸어야 하는 비용을 가져올 수 있다. | 이주희(2005)<br>Chen(2010),<br>Klein et al.<br>(2004) |

문항이 추상적인 개념을 측정하는 데 적합한지 여부를 알아보기 위하여 내용타당성 (구성타당성)을 검증하고 측정도구가 반복적으로 측정해도 비슷한 값을 얻을 수 있는지를 알아보기 위한 신뢰성을 검증하기 위하여 탐색적 요인분석을 실시하였다. 확인적 요인분석을 통해 서로 다른 개념에 대한 측정값들이 서로 구별될 수 있는지를 알아보기 위하여 수렴타당도와 판별타당도까지 고려해서 측정도구의 신뢰성과 타당성을 높이고자 하였다. 동일한 자료를 가지고 탐색적 요인분석과 확인적 요인분석을 했을 때 결과는 서로 다를 수 있다. 일반적으로 확인적 요인분석의 결과가 탐색적 요인분석 결과에 비해 단일차원성, 신뢰성 및 타당성에서 보다 정밀한 결과를 도출하기 때문이다(김대업, 2008).

## (1) 탐색적 요인분석

〈표 7-3〉에는 소비자보이콧 인식 문항의 타당성과 신뢰성을 검증하기 위하여 요인분석과 신뢰도 분석을 한 결과가 제시되어 있다. 예비조사 결과 추출된 25문항에 대해서 주성분 분석을 실시하여 직교회전 방식으로 회전을 실시하였다. 전체 변수에 대한 표본 적합도를 나타내는 KMO(Kaiser-Meyer-Olkin Measure)가 .80 이상이며, 바틀렛 (Bartlett) 구형성 검정 결과도 모두 유의하여 분석에 사용된 문항들의 공통요인이 존재하고 요인분석에 사용하는 데 적합하였다.[1] 문항을 정제하는 과정을 통해 요인 적재치가 .40 이하인 8문항을 제거하고, 총 17문항을 최종분석에 사용하였다. 모두 4개의 요인이 추출되었으며 57.71%의 설명력을 가지는 것으로 나타났다.

첫 번째 요인은 총 9문항으로 구성되었으며, 신뢰도 계수가 .90으로 신뢰도가 매우 높았으며, 전체 분산의 27.50%를 설명하여 설명력이 가장 높은 요인으로 나타났다. 상품의 가격이나 품질, 안전성과 관련된 차원에서 소비자이익을 실현하기 위하여 소비자보이콧을 직접 지속적으로 실행하고, 다른 소비자들에게 적극적으로 참여

---

1  바틀렛 구형성 검정값은 상관관계의 유의성을 파악하기 위한 값이다. KMO 검정값은 상관계수의 다양성이 공통요인을 가질 수 있는지를 통계적으로 분석해 주는데, 1에 가까울수록 요인분석의 의미가 높고, 0.5 이하면 요인분석은 성립할 수 없다. 이 값이 0.60~0.70은 보통관계, 0.70~0.80은 보통 수준 이상 관계, 0.80 이상은 강한 관계라고 해석한다.

■ 표 7-3  소비자보이콧 인식 문항의 탐색적 요인분석 결과

| 측정항목 \ 요인 | 요인 1 | 요인 2 | 요인 3 | 요인 4 | 공통성 |
|---|---|---|---|---|---|
| 1. 상품의 가격이나 품질, 안전성과 관련된 차원에서 소비자 이익을 실현하고자 하는 것이다. | .775 | .010 | .018 | .111 | .614 |
| 2. 목표하는 바를 이루기까지 지속적으로 펼쳐야 하는 일이다. | .774 | −.042 | .026 | .121 | .617 |
| 3. 대상이 되는 상품이나 브랜드, 회사 등이 꼭 변화할 수 있도록 직접적으로 관여해야 한다. | .773 | −.028 | .135 | .050 | .619 |
| 4. 소비자의 참여나 관심이 없이는 이루어지기 힘들다. | .771 | .029 | −.045 | .017 | .598 |
| 5. 개별 소비자도 적극적으로 참여할 수 있는 일이다. | .702 | −.044 | −.041 | .193 | .534 |
| 6. 다른 소비자들에게 참여를 지속적으로 촉구하면서 목표를 달성할 수 있다. | .688 | .045 | .366 | .013 | .610 |
| 7. 다른 소비자들의 참여를 촉구하는 것뿐만 아니라, 조직을 만들어 활동해야 목표를 달성할 수 있다. | .672 | .136 | .298 | .021 | .559 |
| 8. 여론화뿐만 아니라, 직접 보이콧운동 대상을 겨냥해서 실질적인 압박을 취해야 한다. | .667 | −.020 | .255 | .096 | .519 |
| 9. 소비자불만이나 문제가 발생했을 시에 펼쳐야 하는 것이다. | .658 | .107 | .074 | .146 | .471 |
| 10. 대상이 되는 기업이나 정부에서 일을 하는 사람들의 일자리를 뺏을 수 있다. | .002 | .857 | .080 | .066 | .745 |
| 11. 기업의 영업활동을 방해해서 오히려 경제발전에 역효과를 가져올 수 있다. | −.142 | .817 | .105 | .095 | .707 |
| 12. 다른 브랜드나 회사로 바꾸어야 하는 비용을 가져올 수 있다. | .229 | .665 | .165 | .110 | .534 |
| 13. 자신이 좋아하는 연예인이나 유명인 또는 연극, 영화와 같은 예술작품 등에 대한 선호를 나타내는 수단으로도 사용할 수 있다. | −.036 | .187 | .793 | .122 | .680 |
| 14. (보이콧운동을) 전개하겠다고 하는 발언으로도 목표를 달성할 수 있다. | .222 | .143 | .712 | .075 | .582 |
| 15. 무조건 직접 실행에 옮겨 활용해야 목표를 달성할 수 있다. | .151 | .028 | .541 | .195 | .454 |

| 측정항목 | 요인 | 요인 1 | 요인 2 | 요인 3 | 요인 4 | 공통성 |
|---|---|---|---|---|---|---|
| 16. 내가 사는 곳과 가까운 지역에서 일어나는 운동이다. | | .168 | -.052 | .174 | .710 | .565 |
| 17. 특정 상품이나 회사를 목표로 하는 운동이다. | | .293 | .126 | .055 | .691 | .498 |
| 18. 시간을 정해 일시적으로 실시하는 운동이다. | | -.042 | .240 | .166 | .641 | .582 |
| 아이겐 값 | | 4.95 | 2.01 | 1.85 | 1.57 | |
| 분산(%) | | 27.50 | 11.19 | 10.28 | 8.75 | |
| 누적분산(%) | | 27.50 | 38.69 | 48.96 | 57.71 | |
| 신뢰도 계수 | | .90 | .73 | .60 | .60 | |
| 요인명 | | 자기실현추구 | 회의적 | 성과달성 | 수동적 | |

하도록 촉구를 해야 하며, 실질적으로 보이콧운동 대상을 압박해야 한다고 인식하는 내용으로 구성되었다. 또한 다른 소비자들의 참여를 촉구하는 것뿐만 아니라, 조직을 만들어 활동해야 목표를 달성할 수 있다는 문항도 포함되어 있다. 소비자보이콧에 대하여 열정적이고 적극적인 인식을 나타내는 문항으로 구성되어 있다는 점에서 '자기실현추구 소비자보이콧'이라 명명하였다.

두 번째 요인은 총 3문항으로 구성되었고 신뢰도 계수는 .73으로 신뢰도가 비교적 높았으며, 전체 분산의 11.19%를 설명하여 두 번째로 설명력이 높은 것으로 나타났다. 소비자보이콧 참여에 따른 우려로 결과적으로 보이콧운동에 따른 비용에 대하여 불편해 하고 기업의 영업을 방해하며 그 결과 일자리 감소를 우려하는 내용으로 구성되어 있다. 즉, 소비자보이콧에 대하여 부정적인 인식을 하는 내용으로 구성되어 있어 '회의적 소비자보이콧'이라 명명하였다. 경제위기를 맞고 있는 국가나 시기에는 소비자보이콧에 대한 이러한 회의적 인식을 하는 소비자들이 많아진다고 볼 수 있다.

두 번째 요인과 마찬가지로 3문항으로 구성된 세 번째 요인은 신뢰도 계수가 .60

으로 나타나 신뢰도가 다소 낮았고, 전체 분산의 10.28%를 설명하였다. 소비자가 보이콧운동은 자신이 좋아하는 연예인이나 유명인 또는 연극, 영화와 같은 예술작품 등에 대한 선호를 나타내는 수단으로도 사용할 수 있는 특정 목적을 달성하기 위한 수단이 될 수 있고, 목표 달성과 관련된 내용으로 구성되어 있어 '성과달성 추구 소비자보이콧'이라 명명하였다.

마지막 네 번째 요인은 총 3문항으로 구성되었고, 신뢰도 계수는 .60으로 신뢰도가 다소 낮았고 전체분산의 8.75%를 설명하여 설명력이 가장 낮았다. 소비자보이콧운동의 범위를 자신이 살고 있는 지역사회로 한정하고, 특정 상품이나 회사만을 목표로 하고 있으며, 일시적으로 이루어지는 캠페인이나 운동이라고 수동적으로 인식하는 내용으로 구성되어 있어서 '수동적 소비자보이콧'이라고 명명하였다.

세 번째 요인과 네 번째 요인은 신뢰도 계수값이 .60으로 너널리(Nunnally, 1978)가 바람직한 신뢰도 계수로 제안한 .70보다 작지만, 경험적 연구에서는 신뢰도 계수가 .60 이상일 때 역시 동일한 개념을 나타내므로(이군희, 2009) 요인 3, 4번의 신뢰도계수는 적절한 것으로 판단하였다. 특히 신뢰도 계수가 문항 수에 영향을 받는데, 문항이 3개로 구성되었다는 점을 감안한다면 신뢰도가 크게 문제가 되지 않는다.

## (2) 확인적 요인분석

소비자보이콧 인식에 대한 탐색적 요인분석 결과를 바탕으로 각 요인별 구성개념의 적합도를 평가하기 위해 확인적 요인분석을 실시한 결과가 〈표 7-4〉에 제시되어 있다. 표준오차가 2.5 이상으로 매우 큰 경우나, 헤이우드 케이스(Heywood case)와 같은 위반 추정치가 나타나지 않아 문항을 제거하지 않고 분석한 결과를 검토하였다.

확인적 요인분석을 통한 이 연구의 측정모형의 적합도는 $X^2$ = 449.94로 p값이 .001 수준에서 유의하게 나타나 영가설을 기각하여 모형에 적합하지 않지만, 전반적인 적합도 지수들의 경험적 기준들을 통해 모형의 적합도를 설명할 수 있다(김대업, 2008). 적합도 지수에서 RMSEA(< .06) = .05, GFI(> .90) = .95, AGFI(> .90) = .93, TLI(> .90) = .93, CFI(> .90) = .95, RMR(< .05) = .04로 도출된 적합도 지수의 값들이 모형에 적합한 것으로 나타났다. 확인적 요인분석은 관측변수가 단 하나

의 잠재변수와 상관관계를 가지기 때문에 적합도 지수가 제대로 나왔다는 자체만으로 신뢰도와 타당도가 어느 정도 인정된다(김대업, 2008).

■ 표 7-4  소비자보이콧 인식 문항의 확인적 요인분석

| 요인 | 척도 | 요인 적재량 | 표준화 요인 적재량 | 표준오차 (S. E.) | C. R[a]. | CCR[b] 및 AVE[c] |
|---|---|---|---|---|---|---|
| 자기 실현 추구 | 문항 8 | 1.00 | .76 | – | – | CCR = .91 ≥ .70 AVE = .50 ≥ .50 |
| | 문항 6 | 1.00 | .74 | .044 | 22.80 | |
| | 문항 19 | .97 | .73 | .044 | 22.21 | |
| | 문항 15 | .98 | .70 | .046 | 21.51 | |
| | 문항 5 | .88 | .68 | .044 | 19.92 | |
| | 문항 12 | .86 | .68 | .042 | 20.28 | |
| | 문항 13 | .83 | .65 | .042 | 19.51 | |
| | 문항 11 | .85 | .65 | .044 | 19.29 | |
| | 문항 9 | .84 | .63 | .044 | 19.19 | |
| 회의적 | 문항 24 | 1.00 | .77 | – | – | CCR = .82 ≥ .70 AVE = .50 ≥ .50 |
| | 문항 23 | 1.03 | .77 | .060 | 17.04 | |
| | 문항 25 | .65 | .58 | .045 | 14.46 | |
| 성과달성 추구 | 문항 10 | 1.00 | .76 | – | – | CCR= .78 ≥ .70 AVE= .41 ≤ .50 |
| | 문항 11 | .74 | .63 | .063 | 12.03 | |
| | 문항 14 | .60 | .50 | .060 | 9.45 | |
| 수동적 | 문항 1 | 1.00 | .70 | – | – | CCR= .80 = .70 AVE= .50 = .50 |
| | 문항 3 | 1.35 | .72 | .130 | 10.44 | |
| | 문항 2 | .92 | .70 | .102 | 8.99 | |
| 모형적합도 | | $X^2$ = 449.939(자유도 : 221.118 p(.001), GFI = .950, AGFI = .928, TLI = .929, CFI = .945, RMR = .036, RMSEA = .053 | | | | |

a. CR(Critical Ratio = t-value)

b. CCR(Composite Construct Reliability = 개념신뢰도)

c. AVE(Average Variance Extracted = 평균분산추출지수)

■ **표 7-5** 소비자보이콧 인식 문항에 관한 판별타당성

| 보이콧운동 인식 유형 | AVE | r | r² | 판별 타당성 |
|---|---|---|---|---|
| 자기실현 추구 ↔ 회의적 | 자기실현 = .50<br>회의적 = .50 | .50 | .25 | ○ |
| 자기실현 추구 ↔ 성과달성 추구 | 자기실현 = .50<br>성과달성 = .41 | .38 | .14 | ○ |
| 자기실현 추구 ↔ 수동적 | 자기실현 = .50<br>수동적 = .50 | .44 | .19 | ○ |
| 회의적 ↔ 성과달성 추구 | 회의적 = .50<br>성과달성 = .41 | .54 | .29 | ○ |
| 회의적 ↔ 수동적 | 회의적 = .50<br>수동적 = .50 | .44 | .19 | ○ |
| 성과달성 추구 ↔ 수동적 | 성과달성 = .41<br>수동적 = .50 | .35 | .12 | ○ |

이 연구모형의 표준화 요인 적재량이 모두 .50으로 측정항목의 개념타당성을 확보하는 것으로 나타났다. 개념신뢰도(CCR)는 모두 기준치인 .70 이상으로 나타나고 있어 적합한 것으로 나타났다. 단지 수단적 소비자보이콧에서 AVE(평균분산추출)가 .50을 넘지 못한 신뢰도도 있어 적합하지 않은 것으로 나타났다. 그러나 확인적 요인분석에서 적합도 지수들과 마찬가지로 신뢰성과 타당성의 기준치들 역시 절대적 기준치가 아니며(김대업, 2008), 적합도 지수가 제대로 나와 측정항목으로 채택하였다.

확인적 요인분석의 각 구성개념들에 대해 서로 상이한 개념들인지를 검증하기 위해 판별타당성 분석을 실시한 결과가 〈표 7-5〉에 제시되어 있다. 일반적으로 구성개념 각각의 AVE(평균분산추출)가 상관계수의 제곱값을 상회하면 판별타당성이 있는 것으로 볼 수 있다(김대업, 2008). 잠재요인 각각의 AVE와 잠재요인 상호 간 상관관계 제곱 값의 크기를 비교한 결과 모든 잠재요인의 AVE가 잠재요인 간 상관관계 제곱 값보다 큰 것으로 나타나 판별타당성이 확보된 것으로 검증되었다. 이상의 분석 결과, 소비자보이콧 인식 문항은 4개의 요인으로 총 18문항 모두를 측정도구로 사용하기에 적합한 것으로 밝혀졌다.

## 2) 소비자보이콧 태도

소비자보이콧 태도는 소비자가 소비자보이콧에 대해 우호적이거나 비우호적이거나 하는 일관성 있는 생각을 표현하는 반응이나 성향을 말한다. 첸(2010)의 연구를 참고하여 총 5문항, '매우 나쁜 생각-매우 좋은 생각', '전혀 유용하지 않은-매우 유용한', '전혀 호의적이지 않은-매우 호의적인', '전혀 필요하지 않은-매우 필요한', '매우 부정적인-매우 긍정적인' 등으로 5점 의미분별척도로 측정하였다. 소비자보이콧에 대한 태도 점수가 높을수록 소비자보이콧에 대해 우호적인 것을 의미한다.

소비자보이콧 태도 척도의 타당성을 검증하기 위하여 요인분석을 한 결과 단일 요인으로 묶여 하나의 개념을 설명하는 데 있어 어려움이 없는 것으로 나타났다. 아이겐 값은 3.70으로 1 이상이었으며, 전체 5문항의 설명력은 74.09%로 나타나 설명력도 컸다. 신뢰도 계수가 .91로 나와 소비자보이콧 태도 문항이 매우 신뢰할 수 있다는 것을 알 수 있었다.

## 3) 소비자보이콧의 영향력

소비자보이콧의 영향력은 소비자보이콧이 행위주체와 보이콧운동의 대상에게 미치는 영향력이 어떠한가로 측정하였다. 이득연(1996)과 프리드먼(1999)의 연구를 참고하여 '소비자 개인(본인, 가족, 친구, 지인 등)', '소비자 단체 및 관련 운동가', '보이콧운동 진행 매체 및 기관', '보이콧운동 대상(제품, 기업, 정부)', '보이콧운동 대상과 관련한 제품, 기업, 정부(간접적 대상자)', '지역사회 및 국가' 등 6문항을 '매우 부정적' 1점에서 '매우 긍정적' 5점으로 측정하였다. 점수가 높을수록 해당하는 대상에게 긍정적인 영향을 미치는 것을 의미한다.

소비자보이콧 영향력의 타당성을 검증하기 위하여 실시한 요인분석 결과가 〈표 7-6〉에 제시되어 있다. 척도에 포함된 6개의 문항이 한 문항도 탈락되지 않고, 2개의 요인이 추출되었으며, 총 설명력은 76.68%이었다. 첫 번째 요인은 소비자보이콧의 행위주체에 대한 영향력을 살펴보는 것으로 총 3문항으로 구성되며 이들의 설명

| 측정항목 | 요인 | 요인 1 | 요인 2 | 공통성 |
|---|---|---|---|---|
| 1. 소비자 개인(본인, 가족, 친구, 지인 등) | | .255 | .763 | .674 |
| 2. 소비자 단체 및 관련운동가 | | .145 | .890 | .813 |
| 3. 보이콧운동 진행 매체 및 기관 | | .248 | .805 | .710 |
| 4. 보이콧운동 대상(제품, 기업, 정부) | | .917 | .174 | .871 |
| 5. 보이콧운동 대상과 관련한 제품, 기업, 정부(간접) | | .917 | .192 | .878 |
| 7. 지역사회 및 국가 | | .744 | .358 | .682 |
| 아이겐 값 | | 2.83 | 2.22 | |
| 분산(%) | | 39.73 | 36.95 | |
| 누적분산(%) | | 39.73 | 76.68 | |
| 신뢰도 계수 | | .81 | .88 | |
| 요인명 | | 행위주체 | 행위대상 | |

력은 39.73%였다. 두 번째 요인은 소비자보이콧의 대상에 대한 영향력을 살펴보는 것으로 총 3문항으로 구성되며 36.95%의 설명력을 가졌다. 신뢰도 분석결과, 신뢰도 계수값이 요인 1은 .81, 요인 2는 .88로 나타나 신뢰도가 매우 높았다.

## 4) 소비자보이콧의 목적

〈표 7-7〉에는 소비자보이콧의 목적을 측정하는 문항들을 요인분석한 결과가 제시되어 있다. 소비자보이콧을 통해서 어떠한 효과와 영향력을 행사할 수 있어야 하는가에 관한 인식을 알아보기 위하여 모두 9개 문항으로 구성하였으나, 요인분석을 한 결과 1문항이 탈락되었다. 모두 2개의 요인이 추출되었고, 두 요인의 설명력은 56.5%로 나타났다.

요인 1은 기업과 정부의 정책들을 변화하게 만드는 동인이 되고, 소비자보이콧을

■ 표 7-7 소비자보이콧의 목적 요인분석

| 측정항목     요인 | 요인 1 | 요인 2 | 공통성 |
|---|---|---|---|
| 1. 작게는 기업, 크게는 정부의 정책들을 변화하게 만드는 동인이다. | .808 | .044 | .654 |
| 2. 상품의 가격이나 품질, 안전성과 관련된 차원에서 소비자 전체의 이익을 실현하고자 하는 것이다. | .765 | .122 | .599 |
| 3. 나에게 돌아오는 이득은 없다 하더라도 보편적인 차원에서 행해야 한다. | .743 | -.054 | .555 |
| 4. 사회의 정의를 실현했다는 자신감과 기쁨을 준다. | .690 | .213 | .521 |
| 5. 소비자불만이나 문제가 발생했을 시에 펼쳐야 하는 운동이다. | .670 | .194 | .487 |
| 6. 환경, 노동, 인권 등과 같은 다양한 사회적·정치적 문제에 얽힌 의견을 표출하는 운동이다. | .662 | .079 | .445 |
| 7. 일단 실행을 해야 한다면, 나에게 돌아오는 이득이 있어야 한다. | -.004 | .845 | .715 |
| 8. 특정한 상품이나 회사, 브랜드를 목표로만 펼쳐야 하는 운동이다. | .195 | .709 | .540 |
| 아이겐 값 | 3.190 | 1.326 | |
| 분산(%) | 39.875 | 16.580 | |
| 누적분산(%) | 39.875 | 56.455 | - |
| 신뢰도 계수 | .824 | .410 | |
| 요인명 | 거시적 이득 | 미시적 이득 | |

통해서 자신에게 비록 이익이 돌아오지 않더라도 다른 소비자와 사회, 소비자문제와 직접 관련이 되지 않더라도 사회정의를 실현하고, 환경, 노동, 인권 등과 같은 다양한 사회적·정치적 문제도 관심을 가지는 운동이라고 생각하는 내용의 문항들로 구성되어 있어서 거시적 이득이라고 명명하였다. 이 요인은 총 6문항이 구성되었고, 설명력은 전체의 39.9%로 나타났다.

요인 2는 소비자보이콧의 목적이 소비자 개인의 경제적 이득과 직접적인 관련 있고, 특정한 상품이나 회사, 브랜드를 목표로만 펼쳐야 하는 운동이라는 내용으로 구성되어 있어서 미시적 이득이라고 명명하였다. 이 요인은 16.6%의 설명력을 가졌다. 이 요인의 신뢰도는 .410으로 많이 떨어지나 소비자보이콧을 설명하기 위한 문항으로 선행연구에서 입증되었고, 소비자보이콧의 목적을 구성하는 중요한 차원이라고 볼 수 있으며, 문항 수가 2개라는 점을 감안해서 그대로 사용하기로 하였다.

## 5) 소비자보이콧의 역할과 기능

〈표 7-8〉에는 소비자보이콧 역할과 기능 인식에 관한 요인분석과 신뢰도를 측정한 결과가 제시되어 있다. 소비자보이콧이 어떠한 역할과 기능을 하여야 하는지에 관한 인식을 묻는 문항은 총 8문항으로 구성되었으나, 요인분석 결과 2문항이 탈락되었다. 요인의 전체 설명력은 69.0%였다.

요인 1은 소비자보이콧을 통해서 적극적으로 성취하고자 하는 목표를 달성해야 한다는 내용의 총 4문항으로 구성되어 '적극적 수단'이라 명명하였고, 전체의 43.3%를 설명하고 있는 것으로 나타났다. 이 요인의 신뢰도는 .82로 나타나 신뢰수준이 매우 높았다. 요인 2는 소비자보이콧을 직접적으로 행하지 않더라도 자신의 의견을 나타낼 수 있다는 간접적이며 상징적인 내용의 전체의 25.7%의 설명력을 가진 2문항으로 구성되었기에 '간접적 상징'이라 명명하였다. 이 요인의 신뢰도는 .64로 나타나 일반적으로 신뢰할 만한 수준이라고 보는 .70보다 약간 적으나, 문항이 2개라는 점을 감안한다면 크게 문제가 되지 않는다고 볼 수 있다.

## 6) 소비자보이콧 운동의 참여형태

소비자보이콧 운동의 참여형태는 소비자가 보이콧운동에 어떠한 방식으로 참여할 것인지를 말한다. 첸(2010)의 연구를 참고하여 총 8문항을 제시하고 중복해서 선택할 수 있도록 하였다. '해당 회사에 항의전화 및 서신', '이용 및 구매중지', '경쟁회사 제품이나 서비스 선택', '주변 사람들에게 입소문 내기', '카페 및 동호회/단체 대응 참여', '온라인상에 부정적 글/댓글 달기', '신고 및 고소 등 법적 대응', '기타' 로 구성하

| 측정항목 | 요인 | 요인 1 | 요인 2 | 공통성 |
|---|---|---|---|---|
| 1. 대상이 되는 상품이나 브랜드, 회사 등이 꼭 변화할 수 있도록 직접적으로 관여해야 한다. | | .832 | -.004 | .692 |
| 2. 여론화뿐만 아니라 직접 보이콧 대상을 겨냥해서 실질적인 압박을 취해야 한다. | | .809 | .072 | .659 |
| 3. 다른 소비자들의 참여를 촉구하는 것뿐만 아니라 체계적인 운동준비를 위해서 조직을 만들어야 목표를 달성할 수 있다. | | .788 | .185 | .655 |
| 4. 다른 소비자들에게 참여를 지속적으로 촉구하면서 목표를 달성할 수 있다. | | .755 | .295 | .658 |
| 5. 자신이 좋아하는 연예인이나 유명인 또는 연극, 영화와 같은 예술작품 등에 대한 선호를 나타내는 수단으로도 사용할 수 있다. | | .019 | .872 | .760 |
| 6. 운동을 전개하겠다고 고려한다는 발언으로도 목표를 달성할 수 있다. | | .242 | .811 | .716 |
| 아이겐 값 | | 2.597 | 1.544 | |
| 분산(%) | | 43.277 | 25.727 | |
| 누적분산(%) | | 43.277 | 69.003 | – |
| 신뢰도 계수 | | .824 | .636 | |
| 요인명 | | 적극적 수단 | 간접적 상징 | |

였다.

## 7) 소비자보이콧의 참여의도

소비자보이콧의 참여의도는 소비자가 소비자보이콧에 참여하고자 하는 의지를 측정하기 위한 것이다. 센 등(2001), 프리드먼 등(2004)의 연구를 참고하여 이 연구에 맞게 경제적 소비자보이콧 참여의도와 윤리적 소비자보이콧 참여의도로 나누어 측정하였다. 경제적 소비자보이콧은 '직접적인 재산상의 손해나 소비자 피해를 입었을 경우'로 물었으며, 윤리적 소비자보이콧은 '기업의 사회적 책임, 소비자 권익문제, 사회건전성 등에 해가 된다면'으로 질문하였다. 두 문항은 예비조사에서는 7점 리커트 척도를 사용하였으나, 본 조사에서는 '전혀 보이콧운동 안 함' 1점에서 '반드시 보이콧운동 함' 5점의 리커트 척도로 측정하였고, 높을수록 보이콧운동에 참여할 의도가 높다.

소비자보이콧 참여의도의 요인분석 결과 단일 요인으로 묶여 아이겐 값이 1.66으로 1 이상이고 전체 2문항이 83.19%의 일관된 설명력을 가진 것을 알 수 있었다. 이들의 신뢰성은 신뢰도 계수가 .85로 나타나 높은 신뢰도를 가진 것으로 나타났다.

## 8) 소비자보이콧 행위주체

〈표 7-9〉에는 소비자보이콧의 행위주체 인식에 관한 요인분석과 신뢰도를 측정한 결과가 제시되어 있다. 소비자보이콧을 누가 펼쳐나가야 할 것인가에 대한 행위주체에 대한 인식 문항은 총 4문항으로 전체 72.4%의 설명력을 가졌다. 개별 소비자의 참여

■ **표 7-9** 소비자보이콧의 행위주체 인식에 관한 요인분석과 신뢰도

| 측정항목 요인 | 요인 1 | 요인 2 | 공통성 |
|---|---|---|---|
| 1. 소비자의 참여나 관심이 없이는 이루어지기 힘들다. | .848 | .159 | .745 |
| 2. 개별 소비자도 적극적으로 참여할 수 있는 일이다. | .845 | −.114 | .727 |
| 3. 소비자 단체나 시민단체만 나서서 하는 일이다. | −.227 | .823 | .728 |
| 4. 이러한 활동을 위한 자금력(경제적 지원)이 동원되지 않고는 지속하기 힘들다. | .314 | .773 | .696 |
| 아이겐값 | 1.584 | 1.312 | |
| 분산(%) | 39.604 | 32.804 | |
| 누적분산(%) | 39.604 | 72.407 | − |
| 신뢰도 계수 | .660 | .446 | |
| 요인명 | 소비자 개인 | 주도세력 주체 | |

가 중요하다는 내용의 2문항으로 전체의 39.6%를 설명하고 있는 요인 1의 경우 '소비자 개인으로 명명하였다.

소비자보이콧은 소비자단체와 같은 주도세력이 있어야 하고 경제력과 같은 지원이 함께 되어야 한다는 내용의 요인 2는 '주도세력 주체'로 명명하였다. 총 2문항으로 구성되며 이들의 설명력은 32.8%로 나타났다. 요인 2의 경우 신뢰도가 .45로 비교적 낮았지만, 2문항으로 구성되어 있고 설명에 필요한 문항이기에 사용하기로 하였다.

## 9) 소비자보이콧 범위와 기한 인식

〈표 7-10〉에는 소비자보이콧의 범위와 기한에 관한 문항을 요인분석하고 신뢰도를 측정한 결과가 제시되어 있다. 소비자보이콧을 언제 어디서 펼쳐야 할 것인지 그 지속범위에 대한 인식을 살펴본 문항은 총 4문항으로 전체 69.8%의 설명력을 가졌다.

요인 1은 목표한 바를 이룰 때까지 지속적으로 전국적으로나 세계적으로 소비자

■ **표 7-10** 소비자보이콧 범위와 기한에 관한 요인분석과 신뢰도

| 측정항목                                    요인 | 요인 1 | 요인 2 | 공통성 |
|-----------------------------------------------|-------|-------|------|
| 1. 목표하는 바를 이루기까지 지속적으로 펼쳐야 한다. | **.853** | .043 | .729 |
| 2. 전국적으로나 전 세계적으로 펼쳐지는 운동이다. | **.844** | .101 | .722 |
| 3. 시간을 정해서 일시적으로 하는 행위이다. | -.108 | **.871** | .771 |
| 4. 내가 사는 곳과 가까운 지역에서 일어나는 행위이다. | .345 | **.668** | .565 |
| 아이겐값 | 1.570 | 1.218 | |
| 분산(%) | 39.241 | 30.438 | |
| 누적분산(%) | 39.241 | 69.680 | − |
| 신뢰도 계수 | .670 | .473 | |
| 요인명 | 장기국가 | 단기지역 | |

보이콧을 펼쳐야 한다는 내용으로, 총 2문항으로 구성되었으며, 전체의 39%를 설명하였고, '장기국가'라고 명명하였다. 요인 2는 비교적 짧은 시간에 지역에서 펼쳐야 한다는 내용으로, 총 2문항으로 구성되었으며 '단기지역'이라고 명명하였고, 전체의 30%를 설명하는 것으로 나타났다. 요인 2의 신뢰도가 .473으로 비교적 낮았으나 2문항으로 구성이 되었으며 소비자보이콧을 설명하는 데 중요한 문항이기에 사용하기로 하였다.

## 10) 윤리적 소비자주의

윤리적 소비에 관한 정의는 소비자의 윤리적 고려로 영향을 받아 행하는 의사결정과 구매행위와 같은 소비경험(Harrison et al., 2005)과 같은 친환경적 소비, 동물보호, 공정무역상품 구매 등 특정한 범주를 가진 행위로 보고 있다. 홍연금(2009), 천경희 외 (2010)에서 언급한 것과 같이 소비자가 사회구성원으로서 개개인의 생활 기준이 되는 규범체계인 사회윤리 중 소비윤리를 일상에서 실천하는 행동이라 할 수 있다. 윤리적 소비자주의란 윤리적 소비를 실천하면서 궁극적으로 추구하고자 하는 가치나 목적을 실현하는 운동에 가깝다.

브르두라크(2007)은 사회문제를 해결하기 위하여 소비를 줄이는 것과 같은 자발적인 희생을 통해 도덕적인 신념을 실천해 나가는 것을 윤리적 소비자주의라 보았다. 소비행위는 긍정적인 측면의 윤리적인 제품을 구매하는 행위, 부정적인 측면의 윤리적이지 않은 제품을 구매 중지하는 행위 등이 포함되며, 제품 자체에 대한 윤리적 판단뿐만 아니라 제품 생산과정에 대한 윤리적 판단과 고려를 포함하는 의사결정의 일환이다. 그러므로 윤리적 소비자주의는 소비자가 소비생활 속에서 개인의 희생이 따르더라도 자발적으로 참여하여 윤리적인 제품과 생산자, 생산과정 등을 고려하여 구매의사결정에 참여하는 일련의 행위로 정의할 수 있다.

윤리적 소비자주의를 측정하기 위하여 브르두라크(2007)의 연구에서 측정한 문항 9개를 번역하여 이 연구에 맞게 구성하였다. 〈표 7-11〉에는 윤리적 소비자주의 초기 척도가 제시되어 있다. 총 9개 문항, 5점 리커트 척도로 구성하였으며 점수가 높

| 유형 | 문항 | 참고연구 |
|---|---|---|
| 윤리적 소비자 주의 | 1. 나는 환경인증이나 사회적 인증마크가 있는 상품을 구매하는 편이다.<br>2. 나는 주로 품질인증을 가진 상품을 구매한다.<br>3. 나는 윤리적 규범에 따라 생산된 상품을 구매하는 편이다.<br>4. 나는 최고의 품질을 가진 상품만 구매한다.<br>5. 상품을 구매할 때 나는 환경 상품의 생산 국가를 중요하게 생각하지 않는다. (−)<br>6. 상품을 구매할 때 나는 상품의 생산 국가를 중요하게 생각하지 않는다. (−)<br>7. 상품을 구매할 때 나는 윤리적 측면에서 상품의 생산 국가를 중요하게 생각하지 않는다. (−)<br>8. 상품을 구매할 때 나는 상품의 생산자를 중요하게 생각하지 않는다. (−)<br>9. 상품을 구매할 때 나는 상품의 생산과정은 중요하게 생각하지 않는다. (−) | Brdulak (2007) |

(−)는 역코딩 문항을 의미함.

을수록 윤리적 소비자주의의 수준이 높은 것을 의미한다. 부정적인 문항은 역코딩하여 측정하였다.

윤리적 소비자주의의 타당성과 신뢰성을 검증하기 위하여 요인분석과 신뢰도 분석을 한 결과가 〈표 7-12〉에 제시되어 있다. 요인분석 결과, '상품을 구매할 때 나는 상품의 생산과정은 중요하게 생각하지 않는다'의 1문항이 탈락하여 총 8문항으로 2개의 요인이 추출되었으며 이들의 총 설명력은 61.23%이었다.

첫 번째 요인은 소비자가 제품을 구매할 때 윤리적 상품이라는 인증을 받았거나 품질인증을 받은 것, 윤리적 규범에 따라 생산된 상품이나, 최고의 품질을 가진 상품을 구매하는 문항으로 구성되어 있다. 그러므로 결과적으로 윤리적인 상품이냐 아니냐를 판단하여 선택하는 **결과론적 윤리적 소비자주의**라고 명명하였다. 전체 분산의 31.62%를 설명였으며, 신뢰도 계수는 .80으로 신뢰도가 높은 편이었다. 두 번째 요인은 소비자 윤리적 상품을 구매할 때 상품 자체가 아닌 상품이 만들어진 생산국과 어떠한 사람이 상품을 생산하였는가를 고려하는 것을 설명하는 것으로 상품이 제작되는 환경과 과정까지 윤리적인가를 고려하는 **의무론적 윤리적 소비자주의**라고 명명

■ **표 7-12** 윤리적 소비자주의 문항의 요인분석 결과

| 측정항목 | 요인 | 결과론적 윤리적 소비자 주의 | 의무론적 윤리적 소비자 주의 | 공통성 |
|---|---|---|---|---|
| 1. 나는 환경인증이나 사회적 인증마크가 있는 상품을 구매하는 편이다. | | .840 | .075 | .710 |
| 2. 나는 주로 품질인증을 가진 상품을 구매한다. | | .807 | .194 | .689 |
| 3. 나는 윤리적 규범에 따라 생산된 상품을 구매하는 편이다. | | .780 | .189 | .644 |
| 4. 나는 최고의 품질을 가진 상품만 구매한다. | | .708 | .087 | .509 |
| 5. 상품을 구매할 때 나는 환경 상품의 생산 국가를 중요하게 생각하지 않는다. (−) | | .114 | .802 | .656 |
| 6. 상품을 구매할 때 나는 상품의 생산 국가를 중요하게 생각하지 않는다. (−) | | .119 | .789 | .637 |
| 7. 상품을 구매할 때 나는 윤리적 측면에서 상품의 생산 국가를 중요하게 생각하지 않는다. (−) | | .114 | .774 | .612 |
| 8. 상품을 구매할 때 나는 상품의 생산자를 중요하게 생각하지 않는다. (−) | | .155 | .646 | .541 |
| 아이겐 값 | | 2.53 | 2.37 | |
| 분산(%) | | 31.62 | 29.61 | − |
| 누적분산(%) | | 31.62 | 61.23 | |
| 신뢰도 계수 | | .80 | .76 | |

하였다. 전체 분산의 29.61%를 설명하고 있으며, 신뢰도 계수는 .76으로 신뢰도가 비교적 높은 것으로 나타났다.

# 제 8 장

# 국내 소비자의 소비자보이콧과
# 윤리적 소비자주의의 실태

이 장에서는 소비자보이콧에 대한 다양한 의식과 태도, 참여 및 윤리적 소비자주의의에 관한 실태를 알아보고, 이러한 실태가 사회인구학적 변수에 따라 어떠한 차이가 나는지를 분석하였다.

 ## 1. 소비자보이콧에 관한 의식

### 1) 소비자보이콧에 대한 인식

국내 소비자들의 소비자보이콧 인식의 일반적 경향을 살펴보면 〈표 8-1〉과 같다. 대부분의 보이콧운동에 관한 인식 문항들이 중간 점수대에 위치하고 있다. 국내 소비자들은 소비자보이콧에 관한 인식 문항 중 '개별소비자도 적극적으로 참여할 수 있는 일이다(3.68점)'와 '소비자불만이나 문제가 발생했을 시에 펼쳐야 하는 것이다(3.68점)'를 가장 높은 수준으로 인식하고 있었다. 소비자보이콧을 개인적인 차원에서 소비자 불만이나 문제가 발생했을 때 하는 경제적인 측면에 국한한 소극적인 소비자보이콧

■ **표 8-1** 소비자보이콧 인식의 일반적 경향

| 요인명 | 항목 | 평균(SD) |
|---|---|---|
| 자기<br>실현<br>추구<br>소비자<br>불매<br>운동 | 1. 상품의 가격이나 품질, 안전성과 관련된 차원에서 소비자 이익을 실현하고자 하는 것이다. | 3.72( .78) |
| | 2. 목표하는 바를 이루기까지 지속적으로 펼쳐야 하는 일이다. | 3.67( .78) |
| | 3. 대상이 되는 상품이나 브랜드, 회사 등이 꼭 변화할 수 있도록 직접적으로 관여해야 한다. | 3.51( .78) |
| | 4. 소비자의 참여나 관심이 없이는 이루어지기 힘들다. | 3.87( .82) |
| | 5. 개별 소비자도 적극적으로 참여할 수 있는 일이다. | 3.68( .79) |
| | 6. 다른 소비자들에게 참여를 지속적으로 촉구하면서 목표를 달성할 수 있다. | 3.54( .74) |
| | 7. 다른 소비자들의 참여를 촉구하는 것뿐만 아니라, 조직을 만들어 활동해야 목표를 달성할 수 있다. | 3.51( .74) |
| | 8. 여론화뿐만 아니라, 직접 보이콧운동 대상을 겨냥해서 실질적인 압박을 취해야 한다. | 3.52( .77) |
| | 9. 소비자불만이나 문제가 발생했을 시에 펼쳐야 하는 것이다. | 3.68( .78) |
| | 전체(5점 환산점수) | 3.64( .57) |
| 회의적<br>소비자<br>불매<br>운동 | 10. 대상이 되는 기업이나 정부에서 일을 하는 사람들의 일자리를 빼앗을 수 있다. | 3.06( .85) |
| | 11. 기업의 영업활동을 방해해서 오히려 경제발전에 역효과를 가져올 수 있다. | 2.92( .84) |
| | 12. 다른 브랜드나 회사로 바꾸어야 하는 비용을 가져올 수 있다. | 3.23( .77) |
| | 전체(5점 환산점수) | 3.07( .67) |
| 성과<br>달성<br>추구<br>소비자<br>불매<br>운동 | 13. 자신이 좋아하는 연예인이나 유명인 또는 연극, 영화와 같은 예술작품 등에 대한 선호를 나타내는 수단으로도 사용할 수 있다. | 2.97( .91) |
| | 14. (보이콧운동을) 전개하겠다는 발언으로도 목표를 달성할 수 있다. | 3.22( .79) |
| | 15. 무조건 직접 실행에 옮겨 활용해야 목표를 달성할 수 있다. | 3.07( .92) |
| | 전체(5점 환산점수) | 3.09( .64) |
| 수동적<br>소비자<br>불매<br>운동 | 16. 내가 사는 곳과 가까운 지역에서 일어나는 운동이다. | 3.01( .82) |
| | 17. 특정 상품이나 회사를 목표로 하는 운동이다. | 3.30( .86) |
| | 18. 시간을 정해서 일시적으로 실시하는 운동이다. | 2.98( .86) |
| | 전체(5점 환산점수) | 3.10( .60) |

으로 인식하고 있었다. '기업의 경영활동을 방해해서 오히려 경제발전에 역효과를 가져올 수 있다(2.92점)'와 '자신이 좋아하는 연예인이나 유명인 또는 연극, 영화와 같은 예술작품 등에 대한 선호를 나타내는 수단으로도 사용할 수 있다(2.97점)'는 가장 낮은 수준으로 인식하고 있었다. 소비자보이콧 운동이 기업의 경영활동에 나쁜 영향을 줄 수 있다는 점에 대해 소비자들이 부정적으로 인식하고 있다는 점은 기업이 보다 적극적으로 대처해야 할 부분일 것이다. 또한 국가 경제를 위해 비윤리적인 기업도 소비자들이 봐 준다는 인식을 버려야 할 것이다. 개인의 선호를 표현하는 수단으로서의 보이콧운동에 대해서는 소비자들의 인식 수준이 보통에 못 미치는 것을 알 수 있다.

요인별 인식 수준은 자기실현 추구 소비자보이콧이 3.64점으로 중간 수준 이상의 인식도를 보였으며, 수동적 소비자보이콧, 성과달성 추구 소비자보이콧, 회의적 소비자보이콧순으로 뒤를 이었으나 이들 간 인식 수준은 3.07~3.10점으로 크게 차이가 나지 않았다. 국내 소비자들의 소비자보이콧에 관한 인식 수준은 전반적으로 보통 수준에 그쳤다.

자기실현추구 소비자보이콧은 단순히 개인적인 차원에 머무르지 않고 다른 소비자들의 참여를 촉구하는 정보전달과도 관련이 있다. 소셜커머스 업체인 위메프는 지역 MD(머천다이저) 채용 과정에서 구직자 11명을 대상으로 2주간 현장 영업을 하도록 하는 정직원 수준의 3차 테스트를 진행하고, 이들이 따내 온 계약을 자사 사이트를 통해 공식적으로 판매도 했다. 그러나 평가기간이 끝나자 전원을 불합격 처리하며, 2주 근무수당으로 1인당 55만 원씩을 지급했다. 구직자의 간절한 처지를 이용해 이득을 취했다는 '갑질' 논란이 불거졌다. 위메프 대표는 11명 전원을 합격시키는 것으로 사태를 봉합하려 했으나, 갑질 논란에 휩싸인 이후 위메프와 관련된 모든 소식은 어김없이 기사화되었다. 정가 7,200원짜리 상품을 7,900원에 내놓았다는 논란, 2011년부터 실적순으로 해고해 왔다는 주장 등등, 시간이 오래된 과거의 문제까지 하나하나 논란이 되었다(시사인, 2015년 2월 6일). 소비자보이콧에 어떤 소비자가 혼자서 참여한다면 여러 가지로 어려움이 많을 수 있고, 또 두려울 수도 있을 것이다. 그러나 소셜네트워크 서비스(SNS)를 통하여 실시간으로 내가 하는 보이콧에 동조하는 소비자들이 늘고, 단순히 동조하는 것을 넘어 다양한 전략과 실천지침 등이 집단지성의 힘으로 계속해서 업데이트 된다면 그 파급효과는 매우 클 수 있다.

## 2) 소비자보이콧에 대한 태도

〈표 8-2〉에서 소비자보이콧 태도의 일반적인 경향을 살펴보면 모든 문항이 보통 수준 이상이나 확실한 태도의 차이를 보기 어렵다. '필요'에 관한 태도에서 3.41점, '유용'에 관한 태도에서 3.36점으로 비교적 우호적인 점수를 나타내어 소비자보이콧이 유용하며 필요하다는 데 다소 우호적인 것을 알 수 있었다.

■ **표 8-2** 소비자보이콧에 대한 태도

| 문항 | M(SD) | 문항 |
| --- | --- | --- |
| 매우 나쁜 생각 | 3.32( .868) | 매우 좋은 생각 |
| 전혀 유용하지 않은 | 3.36( .871) | 매우 유용한 |
| 전혀 호의적이지 않은 | 3.18( .851) | 매우 호의적인 |
| 전혀 필요하지 않은 | 3.41( .908) | 매우 필요한 |
| 매우 부정적인 | 3.23( .895) | 매우 긍정적인 |

## 3) 소비자보이콧의 영향력

〈그림 8-1〉에는 소비자보이콧이 행위자 및 소비자보이콧 대상에게 어떠한 영향력을 미칠 것인가에 대한 결과가 제시되어 있다. 보이콧운동의 주체인 소비자단체 및 관련 운동가가 3.60점으로 대체로 긍정적인 영향력을 미치리라 판단하였다. 소비자 개인에 대한 영향력도 3.57점으로 대체로 긍정적인 영향력을 기대하고 있는 것을 알 수 있다. 반면에 소비자보이콧의 대상이 되는 기업에 대해 3.22점으로 보통 수준으로 나타났지만, 가장 낮은 수준을 보였다. 소비자보이콧이 미치는 기업에 대한 영향력에 관해서 대체로 기대하지 않는 것으로 나타나 기업에 영향력을 행사하는 데 있어 다소 부정적임을 알 수 있다.

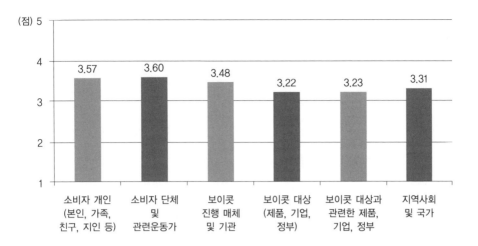

(점) 5

4

3.57　　3.60　　3.48　　3.22　　3.23　　3.31

3

2

1

소비자 개인　소비자 단체　보이콧　　보이콧 대상　보이콧 대상과　지역사회
(본인, 가족,　및　　진행 매체　(제품, 기업,　관련한 제품,　및 국가
친구, 지인 등)　관련운동가　및 기관　　정부)　　기업, 정부

■ **그림 8-1**　소비자보이콧 운동의 영향력

　보이콧운동에 대한 많은 연구에 의하면 소비자보이콧의 효과가 점점 더 증가하고 있고 영향력도 커지고 있는 것으로 나타났다. 프리드먼(1985)도 1970년대 미국에서 소비자보이콧은 약 27% 정도가 성공했거나 부분적으로 성공했다고 한다. 캐리건과 아탈라(Carrigan & Atalla, 2001)는 보이콧운동으로 기업 매출이 감소하여 기업 이익이 타격을 받는다고 하였다. 대한항공의 땅콩회항사건으로 뉴욕에 거주하고 있는 한인단체를 중심으로 벌인 대한항공 보이콧운동은 단기적으로 약 2% 정도의 승객이 감소한 것으로 나타났다. 프루잇과 프리드먼(Pruitt & Friedman, 1986)은 언론에서 소비자보이콧을 공개하면 해당 기업의 총체적 시장가치가 크게 감소하고 주가도 떨어진다고 하였다.

　보이콧운동 조직이 전 세계적으로 증가하고 있고 보이콧운동이 윤리적 목적을 달성시킬 수 있는 하나의 수단으로 계획되고 있다(Newholm & Show, 2007). 또한 온라인 운동과 함께 트윗터와 페이스북 등 SNS를 이용하는 소비자들이 폭증함에 따라 단기간에 폭발적인 효과를 낼 수 있는 보이콧운동이 거세어지고 있다. 기업에서도 소비자보이콧 운동에 대한 대처방안 등이 다각적으로 검토되고 있다는 점을 고려한다면 보이콧운동의 효과에 대한 소비자들이 인식하는 수준도 앞으로 크게 증가할 것이라고 예측할 수 있다.

이렇게 되면 소비자들이 보이콧운동을 기획하고 참여하는 수준이 양적·질적으로 크게 증가할 수 있다는 점을 기업에서는 정확하게 인식하고 효율적으로 대처해야 할 것이다. 특히 모바일과 인터넷이 일상화된 현대사회에서, 무엇보다 인터넷환경이 발달한 우리나라에서 그 파급효과는 더 클 것이라고 예측할 수 있다. 보이콧이 일어난 초기에 효율적으로 신속하게 대처한 기업은 회생할 수 있으나, 어정쩡하거나 모호하게 또는 다른 주체에게 떠넘기는 행위는 오히려 보이콧을 더 확산시키는 결과를 초래할 수 있다.

남양유업의 욕설 사태는 2013년 5월 남양유업의 젊은 영업사원이 나이 많은 대리점주에게 욕설과 막말을 하는 음성파일이 공개되면서 불거졌다. 이후 본사가 대리점들에게 물량 밀어내기를 한 사실까지 드러나면서 사태는 일파만파로 확대됐고, 사회적 공분을 샀다. 소비자들의 보이콧이 일었고 이 사건으로 남양유업은 갑의 횡포를 하는 대표적인 기업으로 낙인 찍혔다. 남양유업은 욕설 파문 이후 많은 소비자들이 남양유업 제품에 등을 돌려서 매출이나 영업이익에서 큰 타격을 받았다.

홈플러스는 2011년 말부터 2014년 7월까지 11차례에 걸쳐 진행된 경품행사에서 고객들의 개인정보 712만 건을 부당하게 입수하여 경품 응모 고객의 정보를 1건당 1,980원씩에 보험사 7곳에 판매하고 148억 원을 챙긴 혐의로 기소됐다. 이번 홈플러스 사태로 경품 행사 및 기존에 입수한 것들을 합쳐 총 2,400만여 건의 개인정보가 보험사 측에 유출됐고, 홈플러스는 231억 7천만 원의 불법수익을 올렸다. 홈플러스는 고객정보 판매실태가 드러나자 사장이나 경영진이 아닌 홈플러스 이름으로 사과문을 홈페이지에 올렸으나 사건이 터진 뒤 일주일 동안 진정성 있는 사과를 내보내지 않았다는 여론이 거세게 일면서 다음 아고라에 홈플러스 사태와 관련된 청원이 이뤄져 소비자보이콧이 펼쳐졌다(데일리한국, 2015년 2월 10일).

## 4) 소비자보이콧의 목적

〈표 8-3〉에는 소비자보이콧의 목적을 소비자들이 어떻게 보고 있는가에 관한 내용이 제시되어 있다. 거시적 이득 중에서는 '상품의 가격이나 품질, 안전성과 관련된 차원

■ **표 8-3** 소비자보이콧 목적의 일반적 경향

| 문항 | 구분 | M(SD) |
|---|---|---|
| 거시적<br>이득 | 1. 작게는 기업, 크게는 정부의 정책들을 변화하게 만드는 동인이다. | 3.63( .75) |
| | 2. 상품의 가격이나 품질, 안전성과 관련된 차원에서 소비자 전체의 이익을 실<br>현하고자 하는 것이다. | 3.72( .78) |
| | 3. 나에게 돌아오는 이득은 없다 하더라도 보편적인 차원에서 행해야 한다. | 3.51( .78) |
| | 4. 사회의 정의를 실현했다는 자신감과 기쁨을 준다. | 3.43( .76) |
| | 5. 소비자불만이나 문제가 발생했을 시에 펼쳐야 하는 운동이다. | 3.64( .78) |
| | 6. 환경, 노동, 인권 등과 같은 다양한 사회적 · 정치적 문제에 얽힌 의견을 표<br>출하는 운동이다. | 3.47( .83) |
| | 전체(5점 환산평균) | 3.57( .57) |
| 미시적<br>이득 | 7. 일단 실행을 해야 한다면, 나에게 돌아오는 이득이 있어야 한다. | 3.08( .86) |
| | 8. 특정한 상품이나 회사, 브랜드를 목표로만 펼쳐야 하는 운동이다. | 3.11( .89) |
| | 전체(5점 환산평균) | 3.09( .70) |

에서 소비자 전체의 이익을 실현하고자 하는 것'이 3.72점으로 가장 높았고, '소비자 불만이나 문제가 발생했을 시에 펼쳐야 하는 운동'이 3.64점으로 두 번째로 높았다. '사회의 정의를 실현했다는 자신감과 기쁨을 준다'는 3.43점으로 가장 낮았다. 미시적 이득 중에서는 큰 차이는 없으나, '특정한 상품이나 회사, 브랜드를 목표로만 펼쳐야 하는 운동이다'가 3.11점으로 3.08점을 받은 '일단 실행을 해야 한다면, 나에게 돌아오는 이득이 있어야 한다' 보다 약간 높았다.

〈그림 8-2〉에는 거시적 이득과 미시적 이득의 수준이 제시되어 있다. 거시적 이득은 3.57점으로 3.09점을 받은 미시적 이득보다 높은 것을 알 수 있었다. 미시적 이득이 주로 개인에게 귀속되고, 거시적 이득은 개인보다 사회를 더 많이 고려하는 것이라고 볼 수 있다는 점에서 소비자들이 보이콧에 대하여 보다 성숙한 의식을 가지고 있다고 볼 수 있다.

2015년 10월 8일에 JTBC의 코리아 블랙프라이데이에 기만적 판매를 한 유니클로 고발보도가 확산되며 다수의 온라인 커뮤니티에는 유니클로 보이콧이 확산되고

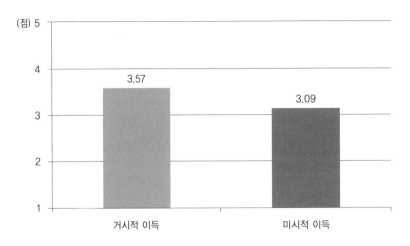

■ **그림 8-2**  거시적 이득과 미시적 이득

있다. 유니클로에서 판매하는 티셔츠 1만 4,900원이 표시된 스티커를 떼어 보니 원래 가격은 1만 2,900원이었고 제조연월을 확인해 보니 1년도 넘은 제품이었다. 코리아 블랙프라이데이에 맞춰 재고품에 가격을 더 올려 붙인 뒤 판매한 것이다. 그러나 유니클로는 모양과 소재가 같기 때문에 지난해 제품에 올해 가격을 붙여도 문제가 없다고 해명했다. 그러나 제품의 제조연월일과 판매가격에 관한 중요한 정보를 사전 공지나 설명 없이 판매한 기만적 행위로 소비자보이콧을 통해 이러한 기업의 기만적 행태를 바꾸고자 한 것이다. 특히 개인이 상품 교환 및 환불로 유니클로의 기만적 행위를 반송을 통해 적극적으로 알리고 있는 소비자 행태를 볼 때 소비자의 적극적인 보이콧 의식을 살펴볼 수 있다(국민일보, 2015년 10월 8일).

소비자보이콧에 대한 거시적 이득에 관한 소비자의식은 풀무원에 대한 보이콧을 선언한 의사가 속한 병원에 소비자보이콧을 선언한 사례를 통해서도 알 수 있다. 새정치민주연합의 원혜영 의원이 의사가 의료행위를 하는 과정에서 성범죄를 하면 영구 퇴출을 시키는 내용으로 의료법 일부개정법률안을 대표로 발의하였다. 일부 의사들이 풀무원의 창업자인 원혜영 의원이 의료인을 잠재적인 범죄자로 여긴다고 반발하며 풀무원 제품을 보이콧하자고 하였다. 의사들은 이 법안 때문에 직업의 특성상 환자와 신체적 접촉이 빈번한 의사들이 오히려 성범죄의 표적이 될 수 있다며 풀무원 제품을 구매하지 않겠다 하였다.

소비자들은 풀무원에 보이콧을 하겠다고 나서는 의사들의 행태를 비난하였다. "일부 의사들이 말도 안 되는 이유로 풀무원을 보이콧하고 있다고 하니 나는 오히려 풀무원을 더 애용해야겠다. 풀무원을 불매하는 의사와 그 소속 병원에 대한 불매운동이 필요하다"고 하면서 소비자보이콧을 선언한 것이다(업코리아, 2015년 6월 2일).

〈표 8-4〉에는 사회경제적 변수에 따라 소비자보이콧 목적의 두 차원이 차이가 나는지를 검증한 결과가 제시되어 있다. 거시적 이득은 교육수준, 월평균 용돈 및 월평균 가계소득에 따라 의미 있는 차이를 보였으나, 성별, 연령, 결혼 여부, 종교 여부, 거주지역, 직업에 따라서는 의미 있는 차이가 없었다. 거시적 이득은 대졸 이상인 집단이 고졸 이하 집단보다 높았고, 월평균 용돈이 30~50만 원 미만이 20만 원 미만인 집단보다 높았고, 월평균 가계소득이 400~500만 원 미만인 집단이 200만 원 미만인 집단보다 높았다.

교육수준이 높고 소득이 중산층인 집단이 사회문제에 관심이 많아서 비경제적 이득을 목적으로 하는 소비자보이콧 운동에도 관심이 많다고 해석할 수 있다. 그러므로 거시적이고 윤리적 특성이 보다 강한 소비자보이콧 운동을 활성화시키기 위해서는 교육수준이 높은 중산층을 대상으로 올바른 소비자보이콧의 방향과 방법을 나누고 설정할 수 있는 교육 전략을 고려할 수 있을 것이다.

미시적 이득은 종교 여부, 거주지역, 직업에 따라서는 의미 있는 차이가 있었으나, 성별, 연령, 교육수준, 월평균 용돈, 결혼 여부 및 월평균 가계소득에 따라 의미 있는 차이를 보이지 않았다. 미시적 이득은 종교가 있는 사람이 종교가 없는 사람에 비하여 낮았고, 서울과 수도권이 기타 지역에 비하여 높으며, 직업에 따라서는 집단별로 차이는 없는 것으로 나타났다. 대체로 종교에서는 자신뿐 아니라 다른 사람과 공동체의 안녕도 강조하는 경향 때문에 종교를 가진 사람이 종교가 없는 사람에 비하여 미시적 이득을 목적으로 하는 소비자보이콧에 대하여 덜 긍정적으로 인식하고 있다고 볼 수 있다.

■ 표 8-4 사회경제적 변수에 따른 소비자보이콧 목적

| 변수 | | N | 목적 | | | |
|---|---|---|---|---|---|---|
| | | | 거시적 이득 | | 미시적 이득 | |
| | | | M | S | M | S |
| 성별 | 남자 | 517 | 3.56 | – | 3.13 | – |
| | 여자 | 483 | 3.57 | – | 3.05 | – |
| | t값 | | –.337 | | 1.887 | |
| 연령 | 20대 | 270 | 3.51 | – | 3.08 | – |
| | 30대 | 275 | 3.61 | – | 3.07 | – |
| | 40대 | 255 | 3.56 | – | 3.11 | – |
| | 50대 이상 | 200 | 3.57 | – | 3.13 | – |
| | F값 | | 1.418 | | .368 | |
| 교육수준 | 고졸 이하 | 262 | 3.45 | b | 3.00 | – |
| | 전문대졸 | 155 | 3.49 | b | 3.11 | – |
| | 대졸 | 503 | 3.62 | ab | 3.12 | – |
| | 대학원졸 | 80 | 3.72 | a | 3.18 | – |
| | F값 | | 8.038*** | | 2.219 | |
| 결혼 여부 | 기혼 | 585 | 3.57 | – | 3.13 | – |
| | 미혼 | 415 | 3.56 | – | 3.04 | – |
| | t값 | | .093 | | 1.961 | |
| 월평균 용돈 | 20만 원 미만 | 133 | 3.42 | b | 3.14 | – |
| | 20~30만 원 미만 | 148 | 3.53 | ab | 3.13 | – |
| | 30~50만 원 미만 | 283 | 3.61 | a | 3.11 | – |
| | 50~100만 원 | 305 | 3.60 | ab | 3.05 | – |
| | 100만 원 이상 | 131 | 3.56 | ab | 3.10 | – |
| | F값 | | 3.021* | | .613 | |
| 월평균 가계소득 | 200만 원 미만 | 134 | 3.38 | b | 2.98 | – |
| | 200~300만 원 미만 | 179 | 3.55 | ab | 3.06 | – |
| | 300~400만 원 미만 | 218 | 3.58 | ab | 3.08 | – |
| | 400~500만 원 미만 | 204 | 3.63 | a | 3.19 | – |
| | 500~600만 원 미만 | 111 | 3.65 | a | 3.09 | – |
| | 600만 원 이상 | 154 | 3.58 | ab | 3.14 | – |
| | F값 | | 4.132** | | 1.751 | |

| 변수 | | N | 목적 | | | |
| --- | --- | --- | --- | --- | --- | --- |
| | | | 거시적 이득 | | 미시적 이득 | |
| | | | M | S | M | S |
| 종교 여부 | 유 | 511 | 3.58 | – | 3.05 | – |
| | 무 | 489 | 3.55 | – | 3.15 | – |
| | t값 | | 1.059 | | −2.305* | |
| 거주지역 | 서울/수도권 | 600 | 3.57 | – | 3.14 | – |
| | 기타지역 | 400 | 3.56 | – | 3.02 | – |
| | t값 | | .491 | | 2.634** | |
| 직업 | 전업주부 | 149 | 3.53 | – | 3.14 | – |
| | 전문/사무직 | 499 | 3.59 | – | 3.14 | – |
| | 서비스/판매 | 130 | 3.58 | – | 3.07 | – |
| | 노동/생산직 | 75 | 3.51 | – | 3.11 | – |
| | 학생/무직 | 128 | 3.53 | – | 2.92 | – |
| | F값 | | .742 | | 2.623* | |

(N = 1,000)

## 5) 소비자보이콧의 역할과 기능

〈표 8-5〉에는 소비자보이콧의 역할과 기능에 대한 소비자인식의 수준이 제시되어 있다. 모든 문항들의 평균점수를 보면 중간점으로 나타나 소비자보이콧의 역할과 기능에 대한 인식수준이 보통인 것을 알 수 있다. 적극적 수단의 경우 '대상이 되는 상품이나 브랜드, 회사 등이 꼭 변화할 수 있도록 직접적으로 관여해야 한다'가 3.59점으로 가장 높았고, '다른 소비자들의 참여를 촉구하는 것뿐만 아니라 체계적인 보이콧 준비를 위해서 조직을 만들어야 목표를 달성할 수 있다'가 3.51점으로 가장 낮았으나, 큰 차이는 없었다. 간접적 상징은 '보이콧을 전개하겠다고 고려한다는 발언으로도 목표를 달성할 수 있다'가 3.22점으로 2.97점인 '자신이 좋아하는 연예인이나 유명인 또는 연극, 영화와 같은 예술작품 등에 대한 선호를 나타내는 수단으로도 사용할 수 있다' 보다 높았다.

| 문항 | 구분 | M(SD) |
|---|---|---|
| 적극적<br>수단 | 1. 대상이 되는 상품이나 브랜드, 회사 등이 꼭 변화할 수 있도록 직접적으로 관여해야 한다. | 3.59( .78) |
|  | 2. 여론화뿐만 아니라 직접 보이콧 대상을 겨냥해서 실질적인 압박을 취해야 한다. | 3.52( .77) |
|  | 3. 다른 소비자들의 참여를 촉구하는 것뿐만 아니라 체계적인 보이콧 준비를 위해서 조직을 만들어야 목표를 달성할 수 있다. | 3.51( .75) |
|  | 4. 다른 소비자들에게 참여를 지속적으로 촉구하면서 목표를 달성할 수 있다. | 3.54( .74) |
|  | 전체(5점 환산평균) | 3.54( .61) |
| 간접적<br>상징 | 5. 자신이 좋아하는 연예인이나 유명인 또는 연극, 영화와 같은 예술작품 등에 대한 선호를 나타내는 수단으로도 사용할 수 있다. | 2.97( .91) |
|  | 6. 보이콧을 전개하겠다고 고려한다는 발언으로도 목표를 달성할 수 있다. | 3.22( .79) |
|  | 전체(5점 환산평균) | 3.06( .67) |

〈그림 8-3〉에는 적극적 수단과 간접적 상징의 수준이 제시되어 있다. 적극적 수단이 3.54점으로 3.06의 간접적 상징보다 높았다. 소비자들은 간접적인 상징보다는 보다 더 적극적인 수단의 역할로 보이콧을 해야 된다고 인식하고 있었다. 그러므로 보이콧운동을 벌일 때는 보다 정교하고 효과가 확실한 방법을 개발해서 적극적으로

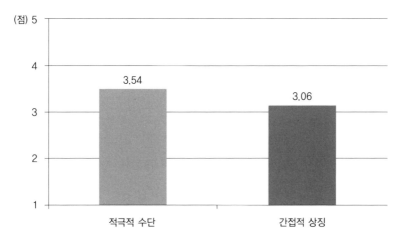

■ 그림 8-3   적극적 수단과 간접적 상징의 수준

할 수 있어야 다른 소비자들의 참여를 촉구할 수 있을 것이다.

〈표 8-6〉에는 사회경제적 변수에 따른 소비자보이콧의 역할과 기능이 차이가 나는지를 알아보기 위하여 분산분석을 한 결과가 제시되어 있다. 적극적 수단은 교육수준과 월평균 가계소득에 따라서는 의미 있는 차이를 보였으나, 성별, 연령, 월평균

■ 표 8-6 사회경제적 변수에 따른 소비자보이콧의 역할과 기능

| 변수 | | N | 목적 | | | |
|------|------|------|------|------|------|------|
| | | | 거시적 이득 | | 미시적 이득 | |
| | | | M | S | M | S |
| 성별 | 남자 | 517 | 3.55 | – | 3.11 | – |
| | 여자 | 483 | 3.52 | – | 3.08 | – |
| | t값 | | .468 | | .705 | |
| 연령 | 20대 | 270 | 3.50 | – | 3.06 | – |
| | 30대 | 275 | 3.56 | – | 3.10 | – |
| | 40대 | 255 | 3.55 | – | 3.15 | – |
| | 50대 이상 | 200 | 3.56 | – | 3.07 | – |
| | F값 | | .609 | | .790 | |
| 교육수준 | 고졸 이하 | 262 | 3.46 | b | 3.02 | – |
| | 전문대졸 | 155 | 3.43 | b | 3.12 | – |
| | 대졸 | 503 | 3.59 | ab | 3.12 | – |
| | 대학원졸 | 80 | 3.71 | a | 3.15 | – |
| | F값 | | 6.236*** | | 1.315 | |
| 결혼 여부 | 기혼 | 585 | 3.53 | – | 3.09 | – |
| | 미혼 | 415 | 3.55 | – | 3.10 | – |
| | t값 | | -.468 | | -.260 | |
| 월평균 용돈 | 20만 원 미만 | 133 | 3.42 | b | 3.10 | – |
| | 20~30만 원 미만 | 148 | 3.52 | ab | 3.10 | – |
| | 30~50만 원 미만 | 283 | 3.59 | a | 3.12 | – |
| | 50~100만 원 | 305 | 3.56 | ab | 3.07 | – |
| | 100만 원 이상 | 131 | 3.53 | ab | 3.10 | – |
| | F값 | | 1.967 | | .176 | |

계속 ▶

| 변수 | | N | 목적 | | | |
| | | | 거시적 이득 | | 미시적 이득 | |
| | | | M | S | M | S |
| 월평균 가계소득 | 200만 원 미만 | 134 | 3.34 | b | 3.04 | – |
| | 200~300만 원 미만 | 179 | 3.51 | ab | 3.08 | – |
| | 300~400만 원 미만 | 218 | 3.54 | ab | 3.13 | – |
| | 400~500만 원 미만 | 204 | 3.65 | a | 3.13 | – |
| | 500~600만 원 미만 | 111 | 3.63 | a | 3.11 | – |
| | 600만 원 이상 | 154 | 3.55 | ab | 3.07 | – |
| | F값 | | 5.006** | | .377 | |
| 종교 여부 | 유 | 511 | 3.56 | – | 3.07 | – |
| | 무 | 489 | 3.52 | – | 3.12 | – |
| | t값 | | 1.189 | | −1.200* | |
| 거주지역 | 서울/수도권 | 600 | 3.55 | – | 3.12 | – |
| | 기타지역 | 400 | 3.52 | – | 3.07 | – |
| | t값 | | .803 | | 1.073 | |
| 직업 | 전업주부 | 149 | 3.46 | – | 3.08 | – |
| | 전문/사무직 | 499 | 3.58 | – | 3.13 | – |
| | 서비스/판매 | 130 | 3.51 | – | 3.11 | – |
| | 노동/생산직 | 75 | 3.48 | – | 3.06 | – |
| | 학생/무직 | 128 | 3.56 | – | 3.01 | – |
| | F값 | | 1.387 | | .773 | |

(N = 1,000)

용돈, 결혼 여부, 종교 여부, 거주지역 및 직업에 따라서는 의미 있는 차이를 보이지 않았다. 적극적 수단은 대학원졸 이상이 다른 집단에 비하여 높았고, 월평균 가계소득이 400~500만 원 집단과 500~600만 원 집단이 다른 집단에 비하여 높았다. 간접적 상징은 사회경제적 변수에 따라 차이를 보이지 않았다. 상대적으로 교육을 많이 받고 소득 수준이 높은 소비자들이 소비자보이콧을 적극적인 수단으로 인식하고 있었다.

## 2. 소비자보이콧 참여

### 1) 소비자보이콧 참여 형태

소비자보이콧에 참여한다면 어떠한 형태로 참가하겠는가 하는 문항에 대해 복수응답을 하게 하였다(〈그림 8-4〉). 가장 많은 형태가 '이용 및 구매 중지'로서 전체 응답자의 59.4%가 개인적인 구매 중지로서 보이콧운동에 참여하겠다고 하였으며, 그 다음이 '주변 사람들에게 입소문 내기' 46.0%, '경쟁회사 제품이나 서비스 선택'이 32.6%로 나타나 개인적 차원에서 행할 수 있는 소비자보이콧에 참여하려는 의도가 높은 것으로 나타났다.

신고 및 고소 등 법적 대응도 가장 적기는 하나 9.2%로 나타났다. 우리나라도 과거에 비하여 변호사의 수가 많이 증가하게 되면서 변호사를 수임하는 비용이 줄어들게 되었고, 공익활동에 참여하는 변호사도 증가하게 되면서 소송에 대한 소비자들의 의식이 많이 개선되었다고 볼 수 있다. 소비자단체를 중심으로 단체소송을 할 수 있는 역량과 환경이 보다 잘 갖추어지고, 집단소송이 좀 더 활성화되면 이러한 형태의 보이콧도 크게 증가할 것이라고 예측할 수 있다.

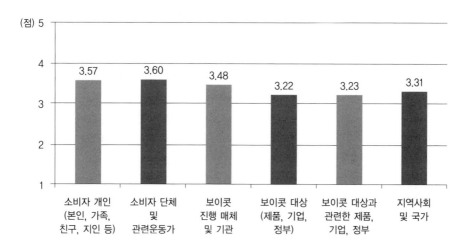

■ **그림 8-4**  소비자보이콧 참여 형태

\* 복수응답 처리하였음.

미국 환경보호청(Environmental Protection Agency : EPA)이 폭스바겐 디젤차량의 배출가스 저감장치 조작 문제를 고발하자 우리나라에서도 1만여 명의 소비자들이 소송에 나설 것으로 전망되면서 집단소송을 제도적으로 보장해야 한다는 여론이 확산되고 있다. 우리나라에서는 1980년대 후반부터 소액 다수의 소비자피해를 효율적으로 구제하기 위하여 미국의 집단소송(class action)이 도입되어야 한다는 주장이 꾸준하게 제기되고 있다. 미국의 집단소송은 다수의 구성원 중에서 1인 또는 그 이상이 집단 전체를 대표해서 제소하거나 제소를 당하는 형태의 소송을 말한다. 집단소송은 대표 당사자가 먼저 개인 자격으로 소를 제기한 후에 법원에 집단소송을 신청하여 법원이 그 대표 당사자가 제시한 집단을 대표할 자격이 있다고 인정하면 허가 결정을 내리고 본안의 심리를 한다. 심리 결과 내려지는 본안 판결의 효력이 집단구성원 전원에게 미친다. 미국에서는 또한 집단소송과 함께 삼배배상제도를 도입해서 소비자들이 보다 쉽게 소송에 참여할 수 있도록 하고 있다(권오승, 2006).

그러나 2015년 현재까지도 집단소송은 증권관련 집단소송법에 근거하여 주가 조작 등, 증권 분야에 한정되어 있다. 증권 분야 외에서 다수의 원고가 제기하는 소송도 통상적으로 집단소송이라고 부르지만 이는 편의상 쓰는 명칭이고 실제로는 다수당사자소송으로, 소송을 내지 않은 피해자들은 피해를 배상받지 못한다는 문제가 있다. 폭스바겐 사태, 카드사 고객정보 대량 유출 사건, 개인투자자 4만여 명에게 거액의 손실을 안긴 동양사태, 가습기 살균제 사망 사건, 2011년 네이트 개인정보 유출 사건 등과 같은 소비자피해는 다수당사자소송만으로는 효율적으로 구제하기가 어렵다.

모바일 기기 등과 같이 소비자들이 쉽고 값싸게 사용할 수 있는 정보통신기술이 발달하면서 개인이 특정 기업행동에 대하여 자신의 의견을 쉽게 밝힐 수 있는 창구가 다양하게 마련되었다. 이러한 환경 때문에 소비자가 개인으로 보이콧에 참여하겠다는 인식 수준이 매우 높다고 해석할 수 있다. 특히 스마트폰이 확산되면서 스마트폰을 활용한 보이콧이 더욱 빠르게 확산되고 있다.

가자지구에서의 이스라엘과 팔레스타인 간 분쟁으로 촉발된 반유대주의가 모바일 세계로 확산되고 있다. CNN 방송은 스마트폰 앱을 이용한 이스라엘 제품에 대한 보이콧운동이 활발하게 이루어지고 있는 '바이콧 앱'을 소개했다. '바이콧 앱'은 보이콧운동을 원하는 소비자들이 자유롭게 캠페인을 개설하고 사람들의 참여를 받을 수 있는 자발적 시민운동 앱이다. 앱을 실행한 후 제품의 바코드를 찍으면 그 제품을 만든 기업의 국적이 어디인지 확인할 수 있다. 사용자가 미리 어떤 보이콧운동에 참여하는지 설정해 두면, 그 제품을 사도 되는지, 사지 말아야 하는지까지 알려 준다.

이 앱에 개설된 '팔레스타인이 영원하길, 이스라엘 불매(Long live Palestine boycott Israel)'라는 캠페인엔 시작된 지 4개월 만인 2014년 8월 13일 현재 28만 명이 넘는 사람들이 참여하고 있다. 그밖에 '(이스라엘의) 팔레스타인 점령을 멈춰라(Stop the Occupation of Palestine!)', '(팔레스타인에) 정착하는 이스라엘인의 제품을 사지 말자(Avoid Israeli Settlement Products)' 등의 캠페인도 수천 명에서 십만여 명에 이르는 참여자들의 호응을 받고 있다. '팔레스타인이 영원하길, 이스라엘 불매' 캠페인을 처음 시작한 16살인 루크 버저스는 CNN에 "내가 구매하는 제품의 제조사가 이스라엘 방위군에 돈을 대고 있거나 서안지구에 공장을 불법 건설했다는 것을 안다면 도움이 될 것 같았다"고 취지를 설명했다.

그러나 이러한 풀뿌리 보이콧운동이 이스라엘의 경제엔 큰 타격을 미치지 못한다는 반론도 한쪽에선 제기되고 있다. 비정부기구 감시단인 제럴드 스타인버그는 "이스라엘 보이콧운동 참여자 대부분은 원래 이스라엘 물건을 사지 않았던 사람들이란 점에서 경제적 효과가 적다"고 했다(헤럴드경제, 2014년 8월 14일).

## 2) 소비자보이콧 참여의도

소비자보이콧에 대한 참여의도에 대해서는 7점 척도로 응답하도록 하였다(〈그림 8-5〉). 직접적인 재산상의 손해나 소비자 피해를 입는 경우와 같은 경제적 보이콧운동에 대한 참여는 4.87점으로 보통 이상의 수준으로 나타났다. 기업의 사회적 책임, 소비자 권익문제, 사회 건전성 등 사회적 문제에 대해서 보이콧운동을 펼치는 사회적 보이콧운동에 대한 참여는 4.58점으로 역시 보통 이상의 수준이었다. 우리나라 소비자들은 큰 차이는 없으나 사회적 보이콧보다는 경제적 보이콧에 더 많이 참여하겠다는 의도를 가지고 있다고 볼 수 있다.

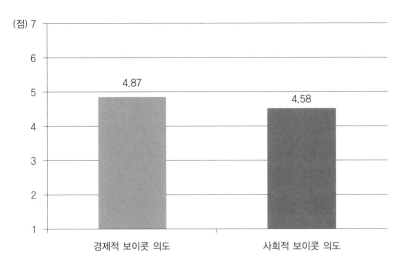

(점) 7

6

5　　4.87

4

3

2

1

경제적 보이콧 의도　　사회적 보이콧 의도

■ **그림 8-5**　소비자보이콧 참여의도

　우리나라에서 일어났던 경제적 소비자보이콧의 예를 들어 보자. 식품의약품안전처에 따르면 동서식품은 진천 공장에서 포스트 아몬드 후레이크, 그래놀라 파파야 코코넛, 오레오 오즈, 그래놀라 크랜베리 아몬드 등과 같은 제품을 생산하면서 자체 품질검사에서 대장균이 검출된 사실을 확인했음에도 불구하고, 이들 제품들을 폐기하지 않고 다른 제품들과 섞어 완제품을 만들어 출시했다.

　식품의약품안전처는 대장균이 검출된 제품은 압류하여 폐기하고, 오염된 제품이 다른 제품과 얼마나 섞여 있는지를 정확하게 파악하기 어렵다고 보고 해당 제품 전체의 유통과 판매를 중단시켰다. 공장 작업 일지에는 쿠키맛 시리얼에서 대장균이 발생했으니 상자를 해체하라고 적혀 있었다. 다이어트 시리얼로 알려진 다른 제품에서도 대장균이 발생했다고 되어 있었다. 불량품을 새 시리얼을 만들 때 10%씩 넣으라는 지시도 있었다. 동서식품은 대장균은 생활 도처에 많고, 오염된 제품을 버리기엔 양이 너무 많으며, 가열하면 살균이 되기 때문에 재검사에서 문제가 되지 않아 판매했다고 해명했다. 소비자는 동서식품에 분노를 표출하며 해당 제품뿐 아니라 동서식품에서 생산하는 모든 제품에 대해 보이콧을 진행하였다(헤럴드경제, 2014년 10월 15일).

　다음은 사회적 소비자보이콧의 예를 살펴보자. 유아 물티슈 제조업체 1위인 몽드드의 유정환 대표는 서울 강남구 언주로에서 자신의 차를 몰고 운전하다 차량 세 대를 연이어 들이받았다. 부딪힌 차량 한 대는 전복될 정도로 충격이 매우 컸음에도 불구하고, 유 대표는 차량 바퀴가 빠지는 상황에서도 운전대를 놓지 않고 500m 가까이 달아났다. 그는 사고를 낸 뒤 갓길에 주차된 흰색 아반떼 차량을 훔쳐 달아나다 금호터널에서 또 다른 차를 들이받은 후에 중부경찰서 경찰관에게 체포됐다. 이 과정에서 유 대표는 여성 피해자를 폭행하고, 옷을 벗어 항의하는 등 엽기행각도 벌였다.

유 대표는 이번 사건이 알려지자 대표직을 사임했지만 회사 대표의 상식 이하의 행동으로 특히 주요 소비층인 주부들이 격하게 공분했다. 몽드드 홈페이지에는 환불을 요청하는 항의 글이 빗발쳤고, "이런 회사의 제품 불안해서 못쓰겠네요", "몽드드 대표 마약합니까?", "벤틀리 몰고 강남대로에서 차 때려 부수니까 좋던가요?" 등과 같이 유 대표를 비난하는 글이 폭주하였다. 회사는 유 대표가 사퇴했다는 대답으로 일관해 소비자들은 더 크게 화를 냈다. 몽드드 측이 게시판의 모든 게시물들을 비밀글로 설정하면서 이를 비판하는 게시물도 잇따랐고, 온라인 커뮤니티 사이트에는 몽드드 보이콧운동이 빠르게 확산되었다. 특히 유아제품은 안전성에 민감하기 때문에 아이를 둔 주부들을 중심으로 몽드드의 보이콧이 이어졌다.

〈표 8-7〉에는 사회경제적 변수에 따라 소비자보이콧 참여의도가 차이가 나는지를 분산분석한 결과가 제시되어 있다. 경제적 보이콧운동에 대한 참여의도는 성별, 교육수준, 월평균 용돈, 월평균 가계소득에서 유의미한 차이가 있었다. 남성이 여성보다, 대학원 졸업인 집단이 고졸 이하의 집단보다, 월평균 용돈이 50만 원 이상인 집단이 20만 원 미만인 집단보다, 월평균 가계소득이 300만 원 이상인 집단들이 200만 원 미만 집단에 비해서 경제적 보이콧운동에 참여의도 수준이 높은 것으로 나타났다.

사회적 보이콧에 대한 참여의도는 교육수준, 월평균 가계소득에서 유의미한 차이가 있었다. 교육수준이 대학원 졸업 이상인 집단이 고졸 이하의 집단에 비해, 월평균 가계소득이 400만 원 이상 600만 원 미만의 집단이 200만 원 이하의 집단에 비해 사회적 보이콧운동에 대한 참여의도 수준이 높은 것으로 나타났다.

선행연구에 따르면 여성이 남성보다(Friedman, 1999; Klein et al., 2004), 학력이

| 변수 | | N | 의도 | | | |
|---|---|---|---|---|---|---|
| | | | 사회적 보이콧 | | 경제적 보이콧 | |
| | | | M | S | M | S |
| 성별 | 남자 | 517 | 4.97 | – | 4.61 | – |
| | 여자 | 483 | 4.77 | – | 4.55 | – |
| | t값 | | 2.239* | | .636 | |
| 연령 | 20대 | 270 | 4.67 | | 4.41 | – |
| | 30대 | 275 | 4.99 | | 4.67 | – |
| | 40대 | 255 | 4.91 | | 4.67 | – |
| | 50대 이상 | 200 | 4.93 | | 4.58 | – |
| | F값 | | 2.577 | | 2.361 | |
| 교육수준 | 고졸이하 | 262 | 4.51 | c | 4.31 | a |
| | 전문대졸 | 155 | 4.65 | bc | 4.46 | bc |
| | 대졸 | 503 | 5.06 | ab | 4.71 | ab |
| | 대학원졸 | 80 | 5.25 | a | 4.90 | a |
| | F값 | | 12.185*** | | 7.859*** | |
| 결혼 여부 | 기혼 | 585 | 4.94 | – | 4.62 | – |
| | 미혼 | 415 | 4.78 | – | 4.53 | – |
| | t값 | | 1.719 | | 1.159 | |
| 월평균 용돈 | 20만 원 미만 | 133 | 4.49 | b | 4.39 | – |
| | 20~30만 원 미만 | 148 | 4.81 | ab | 4.59 | – |
| | 30~50만 원 미만 | 283 | 4.88 | ab | 4.63 | – |
| | 50~100만 원 | 305 | 4.97 | a | 4.57 | – |
| | 100만 원 이상 | 131 | 5.06 | a | 4.69 | – |
| | F값 | | 3.468** | | 1.076 | |
| 월평균 가계소득 | 200만 원 미만 | 134 | 4.32 | b | 4.16 | b |
| | 200~300만 원 미만 | 179 | 4.84 | ab | 4.56 | ab |
| | 300~400만 원 미만 | 218 | 4.85 | a | 4.59 | ab |
| | 400~500만 원 미만 | 204 | 4.87 | a | 4.68 | a |
| | 500~600만 원 미만 | 111 | 5.32 | a | 4.90 | a |
| | 600만 원 이상 | 154 | 5.10 | a | 4.61 | ab |
| | F값 | | 7.210*** | | 4.502*** | |

| | 변수 | N | 목적 | | | |
|---|---|---|---|---|---|---|
| | | | 거시적 이득 | | 미시적 이득 | |
| | | | M | S | M | S |
| 종교 여부 | 유 | 511 | 4.88 | – | 4.54 | – |
| | 무 | 489 | 4.86 | – | 4.62 | – |
| | t값 | | .197 | | –.990 | |
| 거주지역 | 서울/수도권 | 600 | 4.88 | | 4.56 | – |
| | 기타지역 | 400 | 4.85 | | 4.62 | – |
| | t값 | | .318 | | –.654 | |
| 직업 | 전업주부 | 149 | – | | – | |
| | 전문/사무직 | 499 | – | | – | |
| | 서비스/판매 | 130 | – | | – | |
| | 노동/생산직 | 75 | – | | – | |
| | 학생/무직 | 128 | – | | – | |
| | F값 | | | | | |

(N = 1,000)

높을 때(Friedman, 1999; Neilson, 2010) 보이콧운동에 많이 참가하며, 월평균 가계소득은 프리드먼(1999)과 닐슨(2010)은 소득이 높은 집단이, 클레인 등(2004)과 센 등(2001)은 소득이 낮은 집단이 소비자보이콧에 더 많이 참여한다고 하였다. 한편, 일반적인 보이콧에서는 남성이 여성보다, 교육수준이 높고, 가계소득이 높을 때 더 많이 참여하였고, 특정 회사에 대한 직접적인 보이콧에서는 남성이 여성보다, 교육수준이 높고, 월평균 가계소득은 낮을 때 더 많이 참여하는 것으로 나타난 연구도 있다(Gardberg & Newburry, 2009).

## 3) 소비자보이콧 운동 행위 주체

〈표 8-8〉에는 소비자보이콧 행위주체별 수준이 제시되어 있다. 모든 문항이 중간점수 대에 위치하고 있어 행위주체에 대하여 보통 수준으로 인식하고 있다고 볼 수 있다. 소비자 개인을 보면 '소비자의 참여나 관심이 없이는 이루어지기 힘들다'가 3.87점으로 3.77점인 '개별 소비자도 적극적으로 참여할 수 있는 일이다'보다 높았다. 주도세력을 보면 '이러한 활동을 위한 자금력(경제적 지원)이 동원되지 않고는 지속하기 힘들다'가 3.35점으로 3.01점인 '소비자단체나 시민단체만 나서서 하는 일이다' 보다 높았다.

〈그림 8-6〉을 보면 소비자 개인이 3.77점으로 나타나 주도세력의 주체 3.18점보다 높았다. 그러므로 소비자보이콧을 보다 효율적으로 시행하기 위해서는 주도세력보다는 소비자들이 적극적으로 참여할 수 있는 보다 구체적인 방안을 마련해야 한다. 정보화 사회는 정보의 민주화를 통해서 일반 소비자들이 자신의 견해를 직접 밝히고, 보이콧도 직접 주도하는 경우가 늘고 있기 때문이다.

지식기반의 정보화사회에서 소비자는 이미 자신들만의 지적 자본을 소유하면서, 보통 소비자들이 사회의 많은 통제권을 가지게 되었다. 본질적으로 정보기술은 분산적이고, 큰 규모를 필요로 하지 않으며, 외부 세계와 내부 세계의 경계를 허물게 되면서 위계구도를 평등하게 만들고 힘을 주변부로 옮기고 있기 때문이다. 소비자들이

**■ 표 8-8** 소비자보이콧 행위주체별 수준

| 문항 | 구분 | M(SD) |
|---|---|---|
| 소비자 | 1. 소비자의 참여나 관심이 없이는 이루어지기 힘들다. | 3.87( .82) |
| | 2. 개별 소비자도 적극적으로 참여할 수 있는 일이다. | 3.68( .79) |
| | 전체(5점 환산평균) | 3.77( .69) |
| 주도세력주체 | 3. 소비자단체나 시민단체만 나서서 하는 일이다. | 3.01( .95) |
| | 4. 이러한 활동을 위한 자금력(경제적 지원)이 동원되지 않고는 지속하기 힘들다. | 3.35( .81) |
| | 전체(5점 환산평균) | 3.18( .71) |

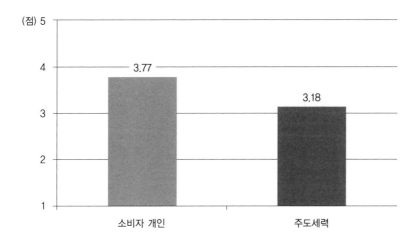

■ **그림 8-6** 소비자 개인과 주도세력의 보이콧 수준

실제적으로 기업조직도 설계하기 시작했다. 21세기의 조직은 분산적인 기술을 중심으로 구축되기 때문이다(김승옥 역, 2002).

〈표 8-9〉에는 사회경제적 변수에 따라 소비자보이콧의 행위주체에 대한 인식이 차이가 나는지를 알아보기 위하여 분산분석을 한 결과가 제시되어 있다. 소비자 개인은 교육수준, 결혼 여부, 월평균 용돈, 월평균 가계소득, 종교 여부 및 직업에 따라서는 의미 있는 차이를 보였으나, 성별, 연령 및 거주지역에 따라서는 의미 있는 차이를 보이지 않았다. 소비자 개인은 대학원졸이 전문대 및 고졸 이하 집단과 의미 있는 차이를 보였고, 미혼이 기혼보다 높았다. 월평균 용돈과 직업은 추후검증에서는 집단 간에 의미 있는 차이가 나타나지 않았다. 월평균 가계소득의 경우 500~600만 원 미만과 600만 원 이상인 집단이 200만 원 미만인 집단보다, 종교가 있는 집단이 없는 집단보다 소비자 개인을 더 많이 인식하고 있었다. 주도세력 주체는 월평균 가계소득과 거주지역에 따라서만 의미 있는 차이를 보였고, 성별, 연령, 교육수준, 결혼 여부, 월평균 용돈, 종교 여부 및 직업에 따라서는 의미 있는 차이를 보였으나, 성별, 연령 및 거주지역에 따라서는 의미 있는 차이를 보이지 않았다. 주도세력 주체는 월평균 가계소득이 400~500만 원 집단이 200만 원 미만 집단보다 의미 있게 높았고, 서울과 수도권이 기타 지역보다 높았다.

**■ 표 8-9** 사회경제적 변수에 따른 소비자보이콧 행위주체

| 변수 | | N | 주체 | | | |
|---|---|---|---|---|---|---|
| | | | 소비자(개인) | | 주도세력 | |
| | | | M | S | M | S |
| 성별 | 남자 | 517 | 3.77 | – | 3.17 | – |
| | 여자 | 483 | 3.78 | – | 3.19 | – |
| | t값 | | -.148 | | -.402 | |
| 연령 | 20대 | 270 | 3.77 | – | 3.18 | – |
| | 30대 | 275 | 3.83 | – | 3.19 | – |
| | 40대 | 255 | 3.72 | – | 3.14 | – |
| | 50대 이상 | 200 | 3.77 | – | 3.20 | – |
| | F값 | | 1.225 | | .390 | |
| 교육수준 | 고졸 이하 | 262 | 3.66 | b | 3.17 | – |
| | 전문대졸 | 155 | 3.70 | b | 3.18 | – |
| | 대졸 | 503 | 3.83 | ab | 3.18 | – |
| | 대학원졸 | 80 | 3.95 | a | 3.17 | – |
| | F값 | | 5.825** | | .009 | |
| 결혼 여부 | 기혼 | 585 | 3.73 | – | 3.21 | – |
| | 미혼 | 415 | 3.83 | – | 3.13 | – |
| | t값 | | -2.327* | | 1.548 | |
| 월평균 용돈 | 20만 원 미만 | 133 | 3.63 | – | 3.14 | – |
| | 20~30만 원 미만 | 148 | 3.72 | – | 3.13 | – |
| | 30~50만 원 미만 | 283 | 3.84 | – | 3.19 | – |
| | 50~100만 원 | 305 | 3.82 | – | 3.16 | – |
| | 100만 원 이상 | 131 | 3.71 | – | 3.28 | – |
| | F값 | | 2.871* | | .993 | |
| 월평균 가계소득 | 200만 원 미만 | 134 | 3.57 | b | 2.97 | b |
| | 200~300만 원 미만 | 179 | 3.72 | ab | 3.17 | ab |
| | 300~400만 원 미만 | 218 | 3.78 | ab | 3.17 | ab |
| | 400~500만 원 미만 | 204 | 3.81 | ab | 3.26 | a |
| | 500~600만 원 미만 | 111 | 3.90 | a | 3.22 | ab |
| | 600만 원 이상 | 154 | 3.85 | a | 3.22 | ab |
| | F값 | | 3.847** | | 3.072** | |

| 변수 | | N | 주체 | | | |
|---|---|---|---|---|---|---|
| | | | 소비자(개인) | | 주도세력 | |
| | | | M | S | M | S |
| 종교 여부 | 유 | 511 | 3.82 | – | 3.17 | – |
| | 무 | 489 | 3.73 | – | 3.18 | – |
| | t값 | | 2.008* | | –.263 | |
| 거주지역 | 서울/수도권 | 600 | 3.77 | | 3.22 | |
| | 기타지역 | 400 | 3.78 | | 3.18 | – |
| | t값 | | –.112 | | –.263 | |
| 직업 | 전업주부 | 149 | 3.63 | | 3.20 | |
| | 전문/사무직 | 499 | 3.80 | – | 3.18 | – |
| | 서비스/판매 | 130 | 3.77 | | 3.17 | – |
| | 노동/생산직 | 75 | 3.67 | – | 3.30 | – |
| | 학생/무직 | 128 | 3.89 | – | 3.06 | – |
| | F값 | | 3.114* | | 1.450 | |

(N = 1,000)

## 4) 소비자보이콧의 범위와 기간

〈표 8-10〉에는 소비자보이콧의 범위와 기간에 대한 소비자들의 인식 수준이 제시되어 있다. '목표하는 바를 이루기까지 지속적으로 펼쳐야 한다'가 3.67점으로 가장 높았고, '전국적으로 또는 전 세계적으로 펼쳐지는 운동이다'는 3.46점으로 두 번째로 높았다. 시간을 정해 일시적으로 하는 행위라고 인식하는 경우는 2.98점으로 가장 낮았다. 〈그림 8-7〉에 있는 것처럼 장기적·국가적 인식수준이 단기적·지역적 인식수준보다 더 높았다. 세계화가 진전되면서 보이콧의 범위와 기간에 대한 시각도 크게 변화되고 있다고 볼 수 있다. 특히 사회의 다양한 부분들이 서로 연결됨에 따라 보이콧에 대한 시각도 광범위해지고 있다고 해석할 수 있다.

〈표 8-11〉에는 사회인구학적 변수에 따라 소비자보이콧의 범위와 기간이 차이가 나는지를 분석한 결과가 제시되어 있다. 장기적·국가적 인식수준은 교육수준, 결혼

| 문항 | 구분 | M(SD) |
|---|---|---|
| 장기적 · 국가적 | 1. 목표하는 바를 이루기까지 지속적으로 펼쳐야 한다. | 3.67( .78) |
| | 2. 전국적으로나 전 세계적으로 펼쳐지는 운동이다. | 3.46( .79) |
| | 전체(5점 환산평균) | 3.56( .68) |
| 단기적 · 지역적 | 3. 시간을 정해서 일시적으로 하는 행위이다. | 2.98( .86) |
| | 4. 내가 사는 곳과 가까운 지역에서 일어나는 행위이다. | 3.01( .82) |
| | 전체(5점 환산평균) | 3.00( .66) |

여부, 월평균 용돈에 따라서는 의미 있는 차이가 있었으나, 성별, 연령, 월평균 가계
소득, 종교 여부, 거주지역 및 직업에 따라서는 의미 있는 차이가 없었다. 교육수준
이 높을수록, 기혼보다는 미혼이, 월평균 용돈을 많이 쓸수록 보이콧운동이 장기적
으로, 전국적 또는 전 세계적으로 이루어져야 한다고 인식하고 있었다.

단기적 · 지역적 인식수준은 성별, 결혼 여부 및 거주지역에 따라서는 의미 있는
차이가 있었으나, 연령, 교육수준, 월평균 용돈, 월평균 가계소득, 종교 여부 및 지
역에 따라서는 의미 있는 차이가 없었다. 여자보다 남자가, 미혼보다 기혼이, 서울과

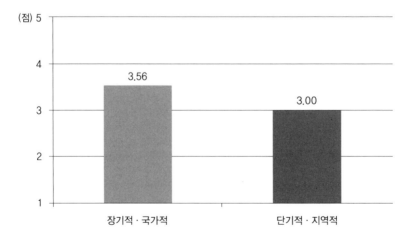

■ 그림 8-7  장기적 · 국가적 인식수준과 단기적 · 지역적 인식수준

| 변수 | | N | 범위와 기간 | | | |
|---|---|---|---|---|---|---|
| | | | 강제적·국가적 | | 단기적·지역적 | |
| | | | M | S | M | S |
| 성별 | 남자 | 517 | 3.56 | – | 3.04 | – |
| | 여자 | 483 | 3.57 | – | 2.94 | – |
| | t값 | | −0.77 | | 2.420* | |
| 연령 | 20대 | 270 | 3.59 | – | 2.92 | – |
| | 30대 | 275 | 3.60 | – | 3.02 | – |
| | 40대 | 255 | 3.54 | – | 3.03 | – |
| | 50대 이상 | 200 | 3.51 | – | 3.02 | – |
| | F값 | | | | | |
| 교육수준 | 고졸 이하 | 262 | 3.45 | b | 2.93 | – |
| | 전문대졸 | 155 | 3.53 | ab | 3.03 | – |
| | 대졸 | 503 | 3.61 | ab | 3.02 | – |
| | 대학원졸 | 80 | 3.70 | a | 3.03 | – |
| | F값 | | 4.347** | | 1.383 | |
| 결혼 여부 | 기혼 | 585 | 3.52 | – | 3.03 | – |
| | 미혼 | 415 | 3.62 | – | 2.95 | – |
| | t값 | | −2.322* | | 1.989* | |
| 월평균 용돈 | 20만 원 미만 | 133 | 3.44 | – | 2.93 | – |
| | 20~30만 원 미만 | 148 | 3.54 | – | 2.94 | – |
| | 30~50만 원 미만 | 283 | 3.64 | – | 3.03 | – |
| | 50~100만 원 | 305 | 3.59 | – | 3.02 | – |
| | 100만 원 이상 | 131 | 3.49 | – | 3.00 | – |
| | F값 | | 2.485* | | .873 | |
| 월평균 가계소득 | 200만 원 미만 | 134 | 3.41 | – | 2.92 | – |
| | 200~300만 원 미만 | 179 | 3.55 | – | 2.95 | – |
| | 300~400만 원 미만 | 218 | 3.59 | – | 3.04 | – |
| | 400~500만 원 미만 | 204 | 3.62 | – | 2.98 | – |
| | 500~600만 원 미만 | 111 | 3.60 | – | 3.02 | – |
| | 600만 원 이상 | 154 | 3.56 | – | 3.05 | – |
| | F값 | | 1.751 | | .992 | |

계속 ▶

| 변수 | | N | 범위와 기간 | | | |
| --- | --- | --- | --- | --- | --- | --- |
| | | | 장기적·국가적 | | 단기적·지역적 | |
| | | | M | S | M | S |
| 종교 여부 | 유 | 511 | 3.60 | – | 2.97 | – |
| | 무 | 489 | 3.52 | – | 3.02 | – |
| | t값 | | 1.814 | | −1.247 | |
| 거주지역 | 서울/수도권 | 600 | 3.56 | – | 3.03 | – |
| | 기타지역 | 400 | 3.58 | – | 2.95 | – |
| | t값 | | −.435 | | 2.007* | |
| 직업 | 전업주부 | 149 | 3.49 | – | 2.93 | – |
| | 전문/사무직 | 499 | 3.59 | – | 3.04 | – |
| | 서비스/판매 | 130 | 3.52 | – | 3.04 | – |
| | 노동/생산직 | 75 | 3.52 | – | 2.91 | – |
| | 학생/무직 | 128 | 3.65 | – | 2.91 | – |
| | F값 | | 1.330 | | 1.960 | |

(N = 1,000)

수도권에 거주하는 소비자들은 보이콧운동이 단기적·지역적으로 이루어져야 한다고 인식하고 있었다.

## 5) 소비자보이콧 제약요인

소비자보이콧을 실행하는 데 있어서 제약요인이 있다는 이주희(2005), 첸(2010), 클레인 등(2004)의 선행연구를 토대로 총 4문항을 구성하였다. 〈표 8-12〉에는 소비자보이콧 제약요인에 대한 인식수준이 제시되어 있다. '다른 브랜드나 회사로 바꾸어야 하는 비용을 초래한다'가 3.23점으로 가장 높았고, '대상이 되는 기업이나 정부에서 일을 하는 사람들의 일자리를 빼앗을 수 있다'가 3.06점으로 두 번째로 높았고, '다른 사람들이 보이콧을 한다면 굳이 내가 참여할 필요가 없다'가 2.91점으로 가장 낮았다.

| 문항 | 구분 | M(SD) |
|---|---|---|
| 제약<br>요인 | 1. 다른 사람들이 보이콧을 한다면 굳이 내가 참여할 필요가 없다. | 2.91( .84) |
| | 2. 기업의 영업활동을 방해해서 오히려 경제 발전에 역효과를 가져온다. | 2.93( .88) |
| | 3. 대상이 되는 기업이나 정부에서 일을 하는 사람들의 일자리를 빼앗을 수 있다. | 3.06( .85) |
| | 4. 다른 브랜드나 회사로 바꾸어야 하는 비용을 초래한다. | 3.23( .77) |
| | 전체(5점 환산평균) | 3.03( .72) |

# 3. 윤리적 소비자주의

국내 소비자들의 윤리적 소비자주의의 일반적 경향을 살펴보면 〈표 8-13〉과 같다. 결과론적 윤리적 소비자주의 문항중에서는 '나는 주로 품질인증을 가진 상품을 구매한다가 4.59점으로 가장 점수가 높았다. '환경인증이나 사회적 인증마크가 있는 상품을 구매하는 편이다'는 4.51점으로 두 번째로 높았다. 스웨덴의 윤리적 소비자를 연구한 켈(Kell, 2011)은 대기업의 환경인증 마크나 다른 먼 국가에서 수입된 공정무역 제품을 구매하는 것이 반드시 윤리적 소비가 될 수 있는가에 의문을 표시하는 소비자들도 있다고 하였다. 에코라벨이 부착된 제품은 거의 다국적기업이 생산하여 유통하는 경우가 많은데 다국적 기업이 환경에 미치는 영향을 측정하는 것은 쉽지 않기 때문이다. 송유진 등(2011)은 그린워싱 정보를 접한 소비자는 감정상태, 광고태도, 브랜드태도 및 구매의도가 모두 부적으로 강화된다고 하였다. 특히 그린워싱[1] 정보인 줄 몰랐다가 인지하게 되는 경우에는 더욱 부정적인 감정을 경험한다고 하였다.

소비자들은 품질이 인증된 제품이나 환경인증이나 사회적 인증마크가 있는 상품

---

1  그린워싱은 green과 white washing(세탁)의 합성어로 기업들이 실질적인 친환경 경영과는 거리가 있지만 녹색경영을 표방하는 것처럼 홍보하는 것을 말한다. 2007년 12월 마케팅 회사인 테라초이스가 그린워싱이 저지르는 여섯 가지 죄악들이라는 보고서를 발표하면서 언론의 주목을 받았다. 제지업체의 경우 벌목으로 인해 발생하는 환경파괴는 공개하지 않고, 재생지 활용 등 특정 부문에만 초점을 맞춰 친환경 경영을 강조하고 있는 사례 등을 들 수 있다(시사상식사전, 박문각).

| 문항 | 구분 | M(SD) |
|---|---|---|
| 결과론적<br>윤리적<br>소비자<br>주의 | 1.  나는 환경인증이나 사회적 인증마크가 있는 상품을 구매하는 편이다. | 4.51(1.03) |
| | 2.  나는 주로 품질인증을 가진 상품을 구매한다. | 4.59(1.04) |
| | 3.  나는 윤리적 규범에 따라 생산된 상품을 구매하는 편이다. | 4.47(1.00) |
| | 4.  나는 최고의 품질을 가진 상품만 구매한다. | 4.21(1.14) |
| | 전체(5점 환산평균) | 4.00( .81) |
| 의무론적<br>윤리적<br>소비자<br>주의 | 5.  상품을 구매할 때 나는 환경 상품의 생산 국가를 중요하게 생각하지 않는다. | 2.78(.1.48) |
| | 6.  상품을 구매할 때 나는 상품의 생산 국가를 중요하게 생각하지 않는다. | 2.81(1.55) |
| | 7.  상품을 구매할 때 나는 윤리적 측면에서 상품의 생산 국가를 중요하게 생각<br>하지 않는다. | 2.68(1.50) |
| | 8.  상품을 구매할 때 나는 상품의 생산자를 중요하게 생각하지 않는다. | 2.73(1.48) |
| | 전체(5점 환산평균) | 2.75(1.14) |

을 구매하는 것이 윤리적 소비자주의를 실천하는 것이라고 생각하고 있었다. '윤리적 규범에 따라 생산된 상품을 구매하는 편이다'도 4.47점으로 나타났으나, '최고의 품질을 가진 상품만 구매한다'는 4.21점으로 결과론적 윤리적 소비자주의 문항 중에서 가장 점수가 낮았다.

의무론적 윤리적 소비자주의 문항 중에서는 '상품을 구매할 때 나는 상품의 생산 국가를 중요하게 생각하지 않는다'가 2.78점으로 가장 높게 나타났다. '구매할 때 환경상품의 생산국가를 중요하게 생각하지 않는다'가 2.78점으로 두 번째로 높았고, '윤리적 측면에서 상품의 생산 국가를 중요하게 생각하지 않는다'가 가장 낮았다.

결과론적 윤리적 소비자주의에 대한 인식은 4.00점이고, 의무론적 윤리적 소비자주의에 대한 인식은 2.75점으로 나타났다. 상대적으로 소비자들은 구매를 할 때 상품의 생산지나 생산과정에 비중을 두기보다는 상품 자체가 윤리적인가에 더 초점을 두고 상품에서 나타나는 윤리성에 입각해서 구매하는 것으로 나타났다.

# 제 9 장

# 국내 소비자의
# 소비자보이콧의 인식 유형

과거에 비하여 소비자보이콧이 다양하게 전개되고 있고, 소비자보이콧에 대한 소비자들의 인식도 다양해지고 있다. 소비자보이콧을 보다 효율적으로 수행하기 위해서는 소비자보이콧 인식을 기준으로 해서 소비자를 분류할 수 있어야 한다. 이 장에서는 요인분석과 군집분석을 이용해서 소비자보이콧 인식을 유형화해서 집단의 인구사회적 특성과 다양한 심리사회적 특성을 알아보고, 유형에 따라 이론적 · 실천적 함의를 살펴보았다. 이 장은 전향란(2013)의 박사학위논문의 연구결과와 결론의 일부분을 보완하여 기술하였다.

 ## 1. 소비자보이콧 인식의 유형화

요인분석 결과 도출된 자기실현 추구 소비자보이콧, 회의적 소비자보이콧, 성과달성 추구 소비자보이콧, 수동적 소비자보이콧 등 소비자보이콧 인식의 4개의 하위차원을 기준으로 K-평균 군집분석을 실시하여 소비자보이콧에 대한 인식을 유형화하였다. 가능한 군집의 수를 모두 포함하여 분석한 결과 동일한 유형이 포함되지 않고 고르게 분

| 보이콧 인식 차원 | 자기실현형<br>보이콧집단<br>(n = 326, 32.6%) | 성과달성형<br>보이콧집단<br>(n = 361, 36.1%) | 합리성 추구형<br>보이콧집단<br>(n = 313, 31.3%) |
| --- | --- | --- | --- |
| 자기실현 추구 | + | − | + |
| 회의적 | − | − | + |
| 성과달성 추구 | + | + | − |
| 수동적 | + | − | − |

포하였고 해석이 가능하다는 점에서 〈표 9-1〉과 같이 3개의 군집으로 유형화하였다.

추출된 군집의 타당성을 검토하기 위하여 3개의 군집을 독립변수로 하고, 군집의 기준이 된 4개의 하위차원을 종속변수로 하여 분산분석을 실시한 결과가 〈표 9-2〉에 제시되어 있다. 소비자보이콧 인식의 4개 하위차원인 자기실현추구 소비자보이콧, 회의적 소비자보이콧, 성과달성 추구 소비자보이콧, 수동적 소비자보이콧이 모두 추출된 3개의 군집인 자기실현형 보이콧집단, 성과달성형 보이콧집단 및 합리성 추구형 보이콧집단에 따라 $p < .001$ 수준에서 의미 있는 차이가 있는 것으로 나타나 군집의 타당성도 확보되었다.

군집 1은 표준화된 점수의 부호가 회의적 보이콧을 제외한 모든 하위차원이 모두 양(+)으로 나타났다. 회의적 보이콧이 부정적 성향을 나타내는 의미를 감안할 때 이를 제외한 모든 소비자보이콧에 대한 인식이 높은 유형으로 보이콧에 긍정적이고 적극적인 집단으로 '자기실현형 보이콧집단'으로 명명하였다. 이 집단은 전체 1,000명 중 326명이 포함되어 전체의 32.6%를 차지하여, 두 번째로 많았다.

군집 2는 성과달성 추구 보이콧을 제외한 모든 군집에서 표준화된 점수의 부호가 모두 음(−)으로 나타났다. 다른 집단에 비해 상대적으로 소비자보이콧을 특정한 목적을 달성하는 수단으로 활용하는 경향이 높은 집단으로 '성과달성형 보이콧집단'으로 명명하였다. 이 집단은 전체의 36.1%를 차지하였으며 가장 많았다.

군집 3은 자기실현추구 보이콧과 회의적 보이콧의 표준화된 점수 부호가 양(+)이

■ 표 9-2 소비자보이콧 유형화에 따른 소비자보이콧 인식에 관한 분산분석

| 유형 | 자기실현형 보이콧운동집단 (n = 326) | | 성과달성형 보이콧운동집단 (n = 361) | | 합리성추구형 보이콧운동집단 (n = 313) | | F비 |
|---|---|---|---|---|---|---|---|
| 유형 | 평균(SD) | S | 평균(SD) | S | 평균(SD) | S | |
| 자기실현 추구 | 4.00( .36) | a | 3.07( .39) | c | 3.92( .39) | b | 638.47*** |
| 회의적 | 3.02( .79) | a | 3.01( .53) | a | 3.20( .66) | b | 9.07*** |
| 성과달성 추구 | 3.41( .68) | a | 3.00( .51) | b | 2.86( .61) | c | 74.74*** |
| 수동적 | 3.62( .42) | a | 2.95( .47) | b | 2.72( .51) | c | 321.44*** |

*** $p < .001$, Post hoc test by Scheffe.

나, 성과달성 추구 보이콧과 수동적 보이콧의 표준화된 점수 부호가 음(−)으로 나타났다. 적극적인 행태의 소비자보이콧을 인식하면서도 한편으로 소비자보이콧이 가져올 부작용에 대한 우려를 함께 가지고 있는 소비자보이콧이 가지는 긍정적인 면과 부정적인 면을 동시에 수용하는 집단으로 '합리성 추구형 보이콧집단'으로 명명하였다. 이 집단은 전체의 31.3%를 차지하였고 가장 적었다.

 ## 2. 소비자보이콧 인식유형별 사회경제적 특성과 윤리적 소비자주의

〈표 9-3〉에는 소비자보이콧 인식유형에 따라 사회경제적 특성이 차이가 나는지를 분석한 결과가 제시되어 있다. 연령, 교육수준, 월평균 가계소득, 직업은 $p < .05$ 이하의 수준에서 소비자보이콧 인식유형에 따라 의미 있는 차이가 나타났다. 자기실현형 보이콧집단이 성과달성형 보이콧집단과 성과달성형 보이콧집단에 비해 나이가 많았고, 대졸 이상이 63.5%를 차지하여 교육수준이 비교적 높은 것으로 나타났다. 월평균 가계소득도 다른 집단에 비해 높았으며, 전문/사무직이 54.7%로 절반 이상을 차지하였다.

■ **표 9-3** 소비자보이콧 인식 유형별 사회경제적 특성

| 구분 | | N(%)<br>/평균(SD) | 자기실현형<br>보이콧집단<br>(n = 326) | 성과달성형<br>보이콧집단<br>(n = 361) | 합리성추구형<br>보이콧집단<br>(n = 313) | $X^2$/F비 |
|---|---|---|---|---|---|---|
| 성별 | 남자 | 517(51.7) | 181(55.5) | 188(52.1) | 148(47.3) | 4.371 |
| | 여자 | 483(48.3) | 145(44.5) | 173(47.9) | 165(52.7) | 4.371 |
| 연령 | | 38.14(10.90) | 39.14(10.44)<br>a | 38.36(11.17)<br>b | 36.85(10.96)<br>b | 3.669* |
| 교육<br>수준 | 고졸이하 | 262(26.2) | 67(20.6) | 111(30.7) | 84(26.8) | 14.377* |
| | 전문대졸 | 155(15.5) | 52(16.0) | 63(17.5) | 40(12.8) | 14.377* |
| | 대졸 | 503(50.3) | 179(54.9) | 164(45.4) | 160(51.1) | 14.377* |
| | 대학원졸 | 80(8.0) | 28(8.6) | 23(6.4) | 29(9.3) | 14.377* |
| 결혼<br>여부 | 기혼 | 585(58.5) | 198(60.7) | 218(60.4) | 169(54.0) | 3.820 |
| | 미혼 | 415(41.5) | 128(39.3) | 143(39.6) | 144(46.0) | 3.820 |
| 월평균 용돈<br>(만 원) | | 53.83(75.87) | 52.79(62.34) | 59.89(101.33) | 47.94(46.85) | 2.129 |
| 월평균 가계소득<br>(만 원) | | 409.57(171.70) | 424(171.05)<br>a | 381.61(171.69)<br>b | 425.77(168.80)<br>a | 7.593** |
| 종교<br>여부 | 유 | 511(51.1) | 166(50.9) | 172(47.6) | 173(55.3) | 3.908 |
| | 무 | 489(48.9) | 160(49.1) | 189(52.4) | 140(44.7) | 3.908 |
| 거주<br>지역 | 서울<br>/수도권 | 600(60.0) | 192(58.9) | 221(61.2) | 187(59.7) | .398 |
| | 기타지역 | 400(40.0) | 134(41.1) | 140(38.8) | 126(40.3) | .398 |
| 직업 | 전업주부 | 149(14.9) | 40(12.5) | 63(17.8) | 46(14.9) | |
| | 전문<br>/사무직 | 499(49.9) | 175(54.7) | 173(49.0) | 151(49.0) | |
| | 서비스<br>/판매 | 130(130.0) | 49(15.3) | 49(13.9) | 32(10.4) | 16.374* |
| | 노동<br>/생산직 | 75(7.5) | 21( 6.6) | 30( 8.5) | 24( 7.8) | |
| | 학생/무직 | 128(12.8) | 35(10.9) | 38(10.8) | 55(17.9) | |

\* p < .05, \*\* p < .01, \*\*\* p < .001, Post hoc test by Scheffe.   N = 1,000

성과달성형 보이콧집단은 연령은 중간이었고, 고졸 이하가 30.7%로 다른 집단에 비해 상대적으로 낮은 교육수준을 가진 것으로 나타났다. 월평균 가계소득도 세 유형 중 가장 낮았으며, 전문/사무직이 가장 높은 비율이었지만 전업주부의 비율도 17.8%로 다른 유형에 비해 상대적으로 높았다. 합리성추구형 보이콧집단은 연령이 세 집단 중 가장 낮았고, 학생과 무직의 비율이 17.9%로 높았다.

프리드먼(1999)은 1971년에 이루어진 지역단체의 보이콧에 관한 연구에서 리더집단 구성원의 연령이 26~35세 사이이며, 중요한 저항적 참여자 역시 이 연령층에 분포한다고 보았다. 클레인 등(2004)은 연령은 보이콧에 영향을 미치지 않는다고 밝혔다.

교육수준은 프리드먼(1999)과 가르베르그와 뉴베리(Gardberg & Newburry, 2009)의 연구와 다소 차이를 보였다. 대학생 집단 혹은 대학졸업자가 소비자보이콧을 이끄는 집단에 많이 있다는 프리드먼(1999)의 연구결과는 자기실현형 보이콧집단에 대졸 이상이 2/3가까이 된다는 점을 지지하는 결과이다. 반면 가르베르그와 뉴베리(2009)의 연구에서는 교육수준이 낮을 때 소비자보이콧 경향이 높아진다고 나타나 다소 차이가 있다.

가계소득은 가계소득이 가장 높은 집단이 보이콧의 리더집단에 많이 속했다는 프리드먼(1999)과 가르베르그와 뉴베리(2009)의 연구결과를 지지하였다. 직업의 경우 가계소득과 무관하다고 보기 어렵기 때문에, 자기실현형 보이콧집단이 가계소득이 높고 직업을 가진 이가 상대적으로 많다는 결과는 이를 지지한다.

〈표 9-4〉에는 소비자보이콧 인식유형에 따라 윤리적 소비자주의의 차이를 보이는지를 분석한 결과가 제시되어 있다. 결과론적 윤리적 소비자주의는 $p < .001$ 수준에서 소비자보이콧 인식유형에 따라 의미 있는 차이를 보였다. 자기실현형 보이콧집단이 성과달성형 및 합리성추구형 보이콧집단에 비해 결과론적 윤리적 소비자주의 수준이 높은 것으로 나타났다. 의무론적 윤리적 소비자주의도 $p < .001$ 수준에서 소비자보이콧 인식유형에 따라 의미 있는 차이를 보였다. 의무론적 윤리적 소비자주의는 자기실현형 보이콧집단이 가장 높았고, 합리성추구형 보이콧집단이 두 번째로 높았고, 성과달성형 보이콧집단이 가장 낮은 것으로 나타났다.

| 구분 | | 평균(SD) | 자기실현형<br>보이콧집단<br>(n = 326) | 성과달성형<br>보이콧집단<br>(n = 361) | 합리성추구형<br>보이콧집단<br>(n = 313) | F비 |
|---|---|---|---|---|---|---|
| 윤리적<br>소비자<br>주의 | 결과론적 | 4.00( .81) | 4.25( .89)<br>a | 3.81( .74)<br>b | 3.95( .73)<br>b | 27.340*** |
| | 의무론적 | 2.75(1.14) | 3.04(1.24)<br>a | 2.50(1.09)<br>c | 2.74(1.00)<br>b | 20.082*** |

*** p < .001, Post hoc test by Scheffe.                                   N = 1,000

〈그림 9-1〉에서 보면 소비자보이콧 인식유형의 모든 집단에서 결과론적 윤리적 소비자주의의 수준이 의무론적 윤리적 소비자주의의 수준에 비하여 더 높았다. 일반적으로 결과는 과정에 비하여 더 가시적이고 분명하게 지각할 수 있기 때문에 이러한 결과가 나타났다고 생각할 수 있다. 결과가 바람직하다고 해서 정의롭지 못한 과정이 모두 정당화될 수 없다는 점을 소비자에게 교육할 필요가 있다. 그러므로 윤리적 소비에 대한 철학적 관점에서 행동의 결과에 초점을 두는 것과 과정상에서의 도덕적 당위성도 모두 포함하는 측면이 서로 분리될 수 없다는 점을 다시 한번 강조할 필요가 있다. 과정은 명확하게 드러나지 않으나, 결과는 명확하게 드러나며, 우리 사

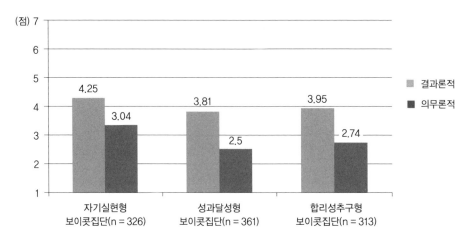

■ 그림 9-1 소비자보이콧 운동 인식유형과 윤리적 소비자주의

회에서 과정이 어떠하든 결과만 좋으면 된다는 인식이 팽배한 점도 이러한 결과에 반영되었다고 볼 수 있다.

많은 연구들이(Friedman, 1999; Jonh & Klein, 2003; Neilson, 2010; 홍연금, 2009; 천경희, 2010) 소비자보이콧을 윤리적 소비행위에 포함시키고 있다. 소비자보이콧에 가장 적극적으로 참여하는 집단인 자기실현형 보이콧집단의 윤리적 소비자주의가 다른 집단에 비해 높다는 이 연구결과를 통하여 이들 연구자들의 주장을 실증적으로 입증했다고 볼 수 있다.

 ## 3. 소비자보이콧 인식 유형별 소비자보이콧 형태

〈표 9-5〉에는 소비자보이콧 인식유형에 따라 소비자보이콧에 대한 태도, 보이콧 참여형태, 보이콧의 영향력이 차이가 나는지를 분석한 결과가 제시되어 있다. 소비자보이콧 인식유형에 따라 보이콧운동 태도, 소비자보이콧 영향력이 보이콧과 관련한 각 이해관계자에게 미치는 영향력 등은 $p < .001$ 수준에서 의미 있게 차이가 있었고, 보이콧 참여형태 중에서 집단구성과 온라인 구성은 $p < .01$ 수준에서 의미있는 차이가 났으나, 법적 대응은 관련이 없었다. 우리나라에서는 아직은 법적 대응을 할 수 있는 여건이 다른 선진국에 비하여 적고, 법적 대응을 하기 위한 경제적·사회적·심리적 비용이 크기 때문에 큰 차이가 없다고 해석할 수 있다.

〈그림 9-2〉에서 소비자보이콧에 대한 태도가 소비자보이콧 인식유형에 따라 차이가 나는지를 살펴보았다. 자기실현형 보이콧집단, 합리성추구형 보이콧집단, 성과달성형 보이콧집단순으로 의미 있는 차이가 있는 것으로 나타났다. 즉, 자기실현형 보이콧집단이 소비자보이콧에 대해 가장 우호적인 태도를 가지고 있는 집단이었다.

〈그림 9-3〉에서 보면 소비자보이콧 영향력이 보이콧과 관련한 각 이해관계자에 따라 어떠한 영향을 미칠 것인가에 관해서 자기실현형 보이콧집단이 소비자 개인, 보이콧 주도세력, 보이콧 대상, 국가 및 사회 모두에서 목적 성취형 보이콧집단에 비해 긍정적인 영향을 미칠 것으로 나타나 유의한 차이가 있었다. 합리성추구형 보이

| 구분 | | N(%)/평균(SD) | 자기실현형 보이콧집단 (n = 326) | 성과달성형 보이콧집단 (n = 361) | 합리성추구형 보이콧집단 (n = 313) | X²/F비 |
|---|---|---|---|---|---|---|
| 보이콧 태도† | | 3.30( .76) | 3.51( .83) a | 3.09( .60) c | 3.32( .77) b | 27.598*** |
| 보이콧 참여 형태 | 기업 대응 예 | 594(59.4) | 205(62.9) | 163(45.2) | 226(72.2) | 53.306*** |
| | 기업 대응 아니요 | 406(40.6) | 121(37.1) | 198(54.8) | 87(27.8) | 53.306*** |
| | 구매 중지 예 | 164(16.4) | 74(22.7) | 40(11.1) | 50(10.0) | 16.928*** |
| | 구매 중지 아니요 | 836(83.6) | 252(77.3) | 321(88.9) | 263(84.0) | 16.928*** |
| | 대체품 선택 예 | 326(32.6) | 125(38.3) | 85(23.5) | 116(37.1) | 21.198*** |
| | 대체품 선택 아니요 | 674(67.4) | 201(61.7) | 276(76.5) | 197(62.7) | 21.198*** |
| | 구전 예 | 460(46.0) | 178(54.6) | 120(33.2) | 162(51.8) | 37.544*** |
| | 구전 아니요 | 540(54.0) | 148(45.4) | 241(66.8) | 151(48.2) | 37.544*** |
| | 집단 구성 예 | 196(19.6) | 83(25.5) | 61(16.9) | 52(16.6) | 10.549** |
| | 집단 구성 아니요 | 804(80.4) | 243(74.5) | 300(83.1) | 261(16.6) | 10.549** |
| | 온라인 구전 예 | 248(24.8) | 93(28.5) | 66(18.3) | 89(28.4) | 12.868** |
| | 온라인 구전 아니요 | 752(75.2) | 233(71.5) | 295(81.7) | 224(71.6) | 12.868** |
| | 법적 대응 예 | 92(9.2) | 34(10.4) | 34(9.4) | 24(7.7) | 1.490 |
| | 법적 대응 아니요 | 908(90.8) | 292(89.6) | 327(90.6) | 289(92.3) | 1.490 |
| 보이콧 영향력 | 소비자 개인 | 3.57( .74) | 3.87( .66) a | 3.25( .71) c | 3.62( .70) b | 69.344*** |
| | 보이콧 주도세력 | 3.54( .73) | 3.81( .68) a | 3.19( .66) c | 3.66( .69) b | 77.689*** |
| | 보이콧 대상 | 3.23( .92) | 3.51( .95) a | 3.09( .72) b | 3.08(1.03) b | 24.626*** |
| | 국가 및 사회 | 3.31( .83) | 3.65( .85) a | 3.11( .69) b | 3.19( .85) b | 46.065*** |

** p < .01, *** p < .001, †Post hoc test by Scheffe.                    N = 1,000

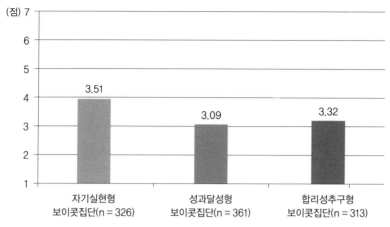

불매운동 태도

**그림 9-2** 소비자보이콧 인식유형과 소비자보이콧에 대한 태도

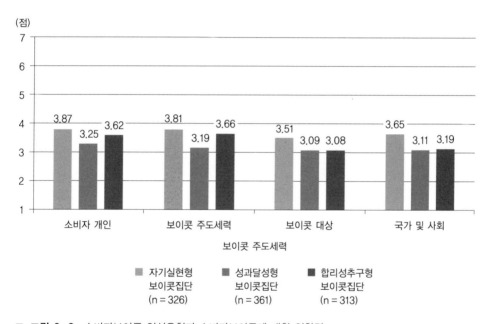

보이콧 주도세력

**그림 9-3** 소비자보이콧 인식유형과 소비자보이콧에 대한 영향력

콧집단은 소비자 개인과 보이콧 주도세력에 대한 영향력이 자기실현형 보이콧집단
보다는 낮고, 목적성취형 보이콧집단에 비해서는 높은 것으로 나타났다. 다른 보이
콧집단과 달리 합리성추구형 보이콧집단은 보이콧이 가지고 있는 영향력과 제약점

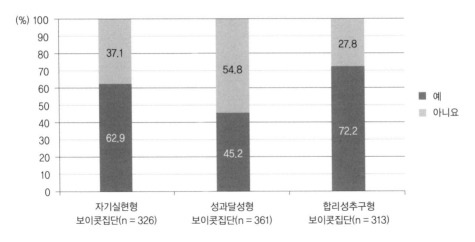

■ **그림 9-4** 소비자보이콧 인식유형과 참여형태

(반박)을 모두 수용하고 있는 것으로 나타나 개인적 차원에서의 소비자보이콧에 대한 절제의 어려움이 있는 것으로 보인다.

〈그림 9-4〉에는 소비자보이콧 인식유형에 따라 해당 회사에 항의전화 및 서신을 보내는 방식으로 기업에 대응하는 정도가 제시되어 있다. 합리성추구형 보이콧집단은 72.2%가 대응한다고 함으로써 가장 많았고, 자기실현형 보이콧집단은 62.9%가 대응함으로써 두 번째로 많았고, 성과달성형 보이콧집단은 45.2%가 대응하여 가장 적었다.

〈그림 9-5〉에는 소비자보이콧 인식유형에 따라 이용이나 구매를 중지하는지의 여부가 제시되어 있다. 자기실현형 보이콧집단은 22.7%가 구매중지를 한다고 함으로써 가장 많았고, 합리성추구형 보이콧집단은 15.0%가 구매중지를 해서 두 번째로 많았고, 성과달성형 보이콧집단은 11.1%만이 구매중지를 하여 가장 적었다. 해당 회사에 항의전화 및 서신을 보내는 방식보다 구매중지를 하는 비율이 매우 적다는 점은 소비자보이콧의 실효성을 매우 낮게 하는 중요한 요인이 될 수 있다는 점을 보이콧을 주도하는 단체나 소비자들은 고려해야 할 것이다. 구매중지가 기업에 주는 압박이 매우 크기 때문이다.

〈그림 9-6〉에는 소비자보이콧 인식유형에 따라 경쟁회사 제품이나 서비스와 같

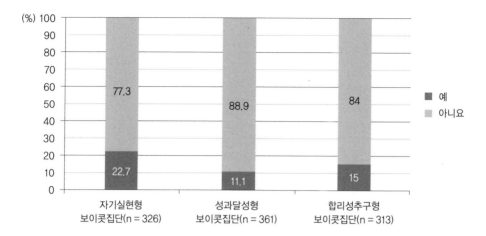

■ **그림 9-5** 소비자보이콧 인식유형과 구매중지

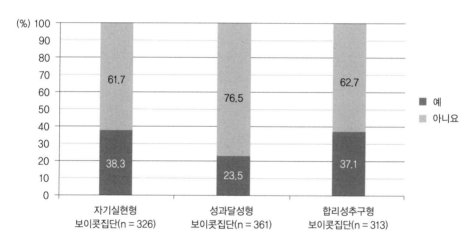

■ **그림 9-6** 소비자보이콧 인식유형과 대체품 선택

은 대체품을 선택하는지의 여부가 제시되어 있다. 자기실현형 보이콧집단은 38.3%
가 대체품을 선택한다고 함으로써 가장 많았고, 합리성추구형 보이콧집단은 37.1%
가 구매중지를 해서 자기실현형 보이콧집단과 거의 비슷했고, 성과달성형 보이콧집
단은 23.5%만이 대체품을 선택한다고 하여 가장 적었다. 대체품을 선택하는 것은 바
이콧이 될 수 있다. 그러므로 이러한 소비자들에 관한 정보를 대체품을 생산하거나
판매하는 회사에 제공해서 해당회사로 하여금 보다 긍정적인 전략을 세울 수 있도록

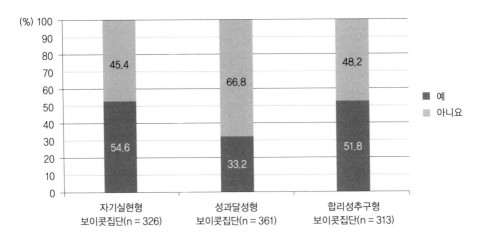

■ **그림 9-7**  소비자보이콧 인식유형과 구전

캐롯몹을 함께 시행하는 것도 아주 중요한 전략이 될 수 있다고 본다.

〈그림 9-7〉에는 소비자보이콧 인식유형에 따라 주변 사람들에게 입소문을 내는 것과 같은 구전을 얼마나 하는지가 제시되어 있다. 자기실현형 보이콧집단은 54.6% 가 입소문을 내겠다고 함으로써 가장 많았고, 합리성추구형 보이콧집단은 51.8%로 두 번째로 많았으며, 성과달성형 보이콧집단은 33.2%만이 구전을 하겠다고 하여 가 장 적었다.

〈그림 9-8〉에는 소비자보이콧 인식유형에 따라 카페 및 동호회를 구성하거나 단 체를 구성해서 대응하는 것과 같은 집단구성활동을 얼마나 하는지가 제시되어 있다. 자기실현형 보이콧집단은 25.5%가 집단구성을 하겠다고 함으로써 가장 많았고, 성 과달성형 보이콧집단은 16.9%로 두 번째로 많았으며, 합리성추구형 보이콧집단은 16.6%만이 집단구성을 하겠다고 하여 성과달성형 집단과 거의 비슷했다. 소비자보 이콧을 실현하는 데 있어서 집단을 구성하는 전략이 가장 효율적이고 적극적이라는 점에서 자기실형형집단이 다른 두 집단에 비하여 집단을 더 많이 구성한다고 해석할 수 있다.

〈그림 9-9〉에는 소비자보이콧 인식유형에 따라 온라인 구전을 얼마나 하는지가 제시되어 있다. 자기실현형 보이콧집단은 28.5%가 입소문을 내겠다고 함으로써 가

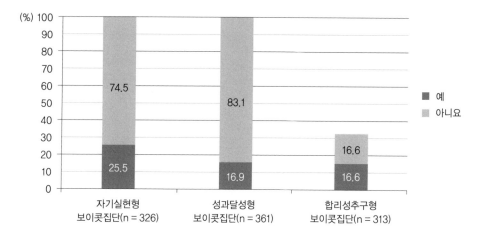

**■ 그림 9-8** 소비자보이콧 인식유형과 집단구성

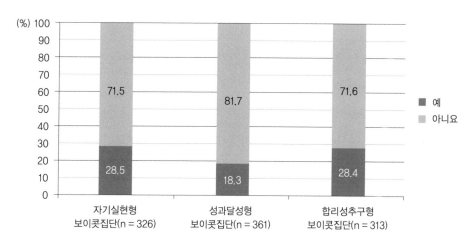

**■ 그림 9-9** 소비자보이콧 인식유형과 온라인 구전

장 많았고, 합리성추구형 보이콧집단은 28.4%가 온라인구전을 하겠다고 해서 자기실현형집단과 거의 비슷했고, 성과달성형 보이콧집단은 18.3%만이 온라인구전을 하겠다고 하여 가장 적었다.

〈표 9-6〉에는 소비자보이콧 인식유형에 따른 소비자집단별 소비자보이콧에 대한 참여의도의 차이를 분석한 결과가 제시되어 있다. 소비자보이콧에 대한 참여의도는 $p < .01$ 수준에서 소비자보이콧 인식유형에 따라 의미 있는 차이가 났다. 경제적 소

| 구분 | N(%) /평균(SD) | 자기실현형 보이콧집단 (n = 326) | 성과달성형 보이콧집단 (n = 361) | 합리성추구형 보이콧집단 (n = 313) | F비 |
|---|---|---|---|---|---|
| 경제적 소비자보이콧 | 3.48(1.02) | 3.76( .92) a | 3.01(1.05) b | 3.72 (.88) a | 67.213*** |
| 사회적 소비자보이콧 | 3.27( .93) | 3.49( .89) a | 2.94( .98) b | 3.42( .81) a | 37.665*** |

*** p < .001, †Post hoc test by Scheffe.　　　　　　　　　　　　　　　　N = 1,000(100.0%)

비자보이콧과 사회적 소비자보이콧 모두 자기실현형 보이콧집단과 합리성추구형 보이콧집단이 목적성취형 보이콧집단에 비해 참여하고자 하는 의도수준이 높은 것으로 나타났다.

〈그림 9-10〉에서 보면 세 집단 모두 경제적 소비자보이콧을 사회적 소비자보이콧보다 다소 높게 참여하고자 하는 것으로 나타났다. 이는 경제적 소비자보이콧이 일상 소비생활 속에서 소비자와 관련된 경제적 측면의 소비자 문제 및 피해와 직접적으로 관련되고, 소비자가 실물로 접하기 쉽기 때문에 참여의도가 높게 나타난 것으로 볼 수 있다.

자기실현형 보이콧집단과 합리성추구형 보이콧집단은 경제적, 윤리적 소비자보

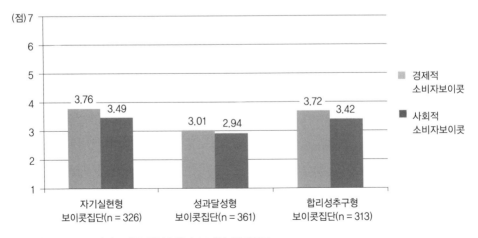

■ 그림 9-10 소비자보이콧 인식유형과 보이콧 참여의도

이콧 모두 성과달성형 보이콧집단에 비해서 높게 나타났다. 성과달성형 보이콧집단의 경우, 소비자보이콧이 가지고 있는 목적을 달성하기 위한 수단으로서의 기능을 차용하는 것이기 때문에 참여의도가 다른 집단에 비해 다소 낮다고 해석할 수 있다. 이러한 연구결과도 소비자들의 윤리의식이 매우 성숙해졌다는 것을 알 수 있는 중요한 근거가 될 수 있다. 소비자들은 특정 집단의 이해관계를 고려한 보이콧보다는 사회적 약자를 고려하거나 기업의 사회적 책임과 같은 보다 고차원적이고 윤리적인 목적을 더 중요하게 생각한다고 볼 수 있다.

 ## 4. 소비자보이콧 조사의 시사점과 제언

### 1) 이론적 의의

이 조사는 소비자보이콧에 관한 소비자의 인식에 따른 소비자집단별 윤리적 소비자주의와 참여를 살펴봄으로써 윤리적 소비로서 소비자보이콧이 가지는 의의를 체계적으로 설명하여 윤리적 소비행동으로서 소비자보이콧의 의의를 이해하기 위한 이론적 축적에 이바지한다. 소비자보이콧은 개인적인 욕구 충족에 그치는 것이 아니라 타인과의 관계 속에서 공동의 가치를 지향하고 실천해 나가는 도덕적 고려를 실천하는 행위로, 소비자 개개인의 소비윤리에 기반을 둔 행위를 의미하는 윤리적 소비이다(홍연금, 2009; 천경희 외, 2010; Papaoikonomou, 2012). 윤리적 소비로서 소비자보이콧은 개인적인 차원에서 소비의 자율성을 보장하여 사회적으로 올바른 소비문화의 정착에 기여하므로 이와 관련한 논의는 학문적 가치를 가진다고 할 수 있다.

올바른 소비문화를 조성하기 위한 윤리적 소비로서 소비자보이콧을 정착시키기 위해서는 소비자보이콧에 대한 소비자들의 올바른 의식의 향상과 적극적인 참여를 이끌 수 있는 소비자교육 및 소비자정보 제공과 같은 학계의 노력이 뒤따라야 한다. 조사 결과 국내 성인 소비자의 소비자보이콧에 대한 인식이 뚜렷하지 않았는데, 소비자들의 소비자보이콧에 관한 의식을 높여 줄 수 있도록 관련 논의들을 소비자 교육프로그램으로 개발하여 양성할 필요가 있음을 시사한다. 소비자보이콧과 관련한 소비자교육 및 정보제공을 위해서는 소비자보이콧이 온라인 환경과 맞물리면서 활성화되었다는 점(이한적, 주영혁, 2011; Koku, 2012)과 소비자보이콧 및 윤리적 소비의 행위가 단일 차원이 아니라는 점(Chen, 2010; Papaoikonomou, 2012)을 고려할 필요가 있다.

기업과 소비자 간의 정보격차를 줄이는 인터넷과 모바일 등의 정보화기기를 활용하여 소비자 인식유형에 따른 집단별 정보 및 교육의 차별화를 실시하여 집단별 차이를 고려한 소비자보이콧에 관한 인식 개선을 꾀할 수 있을 것이다. 성과달성형 보이콧집단과 합리성추구형 보이콧집단은 개인의 구매 후 불평행동과 보이콧 행동의 차이가 무엇인지, 소비자의 불량행동과 보이콧 행동의 차이가 어떠한 것이 있는지, 소비자보이콧의 올바른 참여는 어떠해야 하는지에 대한 정보를 제공하여 인식을 개선할 수 있다. 윤리적 소비자주의에서 낮은 수준을 보였던 목적성취형 보이콧집단은 실제 소비자보이콧이 가진 윤리적 소비로서의 의미보다는 특정한 목적을 성취하는 데만 집중한 모습을 보였다. 따라서 소비자보이콧에 관한 과정적인 영향력을 고려하고 문제를 해결하기 위해 사회적 합의를 이뤄갈 수 있도록 소비자보이콧이 가지는 의의를 알리는 교육이 이루어져야 할 것이다.

이 책에서는 소비자보이콧 인식유형에 따른 윤리적 소비자주의에 관한 이론적 고찰을 정리하고 있으므로 소비자보이콧과 관련한 기초적인 자료로 활용할 수 있다.

## 2) 실무적 의의

### (1) 기업의 소비자보이콧 관리전략

소비자보이콧은 자사에 대한 부정적 인식과 매출 감소에도 영향을 미치지만, 사실상 타사의 고객 유출을 유도한다(Klein et al. 2004). 따라서 기업의 소비자보이콧에 대한 대응 전략이 무척 중요하나, 소비자보이콧이 다양한 형태로 나타날 수 있어 효과적으로 대응하기 위해서는 소비자보이콧 인식과 태도, 행동에 관한 고찰이 우선되어야 한다(이한석, 주영혁, 2011; 제미경, 전향란, 2013). 이 책에서는 조사결과를 바탕으로 소비자보이콧 인식에 대한 유형별 특성을 고찰하여 고객의 부정적 구전과 이탈에 대한 대응 방안을 모색하는 데 실무적 전략을 제안한다.

첫째, 기업은 인권이나 환경에 대한 문제에 따른 소비자보이콧의 대상이 되면 이를 부인하기보다는 잘못을 인정하고 적극적인 경청을 통해 소비자의 소리를 듣고, 진정성 있는 변화의 모습을 보여 줄 필요가 있다. 자기실현형 보이콧집단은 보이콧에 대해서 긍정적일 뿐 아니라, 기업에 대한 직접적인 대응인 온라인 구전 및 조직 구성 등 참여에 적극적인 집단이다. 이러한 집단은 학력이 높거나 소득이 높으며 전문직이나 사무직에 종사하고 있는 경우가 많으므로 사회적 관심이나 현안에 대한 비판의식이 높은 집단으로 판단할 수 있다. 따라서 소비자보이콧에 대해 기업이 사회적 책임의 차원에서 긍정적인 입장임을 알리고 적극 해명하고 정책의 방향을 바꿀 수 있다는 의사를 표현하는 것이 중요하다.

호프만과 후터(2011)가 제안한 것과 같이 소비자들의 참여와 평가를 적극 받아들여 기업을 홍보하고 경쟁하면서 긍정적 구매활동을 펼치도록 유도하는 전략을 고려할 필요가 있다. 대표적인 캐롯몹 전략은 작은 점포나 지역 사회의 기업에 적합한 형태를 띠고 있지만, 소비자들로 하여금 참여를 통한 일시적인 퍼포먼스와 즐거움을 전달하여 적극적인 참여에 대해 보상을 한다는 점에서 소비자보이콧에 대한 대응에 있어 시사점을 전달한다. 무엇보다 이러한 전략적 대응은 소비자에게 기업에 대한 평가를 모두 맡기고 있고, 소비자의 관점에서 평가기준을 수립하여 기업의 정책에 반영하고 있음이 우선되어야 한다.

둘째, 기업은 소비자보이콧을 일으키는 문제들에 대해서 이를 개선하기 위해서 사전 예방에 관한 노력은 물론 사후 대처를 위한 노력을 어떻게 진행하고 있는가를 수시로 명확하게 소비자에게 알릴 필요가 있다. 합리성추구형 보이콧집단의 경우, 소비자보이콧에 대해서 긍정적인 면과 부정적인 면을 모두 수용하고 있는 입장으로 부정적인 측면에 대한 인식이 중요하다. 소비자보이콧에 적극적이면서도 보이콧 대상의 영향력에 대해서는 회의적으로 평가하는 집단이기 때문이다. 따라서 기업에서는 이러한 집단에게는 소비자보이콧에 따른 정책의 변화와 노력을 보다 구체적으로 명시해야 한다. 정책 변화의 방향 및 형태를 도식화하거나 수치화하여 제시하는 광고나 홍보, 또는 ISO 26000과 같은 사회적 책임 경영인증을 획득함으로써 객관적인 믿음을 심어 주는 활동이 필요하다. 좋은 고객과의 관계는 기업과 소비자의 의사소통을 용이하게 하며, 사회적 책임감이 높은 기업 이미지와 브랜드에 대한 투자를 이끌어 소비자로 하여금 기업의 부적절한 행동에 대한 정보에 반박하게 하는 일종의 기업 '보험'으로서 작용한다(Klien et al., 2004). 따라서 미디어를 활용한 기업의 소비자보이콧 인식 제고 및 보이콧에 대한 적극적인 대응은 장기적으로 보이콧에 대한 참여와 기업 경영활동에 대한 부정적인 영향력을 줄여 주는 역할을 하게 될 것이다.

조사 결과 소비자는 직접적인 소비자 피해나 안전과 관련한 경제적 소비자보이콧의 참여의도가 높았지만, 사회 · 문화적인 측면의 사회적 책임을 요구하는 사회적 소비자보이콧에 대한 참여의도 역시 낮은 수준이 아니었다. 이는 기업이 사회구성원들과의 관계 속에서 경제적 이익만을 창출하는 존재가 아닌, 다양한 가치와 문화 등을 존중하며 사회적 책임을 고려한 기업경영을 해야 함을 요구하고 있음을 시사하는 것이다. 기업들의 품질과 가격경쟁 차별화가 무의미해지는 성장사회에서는 소비자의 판단기준이 곧 기업의 사회적 역할과 기여가 되고, 기업의 윤리적 경영이 요구된다. 좁게는 소비자에 대한 불만을 일으키지 않는 서비스 제공에서부터 넓게는 민족이나 인종, 환경과 같은 전 지구적인 문제에 대한 관심과 배려를 경영활동을 통해서 펼쳐 나갈 수 있도록 노력해야 할 것이다.

### (2) 소비자 및 소비자단체의 활성화 전략

소비자보이콧의 행위주체인 소비자단체와 소비자 운동가들이 소비자운동의 활성화 시키고 활동전략을 한 단계 향상될 수 있도록, 매체의 활용과 자발적 참여를 유도하는 다양한 소비자보이콧 콘텐츠 개발이 중요하다. 먼저 사례 고찰에서 살펴본 바와 같이 소비자보이콧의 성장은 정보통신 기기의 보급과 온라인 문화의 확산에 주목할 필요가 있다. 기존 소비자 운동에서 한계로 지적되어 온 단체 회원 확보 및 동원을 온라인 기반으로 전환한 소비자보이콧의 예는 전략적으로 시사점이 크다. 소비자보이콧에 대한 정보제공 방식에 있어서 일방적인 단체의 성격만을 제시하는 것이 아니라, 한 이슈에 대해 협력하는 기관과 단체를 소개하고 운동가들과 직접 관계 맺음이 가능하다. 소비자 운동의 전략적 한계에 따른 차별화가 지적되는 시점에서 경제적 자원 수급과 인력 수급이 어려운 점을 고려할 때, 공통적 이슈에 대한 운동가 및 운동단체들 간 협력적 사이버 공간을 조성하는 것 역시 소비자의 참여를 높일 수 있는 방안이 될 것이다. 소셜 네트워크의 확산으로 소비자운동에 관한 소비자의 접근성이 향상되었고, 홍보효과의 효율성에 따른 비용 절감 효과도 높일 수 있다. 성과달성형 보이콧 집단은 윤리적 소비자주의 의식도 낮고 소비자보이콧 참여 역시 낮았다. 주로 주부이며 소득이 낮은 집단으로 사실상 소비자단체에서 펼쳐지는 소비자운동 및 교육의 주 대상에 속한다. 이들을 대상으로 한 소셜 네트워크 활용교육을 소비자보이콧과 함께 전개한다면 시민단체 및 운동가들과 소비자의 소통을 확장시켜 소비자보이콧에 관한 긍정적 인식을 제고할 수 있다.

　윤리적 소비로서 소비자보이콧에 대한 인식을 제고하는 데는 소비자운동가들의 역할이 무엇보다 중요하다. 기업 입장에서는 유리한 측면에 대한 홍보를 할 수밖에 없으며 정부 역시 시장 개입은 꺼릴 수밖에 없는 상황이다. 베넷과 라고스(Bennett & Lagos, 2007)에 따르면 기업에 대한 소비자운동에 있어 소비자 개인의 집합적 관심을 끄는 방법은 브랜드를 공격하는 것이라고 하였다. 소비자보이콧이 바로 이러한 형태인데, 아직 소비자들의 소비자보이콧에 관한 인식이 낮은 상태이기 때문에 몇몇 주도세력을 선두로 한 운동 전개가 유효할 것이다. 그러나 소비자보이콧이 각 이해관계자 간에 사회적 거부감과 갈등을 일으킬 수 있으므로, 운동가들은 소비자보이콧의 긍정적 측면과 부정적인 측면을 양면적으로 제시하여 논란이 되는 부분에 대해서 명확한 판단 근거를 제안하고 운동을 전개해야 할 것이다. 주요 언론사 광고주에 대한 소비자보이콧에서 소비자운동을 이끄는 주체 집단이 주도적인 역할을 하면서 자발적인 시민들의 참여를 유도하는 데 성공적이었다는 평가를 하고 있다(이승선, 2009). 이는 소비자보이콧을 펼쳐 나가는 과정에서 운동가의 적절한 활동이 소비자의 자발적인 참여를 높일 수 있음을 시사한다. 따라서 소비자보이콧에 관한 소비자들의 참여의식과 소비 생활 속 화폐투표 행위 등 소비자 주권이 가지는 윤리적 가치에 대한 다양한 교육을 하여 인식을 제고할 필요가 있다. 소비자보이콧이 소비자 피해에 대한 소비자 대응 행동으로만 인식되지 않고 장기적으로 기업과 동등한 입장에서 주권을 행사할 수 있는 소비자운동의 일환으로 관련 교육과 홍보가 필요하다.

## (3) 정부의 소비자복지정책 전략

대외무역에 민감한 우리나라의 실정을 고려할 때 정부 및 행정기관은 대외적인 소비자 정책분야 중에서 다국적 기업에 대한 소비자보이콧 대응전략에 관한 정책 수립에 노력해야 한다. 소비자보이콧에 관해서 소비자는 단순히 기업의 경제적 행위에 대한 처벌과 압박에 관한 것이 아니라, 사회적 차원에서의 목적을 달성하기 위한 개인과 집단의 운동적 노력으로 인식하고 있음을 알 수 있었다. 소비자보이콧 현황 및 사례를 통해 정부가 정부 스스로 인권이나 환경을 위해 바람직한 정책을 펼치지 않거나 부도덕한 기업의 경영행위를 규제하지 못하여 시장환경을 조성하지 못했을 때, 자국 기업에 대한 전 지구적인 차원에서의 소비자보이콧이 발현될 수 있음을 엿볼 수 있다. 따라서 정부는 대외적으로 활동하는 기업들의 윤리적 평판 지수를 관리하여 기업에 대한 소비자보이콧을 사전에 방지하거나, 국제적인 소비자 분쟁과 기업 경영활동과의 관련성에 관한 연구 등을 통해서 수시로 정책적인 방안을 제안할 필요가 있다.

정부는 잘못된 소비자보이콧에 따른 사회적 비용을 및 사회적 불안조성에 대한 해결방안을 정책적으로 펼쳐야 한다. 첫째, 소비자에게 올바른 소비자보이콧에 관한 정보가 알려질 수 있도록 소비자 정보의 확대를 위한 지원이 요구된다. 중국의 카르푸에 대한 소비자보이콧은 사실상 왜곡된 정보에 의해서 야기된 것이다. 카르푸란 기업만 경제적인 타격을 입은 것이 아니라, 중국 내 카르푸에서 일을 하는 중국인 종업원들의 인건비와 카르푸에서 판매되는 중국산 제품 소비에도 영향을 미쳤다. 카르푸에 대한 소비자보이콧을 적극 해결하지 못한 정부의 대응은 중국의 잘못된 정보로 인해 생성된 소비자보이콧에 따른 자국인 및 자국 내 산업에 경제적 손실로 전가되어 사회적 비용 발생을 초래하게 된 것이다.

둘째, 기업과 소비자(혹은 소비자단체) 간의 잦은 분쟁이나 다툼은 보이지 않는 사회적 비용을 발생시키기 때문에, 소모적인 소비자보이콧을 예방하고 관리할 수 있도록 올바른 기준에 따른 소비자보이콧 활동에 관한 교육에 적극적인 지원을 해야 한다. 소비자보이콧이 윤리적 소비로서 올바른 소비문화의 정착을 하도록 도와야 할 것이며, 기업과 소비자 간 효율적인 분쟁조정을 통해 규제와 감시, 소송 등에 따른 사회적 비용을 절감할 수 있도록 소비자보이콧 협상과 적용에 관한 교육을 기업과 소비자 모두에게 제공할 필요가 있다.

마지막으로 소비자보이콧의 정확한 개념과 법률적 해석 및 적용에 대한 합의가 필요하다. 앞서 제시된 문헌에서 살펴보았듯, 국내에서는 소비자주권과 관련하여 소비자보이콧에 관한 논의가 계속되나 합의점을 찾지 못하고 있다. 소비자가 목표 대상이 되는 기업에 압박을 주기 위해 그 기업과 관련한 이해관계자에 대한 보이콧을 행사하는 간접적 형태의 소비자보이콧이 과연 합법적이냐 하는 문제에 관한 논의가 이어지고 있다. 소비자는 자신의 주권을 실현하기 위해서 단체를 결성하거나, 의견을 제시할 수 있는 권리가 헌법적으로 보장되어 있다. 그러나 기업의 활동에 우호적인 이해관계자들은 기업의 활동과 수익창출에 부정적 영향을 미칠 수 있다는 점에서 보이콧이 갖는 한계점을 지나치게 강조하고 있다. 따라서 정부는 정책적인 합의와 법률적인 해석, 그리고 사회 및 시장경제에서 통념되는 공통적인 의견에 대한 지속적인 논의의 장을 이끌어야 나가야 할 것이다.

## 3) 연구의 한계 및 향후 연구 제안

이 연구의 한계 및 그에 기초한 향후 연구를 제안하면 다음과 같다.

첫째, 소비자보이콧 행태를 설명할 수 있는 척도와 모형을 고안하여 제시할 수 있어야 할 것이다. 소비자의 보이콧을 설명하기 위한 선행연구들이 있지만(Klein et al, 2004; Chen, 2010), 이들의 실행에 초점을 두기보다는 왜 보이콧을 하는가 하는 행동 전 단계에 치중하고 있다. 따라서 소비자보이콧이 윤리적이고 사회지향적인 행동이라는 점을 설명하기 위한 관련 변수들을 찾아내고 이들 간의 영향력을 검증할 수 있는 모델을 수립해야 할 것이다. 이 연구에서 제시하지는 못했으나, 경제적 소비자보이콧과 사회적 소비자보이콧의 참여와 같이 구체화한 소비자보이콧의 개념적 구분을 통해서 이와 관련한 변수들 간의 관계의 차이점을 도출할 필요가 있다. 또 기업이 소비자의 태도 및 행동변화에 따른 소비자보이콧에 관한 대응전략을 수립할 수 있도록 이러한 차이에 따른 변수들을 찾아야 할 것이다. 소비자의 보이콧 지수산정 방식을 고안하고, 기업이 소비자보이콧 행위를 예측할 수 있는 모델을 정립하여 지수에 따른 기업별 대응전략을 제안한 연구도 고려할 수 있을 것이다.

둘째, 연구대상 선정 및 조사도구 선정에 보다 더 신중해야 한다. 선행연구들은 소비자보이콧에 대한 조사대상자를 선정할 때 편의표집방식을 채택하거나(Farah & Newman, 2009), 실험연구에 있어서 측량방법 및 시간에 따른 학습효과를 통제하지 못하고 있다. 소비자 불만을 표현하기 위한 구매 중지와 다른 소비자를 위한 노력을 담은 행동을 표현하기 위한 구매 중지는 행동은 동일하나 행동에 담긴 의미가 다르기 때문에 다른 척도로 쓰여야 하지만, 현재 동일한 척도로 측정되고 있다. 따라서 소비자보이콧의 명확한 개념과 의미를 통한 척도 개발을 통해 신뢰성과 타당성을 확보하도록 해야 한다.

셋째, 비교문화 연구를 통해 소비자보이콧에 대한 문화 관련 변수의 영향력을 살펴봐야 할 것이다. 소비자보이콧은 소비자의 경제문제뿐 아니라, 일상에서 접하게 되는 사회문제와 정치문제 등 다양하고 복잡한 문제들에 의해 영향을 받아 발생한다. 시장 개방과 정보통신의 발달은 국가의 시공간적 제약을 약화시켜 다국적 기업 및 제품에 대한 전 세계적인 소비자보이콧의 영향력이 확대되어 가고 있으므로 중요하다. 따라서 문화적 영향력에 따른 문화 속 유사성과 이질성에 따른 개인과 집단이 갖는 가치가 소비자보이콧에 미치는 영향에 관한 연구가 뒤따라야 할 것이다.

마지막으로 현재 많은 소비자보이콧이 온라인을 중심으로 활발하게 진행된다는 점에 주목해야 한다. 온라인 커뮤니티는 매우 유동적이고 상호작용성이 증대되었다는 점에서 기존의 오프라인 커뮤니티와는 다른 특성을 가지고 있다. 특히 온라인 커뮤니티의 역동성에 사회적 교류성까지 강화된 트위터, 페이스북, 인스타그램 등과 같은 SNS가 등장하면서 온라인 커뮤니티를 통하여 특정 사회집단의 행위지침이 되는 학습된 신념이나 규범, 가치, 관습 등과 같은 문화적 가치가 형성된다. 2000년부터 소비자학 분야에서뿐 아니라, 마케팅, 뉴미디어연구, 관광학, 문화연구 등에서 소비맥락을 연구하기 위한 새로운 연구방법으로 네트노그래피가 크게 주목을 받고 있다(정보통신정책연구원, 2013). 네트노그래피를 활용해서 특정 소비자보이콧의 맥락을 연구할 필요가 있다. 이를 통하여 소비자들의 소비자보이콧에 대한 고정관념, 인식 및 가치관, 관행, 운동참여에 영향을 미치는 정보, 사회문화적 배경, 상황적 요인 등을 보다 사실적으로 밝혀낼 수 있을 것이다. 또 유기체적 성격을 가지고 있는 소비자보이콧의 생성, 변화, 발달 및 소멸 과정을 보다 구체적으로 파악할 수 있을 것이다. 제안하자면, 운동참여자들을 초보자, 단순 참가자, 헌신적 참가자, 내부 구성원 등으로 세분화하여 각각의 상호작용과 커뮤니케이션의 의미화과정을 관찰하고 분석해서 구체적인 행동지침이나 고려사항을 제공할 수 있을 것이다. 특히 소비윤리에 아무런 관심이 없었던 소비자가 어떠한 과정을 통하여 내부 구성원이 되고, 헌신적인 참가자로 변화해 가는 과정이나, 헌신적 참가자가 무관심한 소비자로 탈퇴하는 과정 등에 관한 보다 사실적이고 구체적인 정보를 찾아볼 필요가 있다.

강양구, 강이현(2009). 밥상혁명 세상을 바꾸는 21세기 생존 프로젝트. 서울: 살림터.

강준만(2013). 갑과 을의 나라. 서울: 인물과 사상사.

고애란(2009). 국내 소비자의 윤리적 소비행동 특성과 앞으로의 전망. 패션정보와 기술, 6, 54-62.

권오승(2006). 시장경제와 법. 서울: 서울대학교출판부.

김기영, 김지연(2013). 공정무역 커피 인지도가 만족 및 구매의도에 미치는 영향. 관광연구저널, 27(1), 81-96.

김대업(2008). AMOS A to Z 논문작성절차에 따른 구조방정식 모형분석. 파주: 학현사.

김미린, 홍은실(2015). 성인소비자의 윤리적 소비행동이 소비자행복에 미치는 영향: 자기결절성요인의 조절효과를 중심으로. 소비자정책교육연구, 11(3), 75-96.

김봉철, 최명일, 김유미(2012). TV자선모금 프로그램에 대한 수용자의 정서적, 인지적 관여가 기부의도에 미치는 영향: 지각된 행위통제, 도덕적 규범, 이타주의의 매개효과를 중심으로. 미디어 경제와 문화, 10(3), 48-88.

김봉수(2008). 인터넷상에서의 불매운동과 그 법적 한계 : 제3자를 대상으로 한 보이콧운동의 합법성 판단을 중심으로. 정보통신정책연구원, 20(13), 17-34.

김상겸(2009). 인터넷을 통한 소비자 운동의 자유에 관한 연구. 세계헌법연구, 15(1), 25-46.

김상훈(2008). 광고 불매 운동 어떻게 볼 것인가?: 민주주의 근간 위협하는 지나친 소비자 운동. 신문과 방송, 453, 162-165.

김선우(2013). 한국, 미국, 스웨덴 소비자의 이타적 책무감과 윤리적 기업제품 구매 성향 비교. 소비자정책교육연구, 9(4), 29-54.

김선호, 성민규(2014). 커뮤니케이션 실천으로서 공감: 시론적 고찰. 언론과 사회, 22(1), 5-34.

김성한, 김성호, 소병철, 임건태 역(2005). 응용윤리(피터 싱어 저). 서울: 철학과 현실사.

김승욱 역(2002). 미래의 지배(스탠 데이비스 저). 서울: 경영정신.

김영신, 서정희, 송인숙, 이은희, 제미경(2012). 소비자와 시장환경(제4판). 서울: 시그마프레스.

김자경(2010). 로컬푸드시스템 구축을 위한 제주도민의 식생활 현황과 먹을거리 의식에 관한 연구. 농촌사회, 20(2), 117-161.

김재경(2009). 제3자에 대한 소비자불매운동에 있어서 형사법적 고찰 : 소위 조선 · 중앙 · 동아일보에 대한 광고불매운동을 중심으로. 법학논문집, 33(2), 165-184.

김재문(2009). '착한 마케팅'의 명암과 성공 조건. *LG Business Insight*, *10*, 17-29..

김재현(2009). 착한 소비자의 윤리적 행동에 영향을 미치는 요인에 관한 연구. 연세대학교 대학원 석사학위논문.

김정희(2009). 공정무역, 희망무역. 서울: 동연.

김종철(2009). 희망을 위한 보이콧. 녹색평론, 104호.

김철규(2009). 로컬푸드의 현황과 과제. 한국사회학회 사회학대회 논문집.

김태길(2002). 윤리학. 서울: 박영사.

김태선, 유충호(2014). 소비자불매운동과 채권침해의 위법성 : 대법원 2001. 7. 13. 선고 98다51091 판결을 중심으로. 중앙법학, 16(1), 97-129.

노윤배(2010). 지역순환농업을 모색하는 원주푸드. 한국농업교육학회 정기학술발표대회논문집.

노혜숙 역(2007). 해피어(탈 벤 샤하르 저). 서울: 위즈덤하우스.

류미현(2015). 20~30대 소비자의 불매운동관련 특성이 온라인 불매운동의도에 미치는 영향: 소비자역할인식의 조절효과를 중심으로. 소비자정책교육연구, 11(3), 115-136.

류은숙(2009). 인권을 외치다: 가장 낮은 가장 약한 사람들의 열망으로 바꿔온 인권의 역사. 파주: 푸른숲.

문재완(2008). 인터넷에서의 표현의 자유와 그 한계: 인터넷포털에서 발생하는 불법행위를 중심으로. 외대논집, 31, 309-339.

박경신(2009). 소비자들의 2차 불매운동의 합법성 : 외국의 공정거래법 및 노사관계법의 유비적 비교법적 의미. 2008~2009 한국과 표현의 자유, 71-106.

박명희, 박미혜, 송인숙, 정주원, 손상희(2011). 누가 행복한 소비자인가. 서울: 교문사.

박미혜, 강이주(2009). 윤리적 소비의 개념 및 실태에 대한 고찰. 한국생활과학회지, 18(5), 1047-1062.

박예슬, 이성림, 황혜선(2015). 식품선택 동기와 시장환경이 로컬푸드 구매에 미치는 영향: 서울과 수도권을 중심으로. 소비자정책교육연구, 11(1), 121-146.

박재현, 최호규(2010). 인터넷 불매운동에 대한 소비자 의식과 불매운동이 기업의 이미지와 매출에 미치는 영향. 경영컨설팅 리뷰, 1(2). 161-180.

박준형 역(2015). 당신의 시대가 온다: 빅데이터를 움직이는 개인들이 온다(인터브랜드 저). 서울: 살림.

박지현(2010). 언론사 광고주에 대한 불매운동의 고지행위의 형사책임: 서울지법 2009노3623 판결에 대한 평석. 민주법학, 44, 253-273.

박지현, 김종서(2009). 위력에 의한 업무방해죄와 광고주 불매운동: 서울중앙지법 2008고단5024 사건에 대한 평석. 민주법학, 40, 79-124.

박춘서(2000). 시민운동과 대안언론: 한국적 대안언론 유형의 모색. 한국언론학보, 44(3), 190-221.

백승우, 김수현(2013). 로컬푸드 직매장 소비자의 쇼핑동기와 만족도 분석 : 전북완주 로컬푸드 직매장 소비자를 중심으로. **식품유통연구**, 30(2), 47-66 .

변창구(2012). 미얀마의 민주화 개혁과 대중·미 관계: 변화와 전망. **한국동북아논총**, 17(2), 169-187.

서정희(2011). 공정무역 상품의 소비를 활성화하기 위한 방안 연구. **한국생활과학회지**, 20(6), 1121-1133.

서정희(2012). 착한 소비를 지향하는 공정무역. 서울: 내하출판사.

성영신, 유창조, 이진용, 박은아, 양윤재, 정수정(2013). 소비유형별 소비행복의 비교. 소비자학연구, 24(2), 1-23.

손영석(2010). 브랜드 원산지 및 자국민 중심주의적 관계가 글로벌 브랜드의 스폰서십에 미치는 영향. CRM연구, 3(1), 1-17.

손재근, 이정은(2014). 외식업체의 관계혜택이 자아일치성과 고객행동간의 영향관계. 관광연구, 29(4), 151-169.

손주희 역(2008). 나쁜 기업: 그들은 어떻게 돈을 벌고 있는가?(클라우스 베르너, 한스바이스 공저). 서울: 프로메테우스.

송유진, 이정, 김길홍, 유현정(2011). 그린워싱 정보 인식에 따른 소비자의 구매행동의도. 소비자학연구, 22(1), 325-339.

송인숙, 천경희, 홍연금(2013). 윤리적 소비자가 경험하는 행복한 소비의 특성에 관한 현상학적 연구. 소비문화연구, 16(4), 1-27.

송춘호, 백승우(2014). 로컬푸드 직매장의 발전전략: 일본 JA로컬푸드 직매장의 사례분석을 중심으로. **식품유통연구**, 31(2), 17-48.

신율(2001). 한국 시민운동의 개념적 위상과 문제점. **한국정치학회보**, 35(2), 159-180.

엠브레인 트렌드모니터(2014). 공정무역 관련 인식 조사, 5개년(9~14) Tracking Survey. 리서치보고서, 6, 70-106.

우경복 역(2010). 지금 애덤 스미스를 다시 읽는다(도메 다쿠오 저). 서울: 동아시아.

우장명, 홍기운(2011). 로컬푸드를 이용한 충북농업, 농촌의 활성화 방안. **지역정책연구**, 22(2), 105-127.

우정, 고원헌, 박경도, 허원무(2007). 자민족중심주의가 외국제품 불매의도에 미치는 영향: 제품 품질 판단과 과시소비에 의한 조절효과를 중심으로. 한국광고홍보학보, 9(4), 230-256.

우희숙(2011). 소비자 불매운동의 정당성: 헌법적 허용한계와 형법적 규제의 타당성. 비교형사법연구 13(2), 89-111.

우희숙(2014). 소비자 불매운동의 헌법적 허용한계와 형법적 규제의 타당성에 관한 연구. 형사정책연구, 25(1), 1-24.

유순근, 김근배(2012). 실제적 자아일치성과 이상적 자아일치성이 브랜드 충성도에 미치는 영향: 브랜드 태도와 정서적 브랜드 애착의 매개효과. 국제·경영연구, 19(4), 282-303.

윤병선(2009). 지역먹거리운동의 전략과 정책과제. 농촌사회, 19(2), 93-121.

윤병선(2010). 대안농업운동의 전개과정에 대한 고찰-유기농업운동과 생협운동, 지역먹거리운동을 중심으로. 농촌사회, 20(1), 131-160.

윤병선, 우장명, 박대호(2010). 지역먹거리 운동의 가능성과 과제. 산업경제연구, 23(2), 975-999.

이군희(2009). 사회과학 연구방법론. 서울: 법문사.

이기춘, 박명희, 제미경, 송인숙, 박미혜, 이승신(2007). 소비자상담. 서울: 교문사.

이득연(1996). 소비자불매운동: 현황과 평가. 소비자문제연구, 18, 139-159.

이병종(2009). 목적론과 의무론의 관점에서의 경찰공무원의 윤리관. 한국경찰학회보, 11(4), 309-346.

이보순, 박기홍(2014). 로컬푸드의 브랜드자산이 소비자 만족과 고객충성도에 미치는 영향: 완주 로컬푸드를 중심으로. 외식경영연구, 17(4), 367-393.

이성림, 손상희, 박미혜, 정주원, 천경희(2011). 소비생활에서의 행복과 갈등. 소비자학연구, 22(1), 139-166.

이승선(2009a). 언론소비자의 특성과 소비자운동의 보호법리: 광고 불매운동을 중심으로. 한국언론정보학회, 48, 5-24.

이승선(2009b). 언론소비자운동에 있어 광고 불매운동의 의미. 한국언론정보학회 학술발표논문집, 2-53.

이운경 역(2003). 참여군중(라인골드 저). 서울: 황금가지.

이윤재, 강명수, 이한석(2013). 온라인 소비자 불매운동의도의 영향요인에 관한 연
  구: 온라인 익명성을 중심으로. 소비자문제연구, 44(2), 27-44.

이은미, 윤성준, 문지현(2015). 윤리적 소비자의 사회심리적 특성의 역할에 대한 실
  증적 연구: 고객시민행동을 중심으로. 소비문화연구, 18(1), 77-92.

이재율(2012). 경제논리와 윤리: 경제·사상·윤리의 상호관계. 서울: 탑북스.

이주희(2005). 안티사이트를 통해 불매운동에 참가하게 되는 소비자들의 동기와 브
  랜드 이미지에 미치는 영향. 서울대학교 일반대학원 석사학위논문.

이지연(2001). 청소년상담에서 이타주의 이해의 중요성. 청소년상담연구, 9(1), 158-
  188.

이지현, 이주현(2013). 패션기업의 CSR이 소비자 구매의도에 미치는 영향 : 윤리적
  소비주의의 매개효과를 중심으로. 마케팅관리연구, 18(3), 1-28.

이한석, 주영혁(2011). 온라인 보이콧 행동에서 감정이입의 역할: 소비자의 감성적
  접근방법을 중심으로. 소비문화연구, 14(2), 25-43.

이해진(2012). 소비자에서 먹거리 시민으로. 경제와 사회, 96, 43-76.

이혁배 역(2010). 신자유주의시대 경제윤리(페터 울리히 저). 서울: 바이북스.

이혁배(2010). 신자유주의에 대한 경제윤리적 성찰. 한국기독교신학논총, 71, 203-223.

장정헌, 김선호(2014). 공감, 책임귀인, 그리고 분노가 이타적 처벌 의사에 미치는
  영향: 2013년 남양유업 사건을 중심으로. 한국언론학보, 58(5), 97-122.

장혜원, 최병길(2011). 공연관광에 대한 자아일치성이 공연만족과 공연충성도에 미
  치는 영향 :제주 '난타' 관람객을 중심으로. 관광연구저널, 25(5), 227-242.

전영우(2008). 광고 불매운동: 미국서도 인정받는 표현자유. 신문과 방송, 453, 158-
  161.

전향란(2013). 소비자 불매운동 인식유형에 따른 윤리적 소비자주의와 소비자 불매
  운동 참여. 울산대학교 일반대학원 박사학위논문.

전향란, 염동문, 제미경(2014). 소비자 불매운동 신념이 불매운동 참여에 미치는 영

향에 관한 연구: 자기조절성향의 조절된 매개효과 검증. 소비자문제연구, 45(3), 287-306.

전혜경(2010). 식량주권 확보를 위한 올바른 인식. 생활과 농약, 259, 10-13.

정동일(2009). 소비자 운동 혹은 지역사회 개혁운동? 춘천의 로컬푸드 운동. 한국사회학회 사회학대회 논문집.

정연우(2010). 언론 운동으로서 광고기업 불매운동의 특성에 관한 소고. 정치커뮤니케이션연구, 16, 383-418.

정원규(2007). 연구윤리 교육과정 개발을 위한 덕이론적 고찰. 철학사상, 24, 225-249.

정태석(2006). 시민사회와 사회운동의 역사에서 유럽과 한국의 유사성과 차이: 유럽의 신사회운동과 한국의 시민운동을 중심으로. 경제와 사회, 72, 125-147.

제미경, 전향란(2013). 계획행동이론을 적용한 소비자 불매운동 유형별 분석. 소비문화연구, 16(4), 191-213.

조효진(2006). 공감능력과 이타성향간의 관련성 연구. 이화여자대학교 일반대학원 석사학위논문.

주승희(2009). 소비자 불매운동의 의의 및 법적 허용 한계 검토. 경영법률, 19(3), 515-542.

차태훈, 하지영(2010). 공정무역 제품구매에 대한 탐색적 연구. 소비문화연구, 13(1), 1-20.

천경희(2011). 소비윤리와 윤리적 소비에 대한 고찰. 한림대학교 인문학연구, 17, 7-33.

천경희, 홍연금, 윤명애, 송인숙(2010). 착한소비 윤리적 소비. 서울: 시그마프레스.

천혜정, 민문경(2015). 20대 소비자의 사회 책임적 소비행동의 실천 경로 분석: 사회정의 관심과 실천 모델의 적용. 소비자정책교육연구, 11(1), 25-49.

최병두, 여행범, 최영래, 추선영, 허남역, 황성원 역(2007). 환경정의론(피터 벤츠 저). 서울: 한울아카데미.

한혜원(2013). 소비에서 창조로, 텍스트에서 콘텍스트로 스토리텔링을 통한 생성적

융합 모색. 정보통신정책연구원 ICT 인문사회융합 동향, 2, 1-10.

허남혁(2008). 내가 먹는 것이 바로 나. 서울: 책세상.

허남혁(2006). 글로벌 푸드, 내셔널 푸드, 로컬푸드 : 농식품 분야에서의 스케일의 정치. 대한지리학회 2006년도 연례 학술대회, pp. 47-49.

허은정(2011). 소비자의 윤리적 상품에 대한 태도 및 구매의도의 관련요인 분석. 소비자학연구, 22(2), 89-111.

허은정, 김우성(2012). 소비자의 윤리적 소비행동과 관련 요인 분석. 소비자학연구, 23(4), 105-130.

홍경완, 김지영, 김양숙(2009). 로컬푸드의 개념적 이해 연구. 대한경영학회지, 22(3), 1629-1649.

홍경완, 김현철, 정인경(2010). 로컬푸드에 대한 전문가 인식 조사. 한국산학기술학회논문집, 11(12), 4742-4751.

홍성현, 황성혁, 정준호(2014). 로컬푸드 직매장 소비자 선택속성에 관한 연구: 용진 농협 로컬푸드 직매장을 중심으로. 한국식품유통학회 동계학술발표논문집.

홍연금(2009). 우리나라 윤리적 소비자에 대한 사례연구. 가톨릭대학교 일반대학원 박사학위논문.

황경식 역(1986). 사회정의론(Rawls, J. 저). 서울: 서광사.

황미진(2014). 지각된 가치 측정 도구 및 소비 후 감동, 만족 창출을 위한 인과모형의 개발: 이타적 가치를 중심으로. 소비자문제연구, 45(1), 1-23.

황성기(2008). 신문사 광고주 관련 정보에 대한 방송통신위원회의 위법결정의 헌법적 문제점. 공법학연구, 10(2), 213-243.


Ajzen, I. (2005). *Attitudes, personality, and behavior*. McGraw-Hill Education(UK).

Balabanis, G. (2013). Surrogate Boycotts against Multinational Corporations: Consumers' Choice of Boycott Targets. *British Journal of Management*, 24(4), 515-531.

Barnett, C., Cafaro, P. & Newholm, T. (2005). *Philosophy and ethical consumption*. In: Harrison, R.; Newholm, T. and Shaw, D. The Ethical Consumer. London, UK:

Sage, pp. 11–24.

Baron, D. P. (2001). Private politics, corporate social responsibility, and integrated strategy. *Journal of Economics & Management Strategy, 10*(1), 7–45.

Bennett, W. L., & Entman, R. M. (2001). *Mediated politics: Communication in the future of democracy.* New York: Cambridge University Press.

Boltanski, L. (1999). *Distant suffering: Morality, media and politics.* Cambridge University Press.

Bowles, S., & Gintis, H. (2011). *A cooperative species: Human reciprocity and its evolution.* Princeton and Oxford: Princeton University Press.

Braunsberger, K., & Buckler, B. (2011). What motivates consumers to participate in boycotts: Lessons from the ongoing Canadian seafood boycott. *Journal of Business Research, 64*(1), 96–102.

Brinkmann, J. (2004). Looking at consumer behavior in a moral perspective. *Journal of Business Ethics, 51*(2), 129–141.

Broadie, A. (2006). Sympathy and the impartial spectator. In The Cambridge Companion to Adam Smith, ed. K. Haakonssen, 158–188. Cambridge, UK: Cambridge University Press.

Brudulak, A. (2007). Product Quality as a Responsibility Measure: Ethical Consumerism. *CSR PAPER 24.*

Byrne, J., Glover, L., & Martinez, C. (Eds.). (2002). *Environmental justice: discourses in international political economy* (Vol. 8). New Brunswick & London: Transaction Publishers.

Carrigan, M., & Attalla, A. (2001). The myth of the ethical consumer-do ethics matter in purchase behaviour?. *Journal of consumer marketing, 18*(7), 560–578.

Carrington, M. J., Neville, B. A., & Whitwell, G. J. (2010). Why ethical consumers don't walk their talk: Towards a framework for understanding the gap between the ethical purchase intentions and actual buying behaviour of ethically minded consumers. *Journal of Business Ethics*, *97*(1), 139–158.

Chen, J. (2010). The moral high ground: Perceived moral violation and moral emotions in consumer boycotts (Doctoral dissertation, University of Oregon).

Clark, D., & Unterberger, R. (2007). *The rough guide to shopping with a conscience*. Rough Guides Limited.

Clouder, S., & Harrison, R. (2005). The effectiveness of ethical consumer behaviour. *The ethical consumer*, 89–104.

Cooper-Martin, E., & Holbrook, M. B. (1993). Ethical consumption experiences and ethical space. *Advances in Consumer Research*, *20*(1), 113–118.

Cotte, J., & Trudel, R. (2009). Socially conscious consumerism: A systematic review of the body of knowledge. *Network for Business Sustainability*. (accessed at http://www. nbs.net/ Docs/NBS_Consumerism_2009.pdf0.

Cui, D., & Kelly, J. (2012). Too Asian? or the Invisible Citizen on the Other Side of the Nation? *International Migration & Integration* Ver. published online: 19 Janu-ary, Springer DOI 10.1007/s12134–012–0235–7.

Davidson, W. N., Worrell, D. L., & El-Jelly, A. (1995). Influencing Managers to Change Unpopular Corporate Behavior through Boycotts and Divestitures A Stock Market Test. *Business & Society*, *34*(2), 171–196.

DI, M., & FABBRI, G. (2010). *Consumer boycott, household heterogeneity and child labour* (No. 2010036). Université catholique de Louvain, Institut de Recherches Economiques et Sociales (IRES)..

European Values Study Group. (2011). European and World Values Surveys Four-Wave Integrated Data File, 1981–2004, v. 20060423. [Date file].

Farah, M., & Newman, A. (2010). A Socio-cognitive approach to exploring consumer boycott intelligence. *Journal of Business Research*, *63*(4), 347–355.

Feddersen, T. J., & Gilligan, T. W. (2001). Saints and markets: Activists and the sup-ply of credence goods. *Journal of Economics & Management Strategy*, *10*(1), 149–171.

Fehr, E., & Fischbacher, U. (2004). Third-party punishment and social norms. *Evolution and human behavior, 25*(2), 63–87.

Fehr, E., & Gächter, S. (2002). Altruistic punishment in humans. *Nature, 415*(6868), 137–140.

Ferrell, O., Gresham, L. G., & Fraedrich, J. (1989). A synthesis of ethical decision models for marketing. *Journal of Macromarketing, 9*(2), 55–64.

Fisher, C., & Lovell, A. (2003). *Business Ethics and Values*. Harlow;U.K.: Prentice-Hall.

Freedman R. (2008). *Freedom Walkers: The story of the Montgomery Bus Boysott*. NY: Holiday House.

Friedman, M. (1985). Consumer boycotts in the United States, 1970 – 1980: Contemporary events in historical perspective. *Journal of consumer affairs, 19*(1), 96–117.

Friedman, M. (1991). Consumer boycotts: A conceptual framework and research agenda. *Journal of Social Issues, 47*(1), 149–168.

Friedman, M. (1995). On promoting a sustainable future through consumer activism. *Journal of Social Issues, 51*(4), 197–215.

Friedman, M. (1996). A positive approach to organized consumer action: The "buycott" as an alternative to the boycott. *Journal of Consumer Policy, 19*(4), 439–451.

Gardberg, N. & Newburry, W. (2010). Who boycotts whom? A social identity perspective on consumer boycotts. *Business & Society*, published online-March 11. doi: 10.1177/0007650309352507.

Garrett, D. E. (1987). The effectiveness of marketing policy boycotts: Environmental opposition to marketing. *The Journal of Marketing*, pp. 46–57.

Gelb, B. D. (1995). More boycotts ahead? Some implications. *Business Horizons, 38*(2), 70–76.

Glazer, A., Kanniainen, V., & Poutvaara, P. (2010). Firms' ethics, consumer boycotts, and signalling. *European Journal of Political Economy, 26*(3), 340–350.

Grønhaug, K., & Gilly, M. C. (1991). A transaction cost approach to consumer dissatisfaction and complaint actions*. *Journal of economic psychology*, *12*(1), 165–183.

Han, C. M. (1988). The Relative Importance of Country of Origin and Consumer Patriotism in Consumer Multi Attribute Attitudes Toward Foreign Brands. *Journal of Advertising Research*, *28*, 9–27.

Harrison, R., Newholm, T., & Shaw, D. (2005). *The ethical consumer*. London: Sage.

Heiskanen, E., Johnson, M., Robinson, S., Vadovics, E., & Saastamoinen, M. (2010). Low-carbon communities as a context for individual behavioural change. *Energy Policy*, *38*(12), 7586–7595.

Hoffman, M. L. (2001). *Empathy and moral development: Implications for caring and justice*. Cambridge University Press.

Hoffmann, S. (2011). Anti-consumption as a means to save jobs. *European Journal of Marketing*, *45*(11/12), 1702–1714.

Hoffmann, S., & Müller, S. (2009). Consumer boycotts due to factory relocation. *Journal of Business Research*, *62*(2), 239–247.

Hoffmann, S., & Hutter, K. (2012). Carrotmob as a new form of ethical consumtion. The nature of the concept and avenues for future research. *Journal of Consumer Policy*, *35*(2), 215–236.

Holbrook, M. B. (2006). Consumption experience, customer value, and subjective personal introspection: An illustrative photographic essay. *Journal of Business Research*, *59*(6), 714–725.

Howell, R. T., & Hill, G. (2009). The mediators of experiential purchases: Determining the impact of psychological needs satisfaction and social comparison. *The Journal of Positive Psychology*, *4*(6), 511–522.

Inglehart, R., & Welzel, C. (2005). *Modernization, cultural change, and democracy: The human development sequence*. Cambridge University Press.

Jackson, T. (2006). Challenges for sustainable consumption policy. *The Earthscan reader in sustainable consumption*, pp. 109–126.

Jamal, A., & Al-Marri, M. (2007). Exploring the effect of self-image congruence and brand preference on satisfaction: the role of expertise. *Journal of Marketing Management*, *23*(7–8), 613–629.

John, A., & Klein, J. (2003). The boycott puzzle: consumer motivations for purchase sacrifice. *Management Science*, *49*(9), 1196–1209.

Kell, E. (2011). Ethical consumer in a globalized world: challenges for the individual identity. A study on ethical consumers in Lund and Malmö. Lund University Master's Thesis in Global Studies.

Gabrielle Klein, J., Ettenson, R., & Krishnan, B. C. (2006). Extending the construct of consumer ethnocentrism: when foreign products are preferred. *International Marketing Review*, *23*(3), 304–321.

John, A., Klein, J. G., & Smith, N. C. (2002). Exploring motivations for participation in a consumer boycott. *Advances in consumer research*, *29*(1), 363–369.

Klein, J. G., Smith, N. C., & John, A. (2004). Why we boycott: Consumer motivations for boycott participation. *Journal of Marketing*, *68*(3), 92–109.

Kozinets, R. V., & Handelman, J. (1998). Ensouling consumption: a netnographic exploration of the meaning of boycotting behavior. *Advances in consumer research*, *25*(1), 475–480.

Liang, T. P., & Huang, J. S. (1998). An empirical study on consumer acceptance of products in electronic markets: a transaction cost model. *Decision support systems*, *24*(1), 29–43.

Loureiro, M. L., & Lotade, J. (2005). Do fair trade and eco-labels in coffee wake up the consumer conscience?. *Ecological Economics*, *53*(1), 129–138.

MacIntyre, A. (1982). *After Value*. London: Duckworth.

Martin, K. D., & Hill, R. P. (2012). Life satisfaction, self-determination, and consumption adequacy at the bottom of the pyramid. *Journal of Consumer Research*, *38*(6), 1155–1168.

Neilson, L. A. (2010). Boycott or buycott? Understanding political consumerism. *Journal of Consumer Behaviour, 9*(3), 214–227.

Newholm, T., & Shaw, D. (2007). Studying the ethical consumer: A review of research. *Journal of Consumer Behaviour, 6*(5), 253–270.

Nunnally, J. C. (1978). *Psychometric Theory*(2nd ed.). NY: McGraw-Hill Book Company.

Nyíri, P. (2009). From Starbucks to Carrefour: Consumer boycotts, nationalism and taste in contemporary China. *PORTAL Journal of Multidisciplinary International Studies, 6*(2), 1–25.

Papaoikonomou, E., Ryan, G., & Valverde, M. (2011). Mapping ethical consumer behavior: Integrating the empirical research and identifying future directions. *Ethics & Behavior, 21*(3), 197–221.

Pezzullo, P. C. (2011). Contextualizing boycotts and buycotts: The impure politics of consumer–based advocacy in an age of global ecological crises. *Communication and Critical/Cultural Studies, 8*(2), 124–145.

Pruitt, S. W., & Friedman, M. (1986). Determining the effectiveness of consumer boycotts: A stock price analysis of their impact on corporate targets. *Journal of Consumer Policy, 9*(4), 375–387.

Putnam, T., & Muck, T. (1991). Wielding the boycott weapon for social change. *Business and Society Review, 78*(2), 5–8.

Richard E., & Klein, J. G. (2003). The fallout from French nuclear testing in the South Pacific: A longitudinal study of consumer boycotts. *International Marketing Review, 22*(2), 199–234.

Sen, S., Gurhan-Canli, Z., & Morwitz, V. (2001). Withholding consumption: A Social dilemma perspective on consumer boycotts. *Journal of Consumer Research, 28*(December), 399–417.

Sergius Koku, P. (2012). On the effectiveness of consumer boycotts organized through the internet: the market model. *Journal of Services Marketing*, *26*(1), 20–26.

Sharma, S., Shimp, T. A., & Shin, J. (1995). Consumer ethnocentrism: a test of antecedents and moderators. *Journal of the academy of marketing science*, *23*(1), 26–37.

Shaw, D., & Newholm, T. (2002). Voluntary simplicity and the ethics of consumption. *Psychology & Marketing*, *19*(2), 167–185.

Shaw, D., & Newholm, T. (2003). Consumption simplicity among ethical consumers. In: Shohov, SP (Ed.) *Advances in Psychology Research*. Nova Science: New York, USA, 145–161.

Shimp, T. A., & Sharma, S. (1987). Consumer ethnocentrism: construction and validation of the CETSCALE. *Journal of marketing research*, pp. 280–289.

Sirgy, M. J. (1982). Self-concept in consumer behavior: A critical review. *Journal of consumer research*, pp. 287–300.

Stern, P. C., Kalof, L., Dietz, T., & Guagnano, G. A. (1995). Values, beliefs, and proenvironmental action: attitude formation toward emergent attitude objects1. *Journal of applied social psychology*, *25*(18), 1611–1636.

Strong, C. (1996). Features contributing to the growth of ethical consumerism-a preliminary investigation. *Marketing Intelligence & Planning*, *14*(5), 5–13.

Wiedenhoft, W. A. (2006). Consumer tactics as 'weapons' Black lists, union labels, and the American Federation of Labor. *Journal of consumer culture*, *6*(2), 261–285.

Williamson, O. E. (1979). Transaction-cost economics: the governance of contractual relations. *Journal of law and economics*, 233–261.

Zhang, C., & Zhang, N. (2009). An Empirical Analysis on the Influential Elements of the Development of Individual Donation. *Asian Social Science*, *4*(7), 12.

# 서 정 희

현재 울산대학교 아동가정복지학과 소비자학 전공 교수로 재직 중이다. 울산대
학교 생활과학대학 학장과 한국소비문화학회 학회장을 역임하였다. 매년 일상에
서 벌어지는 소비활동에 대한 다양한 현황과 주제를 담은 책을 발간하여 소비자
가 쉽게 소비자정보를 접할 수 있도록 노력하고 있으며, 주요 정부기관 및 소비
자단체 등에서 소비자정책 관련 자문 및 특강을 통해 소비자정책 전문가로서 활
발한 활동을 펼치고 있다.

주요 저서로는 2006년 대한민국학술원 기초학문육성 우수학술도서로 선정된
소비트렌드 예측의 이론과 방법(2005, 내하출판사), 2014년 세종도서 학술부문 우수
도서로 선정된 인터넷쇼핑과 소비문화(2013, 시그마프레스), 공정무역(2012, 내하출
판사), 등이 있으며, 공저로, 식품영양안전정책(2014, UUP), 소비자상담실무(2014,
교문사), 녹색소비와 교통소비문화(2013, UUP), 울산 노인소비자의 웰빙문화(2013, 울
산대학교출판부), 생활과학통계분석(2013, UUP), 소비자와 시장환경(2012, 시그마
프레스) 등이 있다.

## 전향란

현재 울산대학교 아동가정복지학과 소비자학 전공 겸임교수로 인제대, 동아대 등 주요 대학과 소비자 관련 단체 및 기업에서 전문 강사로 활동 중이다. 소비자 교육 전문기관인 초록소비연구소, 한국소비자교육지원센터(KOINCE)에서 전문 연구원으로 재직하며, 소비자와 사업자의 관계에서 협력적인 상호관계 구축을 위한 소비자 정책과 소비자 교육에 중점을 둔 연구를 하고 있다.

「소비자 불매운동 인식유형에 따른 윤리적 소비자주의와 소비자 불매운동 참여」로 울산대학교에서 박사학위를 취득하고 2013년 대한가정학회 우수 박사학위 논문상을 수상하였다.

동전의 양면과도 같은 소비자와 사업자의 관계에서 협력적인 상호관계를 구축하기 위한 소비자 행태 분석과 소비자 정책에 중점을 두고 연구 중이며, 관련 연구들로 2014년 한국소비자정책학회 최우수논문상, 2015년 한국정책교육학회 최우수논문상 등을 수상하였다.